Klausurtrainer

für das Wirtschaftsgymnasium im Fach Volks- und Betriebswirtschaftslehre (WGW)

zusammengestellt und bearbeitet von

Anton Wörner
Wolfgang Ulshöfer
Manfred Eberhardt
Anja Volz

60. vollkommen neu bearbeitete Auflage 2018

Druck, Bestellung und Versand:
BAHNMAYER GMBH DRUCK + MEDIEN
Weißensteiner Straße 58, 73525 Schwäbisch Gmünd
Telefon 07171/92789-0

www.bahnmayer.de · eMail: info@bahnmayer.de

ISBN 978-3-938538-23-4

Wir nehmen Umweltschutz ernst!

Dieses Buch ist auf
chlorfrei gebleichtem Papier
gedruckt.

Ihre

bahnmayer
druck & medien

und Autoren.

Gesamte Herstellung in Schwäbisch Gmünd/Ostalb

Vorwort zur 60. Auflage

Der Unterricht im Wirtschaftsgymnasium muss problemorientiert gestaltet werden und aktuelle Bezüge aufweisen. Die Analyse von Strukturzusammenhängen, Zielkonflikten und Dilemmasituationen ermöglicht das Aufzeigen von Problemlösungsansätzen aus ganzheitlicher Sicht und vernetztes Denken.[1)]
Dieser Lehrplanzielsetzung versucht das Buch mit folgenden Bausteinen gerecht zu werden:
Jedes Kapitel wird mit einer Grobstrukturskizze **„Strukturzusammenhang“** vorgestellt. Dabei werden wichtige Zusammenhänge verdeutlicht. Detailwissen wird in den Abschnitten **„Kernwissen“** vermittelt. Die **„Fachbegriffe und Vokabeln“** sollen zu einem sicheren Umgang mit der Fachsprache befähigen.
Zahlreiche, nach Schwierigkeitsgraden gestufte **Aufgaben** ermöglichen sowohl eine Stoffnachbereitung als auch eine Testvorbereitung gemäß dem individuellen Lerntempo des Schülers.
Für die Investitionsrechnung finden Sie auf der hinteren Umschlagseite eine Tabelle mit Auf- und Abzinsungsfaktoren.
Für Hinweise auf Irrtümer, Unvollkommenheit und Lücken werden die Verfasser stets dankbar sein.

Wir Autoren wünschen Ihnen, liebe Schülerinnen und Schüler, viel Erfolg!

Im Sommer 2018 Die Verfasser

Wie erreichen Sie uns?
Gerne kommunizieren wir mit Ihnen:
info@bahnmayer.de
Wir antworten garantiert!

1 vgl. Vorbemerkung zum Lehrplan Wirtschaft, Baden-Württemberg, S. 2

A Betriebswirtschaftslehre

Inhaltsverzeichnis

1 Internes Rechnungswesen – Vollkostenrechnung

Strukturzusammenhang

Von der

Gewinn- u. Verlustrechnung **zur** **Vollkostenrechnung**

Unternehmensergebnis		durch ① ——> Abgrenzungsrechnung	**Betriebsergebnis**	
Geschäftsbuchführung (GuV)			**Kosten- und Leistungsrechnung**	
Aufwand	Ertrag		Kosten	Leistungen

② ↓

Vorgehensweise in der KLR

zuerst in
↓ ③

Kostenarten-rechnung → **Kostenstellen-rechnung** → **Kostenträger-rechnung**

Kostenart **Einzelkosten** — ④ direkte Übernahme ——> Kalkulation mit den ermittelten Einzelkosten und

Kostenart **Gemeinkosten** → ⑤

Betriebs-abrechnungsbogen

Gemeinkosten werden verursachungsgerecht auf die Kostenstellen verteilt.
Auf Basis der Einzelkosten werden Gemeinkosten-zuschläge ermittelt.

→ ⑥

Kalkulation mit **Gemein-kostenzuschlagsätzen,** die auf der Basis der Einzelkosten berechnet werden.

Ziel:
- Angebotspreisermittlung (Normalgemeinkosten-kalkulation)
- Kostenkontrolle (Istgemeinkostenkalkulation)

1.1 Geschäftsbuchführung und Kosten- und Leistungsrechnung

Unterschied Geschäftsbuchführung – Kosten- und Leistungsrechnung

Rechnungswesen

↙ ↘

Geschäftsbuchführung bzw. Unternehmensbuchführung		**Kosten- und Leistungsrechnung**
• externes Rechnungswesen • Zeitraumrechnung		• internes Rechungswesen • Zeitraum- bzw. Stückrechnung
↓		↓
Ziel: Ermittlung des Unternehmensergebnisses in der GuV-Rechnung; z.B. für steuerliche Zwecke		**Ziel:** Ermittlung des Betriebsergebnisses für interne Zwecke
↓		↓
Rechnungskreis I	**Abgrenzungen durch** ——> **Ergebnistabelle**	Rechnungskreis II

Kernwissen

Ausgaben	abfließende Geldbeträge
Einnahmen	zufließende Geldbeträge
Aufwendungen	Werteverzehr an Gütern und Dienstleistungen einer Periode; Aufwand wirkt gewinnmindernd
Erträge	Wertezugänge an Gütern und Dienstleistungen einer Periode; Ertrag wirkt gewinnerhöhend
Kosten	betrieblich bedingter Werteverzehr an Gütern und Dienstleistungen
Leistungen	betriebliche bedingte Wertezugänge

Aufgaben

1 Tragen Sie die Beträge der Vorgänge a) – k) in die jeweils zutreffende Spalte der Tabelle ein (vgl. Muster auf Seite 13).

a) Privatentnahme des Inhabers, bar, 2 000,00 €
b) Gehaltszahlung an kaufmännische Angestellte, 24 000,00 €
c) Arbeitgeberanteil an der Sozialversicherung, 4 800,00 €
d) Rohstoffverbrauch laut Materialentnahmeschein, 26 300,00 €
e) Betriebsbedingte Abschreibungen auf Sachanlagen, 55 000,00 €
f) Rohstoffeinkauf gegen Barzahlung, 18 000,00 € (bestandsrechn. Verfahren)[1]
g) Verlust aus Wertpapierverkauf 8 000,00 €
h) Verkauf eines Anlagegutes zu 4 000,00 € + USt (Buchwert 10 000,00 €)
i) Kursverluste aus Wertpapiergeschäften des Umlaufvermögens, 7 500,00 €
j) Rohstoffeinkauf; JIT-Verfahren[2], 3 000,00 € + USt

	Geschäftsbuchführung		Kosten- u. Leistungsrechnung
Vorgang	Ausgaben	Aufwendungen	Kosten
a)			
b)			
c) ...			

2 Tragen Sie die Beträge der Vorgänge a) – g) in die jeweils zutreffende Spalte der Tabelle ein (vgl. untenstehendes Muster).

a) Erträge aus dem Verkauf von Wertpapieren des Umlaufvermögens, 11 000,00 €
b) Umsatzerlöse für Fertigerzeugnisse, 188 000,00 € + USt; Bankgutschrift
c) Privateinlage des Unternehmers, bar, 1 000,00 €
d) Mietertrag aus der Vermietung eines zum Unternehmen gehörenden Gebäudes, das zurzeit nicht betrieblich genutzt wird, 2 000,00 €
e) Barverkauf eines Anlagegutes für 6 000,00 € + USt (Buchwert 4 200,00 €)
f) Selbst hergestellte Roboter werden im eigenen Betrieb verwendet, Herstellungskosten, 40 000 €

	Geschäftsbuchführung		Kosten- u. Leistungsrechnung
Vorgang	Einnahme	Ertrag	Leistung
a)			
b)			
c) ...			

1 Der Rohstoffbestand wird bis zum Verbrauch als Vorratsvermögen erfasst.
2 Der Rohstoffzugang wird sofort als Aufwand gebucht.

1.2 Kostenrechnerische Korrekturen

Kernwissen

Vollkostenrechnung bedeutet, dass **alle anfallenden Kosten berücksichtigt werden.**

1. Schritt der Vollkostenrechnung:

ABGRENZUNGSRECHNUNG

Rechnungskreis I	**Abgrenzungsrechnung** **aus RK I ——————> RK II**	**Rechnungskreis II**
betrifft die **Geschäftsbuchführung**	durch Abgrenzungen und kostenrechnerische Korrekturen	betrifft die **Kosten- und Leistungsrechnung**
ermittelt das **Unternehmensergebnis** ↓ durch Gegenüberstellung von **Aufwendungen** und **Erträgen**	ermittelt das **Abgrenzungsergebnis** ↓	ermittelt das **Betriebsergebnis** ↓ durch Gegenüberstellung von **Kosten und Leistungen**
	• **betriebsbezogene** Aufwendungen und Erträge gehen in KLR ein ——>	**Grundkosten und Leistungen**
	• **unternehmensbezogene** Aufwendungen und Erträge gehen nicht in Kosten- und Leistungsrechnung ein, sie bleiben im **neutralen Ergebnis**	
	Sonderfälle: • bilanzielle Abschreibungen (Aufwand) werden in **kalkulatorische Abschreibungen** (Kosten) „umbewertet" (Anderskosten) ——>	**Anderskosten**
	• bei OHG, KG und Einzelunternehmen kommt der **kalkulatorische Unternehmerlohn** in der KLR hinzu (Zusatzkosten) ——>	**Zusatzkosten**
Erstellung nach HGB, AktG, GmbHG, EStG		ohne gesetzliche Vorschriften, da KLR nur für interne Adressaten

Vergleich: Bilanzielle Abschreibung und kalkulatorische Abschreibung

	Bilanzielle Abschreibung	Kalkulatorische Abschreibung
Auswirkung	wirkt sich auf das Unternehmensergebnis in der Geschäftsbuchführung aus	wirkt sich auf das Betriebsergebnis in der Kosten- und Leistungsrechnung aus
Zielsetzung	Unternehmensgewinn und damit Steuerbelastung beeinflussen	tatsächlichen Werteverzehr ermitteln und in Kalkulation einbeziehen
Berechnungsweise	lineare oder degressive Abschreibung von den Anschaffungs- oder Herstellungskosten	lineare Abschreibung von den Wiederbeschaffungskosten abzügl. Restwert am Ende der Nutzungsdauer
Bemessungsgrundlage	Anschaffungskosten	Wiederbeschaffungskosten
Nutzungsdauer	betriebsgewöhnliche bzw. lt. AfA-Tabelle	tatsächliche Nutzungsdauer

Zusammenfassung: Kalkulatorischer Unternehmerlohn

Einzelunternehmen und Personengesellschaften (OHG, KG)	Kapitalgesellschaften (AG, GmbH)
„Unternehmerlohn“ für mitarbeitenden Unternehmer ist	Gehalt für mitarbeitenden Gesellschafter ist/sind
• eine Vergütung der Unternehmer-Arbeitsleistung über den Gewinn; deshalb entstehen keine Personalaufwendungen hierfür; es findet ja auch keine Gehaltszahlung statt.	• Aufwand in der Geschäftsbuchführung (Betriebsausgabe = gewinnmindernd in HB und StB).
• lediglich kalkulatorisch. Er wird in der Kosten- und Leistungsrechnung (Zusatzkosten bzw. aufwandslose Kosten) erfasst.	• aufwandsgleiche Kosten in der Kosten- und Leistungsrechnung

Ergebnistabelle

	Unternehmensergebnis (GuV)		Unternehmensbezogene Abgrenzungen		Kostenrechnerische Korrekturen		Kosten- und Leistungsrechnung	
	Aufwand	Ertrag	neutrale Aufwendungen	neutrale Erträge	Aufwand laut GuV	Verrechnete Kosten	Kosten	Leistungen
	Gesamtergebnis bzw. Unternehmensergebnis (Gewinn/Verlust)		Ergebnis aus unternehmensbezogenen Abgrenzungen		Ergebnis aus kostenrechnerischen Korrekturen		Betriebsergebnis (Betriebsgewinn/ Betriebsverlust)	
			neutrales Ergebnis (Abgrenzungsergebnis)					
	Gesamtergebnis =		**neutrales Ergebnis**				**+ Betriebsergebnis**	
Umsatzerlöse		930 000						930 000
Verschiedene Kosten	700 000						700 000	
Wertpapiergewinn		88 000		88 000				
Wertpapierverlust	13 000		13 000					
Erträge aus dem Abgang AV		45 000		45 000				
Verluste aus dem Abgang AV	10 000		10 000					
Bil. Ab. 200 000 / Kalk. Ab. 120 000	200 000				200 000	120 000	120 000	
Kalk. Unterehmerlohn					0	100 000	100 000	
	923 000	1 063 000	23 000	133 000	200 000	220 000	920 000	930 000
	140 000		**110 000**		**20 000**		**10 000**	
	1 063 000	1 063 000	133 000	133 000	220 000	220 000	930 000	930 000

Auswertung der Ergebnistabelle

Situation	Mögliche Auswertung
Betriebsgewinn > Gesamtergebnis	Mit der Haupttätigkeit (betriebliche Tätigkeit) wird ein höherer Gewinn erreicht als mit der gesamten Tätigkeit des Unternehmens. Diese leistungsbezogenen Vorgänge sind normalerweise in den nächsten Jahren wiederholbar.
Betriebsgewinn < Gesamtergebnis	Betriebsfremde Aktivitäten haben zu dem höheren Gesamtergebnis beigetragen. Diese leistungsneutralen Vorgänge werden nur schwer wiederholbar sein.
bilanzielle Abschreibungen > kalkulatorische Abschreibungen	Aus steuerlichen Gründen (weniger Gewinnausweis, weniger Gewinnsteuern an Finanzamt) wird im RK I mehr abgeschrieben als die tatsächliche betriebliche Wertminderung ausmacht. Mindert das Gesamtergebnis stärker als das Betriebsergebnis. **(Normalfall bei guter Wirtschaftslage)**
bilanzielle Abschreibungen < kalkulatorische Abschreibungen	Überhöhte (degressive) Abschreibungen in der Vergangenheit und eine aktuelle Investitionszurückhaltung können dazu führen, dass im RK II mehr abgeschrieben wird als im RK I. Mindert das Betriebsergebnis stärker als das Gesamtergebnis. **(Entspricht dem Ausnahmefall)**

F

$$\text{Bilanzielle Abschreibung / Jahr} = \frac{\text{Anschaffungskosten}}{\text{Nutzungsdauer AfA-Tabelle}}$$

F

$$\text{Kalkulatorische Abschreibung / Jahr} = \frac{\text{Wiederbeschaffungskosten} - \text{Restwert}}{\text{Nutzungsjahre}}$$

Aufgaben

1 Abschreibungen:

1. Jahr	Bilanzielle Abschreibung	50 000,00 €
	Kalkulatorische Abschreibung	50 000,00 €
2. Jahr	Bilanzielle Abschreibung	50 000,00 €
	Kalkulatorische Abschreibung	40 000,00 €
3. Jahr	Bilanzielle Abschreibung	55 000,00 €
	Kalkulatorische Abschreibung	60 000,00 €

a) Wie wirkt sich die Buchung dieser Beträge in jedem der drei Jahre in der Geschäftsbuchführung des Rechnungskreises I bzw. in der Kosten- und Leistungsrechnung des Rechnungskreises II aus? Tragen Sie die Beträge in eine Tabelle nach folgendem Muster ein:

	1. Jahr	2. Jahr	3. Jahr
Aufwendungen der Geschäftsbuchführung (Rechnungskreis I)			
Kosten der Kosten- und Leistungsrechnung (Rechnungskreis II)			
Unternehmensergebnis (RK I)			
Betriebsergebnis (RK II)			

2

a) Erläutern Sie die Berechnungsgrundlagen der
- kalkulatorischen Abschreibungen
- und des kalkulatorischen Unternehmerlohns.

b) Wie unterscheiden sich Anderskosten von Zusatzkosten?

3

Es liegen folgende Daten der KS–AG vor:

① Die Anschaffungs- oder Herstellungskosten einer Maschine betragen 400 000,00 €; die Wiederbeschaffungskosten werden auf 480 000,00 €; geschätzt.

② Die durchschnittliche Nutzungsdauer für das Anlagevermögen beträgt acht Jahre.

③ Intern werden die Vorstandsbezüge als „Unternehmerlohn“ bezeichnet. Der Vorstand erhält jährlich 1 800,00 €.

a) Begründen Sie, wie die Angaben ① bis ③ bei der Abgrenzungsrechnung (Gegenüberstellung GuV-Ansatz und Werte der KLR) verwendet werden.
b) Berechnen Sie die jährlichen bilanziellen Abschreibungen.
c) Berechnen Sie die jährlichen kalkulatorischen Abschreibungen.
d) Berechnen Sie die jährlichen kalkulatorischen Abschreibungen, wenn die Maschine am Ende der Nutzungsdauer einen Restwert von 40 000,00 € hat.

4

Rechnungskreis I				**Rechnungskreis II**					
Geschäftsbuchführung				Abgrenzungsbereich				**Kosten- und Leistungsrechnung**	
				unternehmensbezogene Abgrenzung		kostenrechnerische Korrekturen			
Kto.-Nr.	Kontenbezeichnung	Aufwand	Ertrag	neutraler Aufwand	neutraler Ertrag	Aufwand lt. GuV	Verr. Kosten	Kosten	Leistungen
5000	Umsatzerlöse		2 920 000						
5460	Erträge aus dem Abgang von Sachanlagevermögen		250 000						
6000	Aufwendungen für Rohstoffe	830 000						830 000	
6030	Aufwendungen für Betriebsstoffe	160 000						160 000	
6200	Fertigungslöhne	420 000							
6300	Gehälter und Hilfslöhne	180 000						180 000	
6500	Abschreibungen auf Sachanlagen	250 000							
6910	Verluste aus Wertpapieren des Umlaufvermögens	40 000							
7510	Zinsaufwendungen	50 000							
7600	sonstige Aufwendungen	380 000						380 000	
	Summen								

a) Berechnen Sie das Unternehmensergebnis.

b) Vervollständigen Sie die Ergebnistabelle hinsichtlich der Berücksichtigung der Umsatzerlöse im RK II.

c) Vervollständigen Sie die Ergebnistabelle hinsichtlich der Berücksichtigung der Erträge aus dem Abgang von Anlagevermögen.

d) Vervollständigen Sie die Ergebnistabelle hinsichtlich der Berücksichtigung der Fertigungslöhne.

e) Die berücksichtigte Abschreibung auf Sachanlagen wurde linear vom Anschaffungswert berechnet. Dabei wurde die steuerlich erlaubte Nutzungsdauer von 6 Jahren zu Grunde gelegt. Die jährliche lineare Abschreibung vom Anschaffungswert bezogen auf die tatsächliche Nutzungsdauer von 10 Jahren belief sich auf 150 000,00 €, vom Wiederbeschaffungswert auf 170 000,00 €.
Vervollständigen Sie die Ergebnistabelle hinsichtlich der Abschreibungen.

f) Die sonstigen Aufwendungen sind in voller Höhe kostenwirksam.

g) Berechnen Sie das neutrale Ergebnis und das Betriebsergebnis.

h) Analysieren Sie die einzelnen Ergebnisse und beschreiben Sie die wirtschaftliche Situation des Unternehmens.

5

Rechnungskreis I				Rechnungskreis II					
Geschäftsbuchführung				Abgrenzungsbereich				Kosten- und Leistungsrechnung	
				unternehmensbezogene Abgrenzung		kostenrechnerische Korrekturen			
Kto.-Nr.	Kontenbezeichnung	Aufwand	Ertrag	neutraler Aufwand	neutraler Ertrag	Aufwand lt. GuV	Verr. Kosten	Kosten	Leistungen
5000	Umsatzerlöse		6 940 000						6 940 000
6000	Aufwendungen für Rohstoffe	3 300 000						3 300 000	
6030	Aufwendungen für Betriebsstoffe	220 000						220 000	
6200	Fertigungslöhne	590 000						590 000	
6300	Gehälter und Hilfslöhne	180 000						180 000	
6500	Abschreibungen auf Sachanlagen	520 000				520 000	400 000	400 000	
6960	Verluste aus dem Abgang von Sachanlagevermögen	500 000		500 000					
6970	Verluste aus Wertpapieren des Umlaufvermögens	200 000		200 000					
7510	Zinsaufwendungen	70 000						70 000	
7600	sonstige Aufwendungen	380 000						380 000	
	Summen								

Ermitteln und analysieren Sie die einzelnen Ergebnisse und beschreiben Sie die wirtschaftliche Situation des Unternehmens.

6

Rechnungskreis I			**Rechnungskreis II**					
Geschäftsbuchführung			Abgrenzungsbereich				Kosten- und Leistungsrechnung	
Unternehmensergebnis			neutrales Ergebnis		Ergebnis der kostenrechnerischen Korrekturen		**Betriebsergebnis**	
Kontenbezeichnung	Aufwendungen	Erträge	neutrale Aufwendungen	neutrale Erträge	verrechnete Aufwendungen laut GB	Kosten laut KLR	Kosten	Leistungen
Umsatzerlöse		8 868 000						8 868 000
Erträge aus Wertpapierverkäufen		540 000		540 000				
Rohstoffverbrauch	2 300 000						2 300 000	
Hilfsstoffverbrauch	520 000						520 000	
Löhne	2 290 000						2 290 000	
Gehälter	1 110 000						1 110 000	
Abschreibungen	990 000				990 000	710 000	710 000	
Sonst. betr. Aufwendungen	740 000						740 000	
	7 950 000	9 408 000	0	540 000	990 000	710 000	7 670 000	8 868 000
	1 458 000		**540 000**			**280 000**	**1 198 000**	
	9 408 000	9 408 000	540 000	540 000	990 000	990 000	8 868 000	8 868 000

a) Wie hoch ist das Unternehmensergebnis?

b) Wie hoch ist das Betriebsergebnis?

c) Wie groß ist die Abweichung Unternehmensergebnis zu Betriebsergebnis in %?

d) Welche Ursachen hat diese Abweichung?

e) Ist die Abweichung eher einmalig oder langfristig zu erwarten?

f) Welche Konsequenzen sollten aus den Ergebnissen der Ergebnistabelle gezogen werden?

1.3 Kostenauflösung, Kosten- und Erlösfunktion

Strukturzusammenhang

FRAGESTELLUNG DER KOSTENANALYSE:

Wie wirken sich Beschäftigungsschwankungen (unterschiedliche Ausbringungsmengen) auf die Kosten aus?

Notwendige Voraussetzung

Kostenunterteilung in

↙ ↘

beschäftigungsabhängige Kosten	**beschäftigungsunabhängige Kosten**
vaiable Kosten	***fixe Kosten***
mitlaufende Kosten	konstante Kosten
zum Beispiel	zum Beispiel
• Fertigungsmaterial • Fertigungslöhne • Strom: Verbrauch	• kalkulatorische Abschreibungen • Zinsen • Miete • Strom: Grundpreis

Untersuchung der Auswirkungen von Anpassungsmaßnahmen auf:
• Gesamtgewinn • Nutzungsschwelle • Gewinnmaximum

Kernwissen

Beschäftigungsgrad in % $= \frac{\text{tatsächliche Produktion} \cdot 100}{\text{maximale Kapazität}}$

beschäftigungsunabhängige Kosten

Fixe Kosten
Die fixen Gesamtkosten **(K_f)** bleiben bei Beschäftigungsschwankungen unverändert.

Die fixen Stückkosten **(k_f)** sinken bei steigender Beschäftigung, da sich die Fixkosten auf mehr produzierte Einheiten verteilen (Gesetz der Massenproduktion bzw. Fixkostendegression).

beschäftigungsabhängige Kosten

Variable Kosten
Die variablen Gesamkosten **(K_v)** steigen bei zunehmender Beschäftigung.

Die variablen Stückkosten **(k_v)** bleiben konstant.

Zusammenhang zwischen Beschäftigungsgrad (Ausbringungsmenge) und fixen Kosten:

Mengenänderung	Fixe Gesamtkosten K_f	Fixe Stückkosten k_f
x steigt	**K_f bleibt konstant**	**k_f sinkt**
x fällt	**K_f bleibt konstant**	**k_f steigt**

Grafische Kostenaufspaltung

gesucht: K_f, k_v, K_3

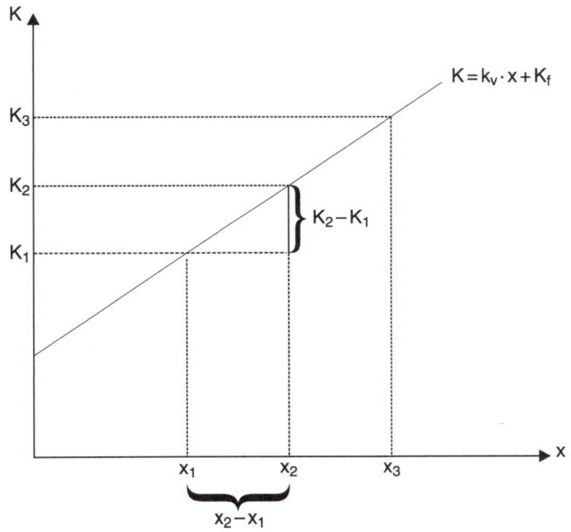

Kostenveränderung pro Stück (k_v)

$$\textcircled{k_v} = \frac{K_2 - K_1}{x_2 - x_1}; \quad K_f = K - K_v$$

Berechnung $K_3 = \textcircled{k_v} \cdot x_3 + K_f$

Rechnerische Kostenaufspaltung

gesucht: K_f, k_v, K_3

x_1 = 10 000 K_1 = 90 000,00 €	x_2 = 18 000 K_2 = 106 000,00 €	x_3 = 20 000 K_3 = ?

$$k_v = \frac{K_2 - K_1}{x_2 - x_1} = \frac{106\,000{,}00\ € - 90\,000{,}00\ €}{18\,000 - 10\,000} = 2{,}00\ €$$

$$K_f = K_1 - (k_v \cdot x_1)$$
$$= 90\,000{,}00\ € - (2{,}00\ € \cdot 10\,000)$$
$$= 70\,000{,}00\ €$$

$$K_3 = k_v \cdot x_3 + K_f$$
$$= 2{,}00\ € \cdot 20\,000 + 70\,000{,}00\ €$$
$$= 110\,000{,}00\ €$$

Bestimmung von Nutzenschwelle, Gewinn und Gewinnmaximum

Nutzenschwelle (NS; Break-Even-Point): Erlös = Kosten

$E = K$

$p \cdot x = k_v \cdot x + K_f$

Gewinn: = Erlös – Kosten

$= E - K$

$= p \cdot x - (k_v \cdot x + K_f)$

Gewinnmaximum: liegt bei linearem Kosten- und Umsatzkurvenverlauf an der Kapazitätsgrenze

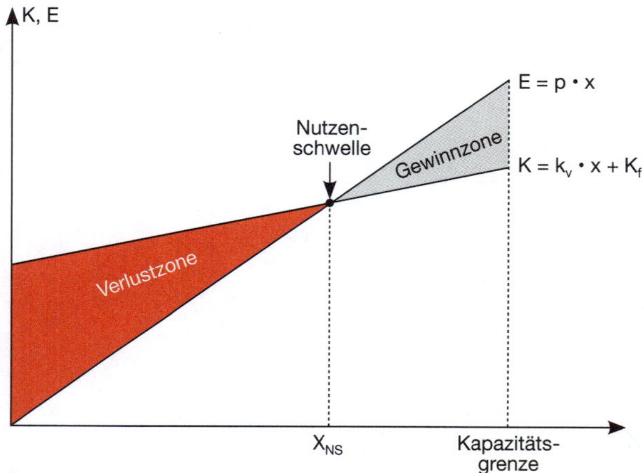

Gesamtbetrachtung:

Gesamtkosten:
$K = K_f + k_v \cdot x$

Umsatz:
$E = p \cdot x$

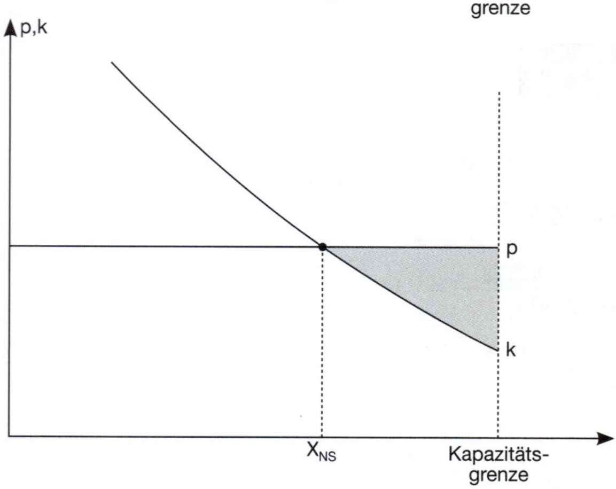

Stückbetrachtung:

Stückpreis = p

Stückkosten = k

F Kostenfunktion

$$K = K_v + K_f$$
$$= k_v \cdot x + K_f$$

F Erlösfunktion

$$E = e \cdot x$$

Beachte: e wird manchmal auch als „p“ bezeichnet!
E wird manchmal auch als „U“ bezeichnet!

F Nutzenschwelle

$$E = K$$
$$e \cdot x = k_v \cdot x + K_f \qquad \text{oder: } x = \frac{K_f}{e - k_v}$$

F variable Kosten (Kostenauflösung)

$$k_v = \frac{K_2 - K_1}{x_2 - x_1}$$

<u>Legende:</u>

K	=	Gesamtkosten
K_v	=	variable Gesamtkosten
K_f	=	fixe Gesamtkosten
E bzw. U	=	Gesamterlöse/Gesamtumsatz
k	=	Stückkosten
k_v	=	variable Stückkosten
e bzw. p	=	Stückerlös / Stückpreis

Aufgaben

1 Im Oktober produziert die Middelhoff AG 83 Brennstoffzellen des Typs „BZ-Real". Die Gesamtkosten belaufen sich auf 837 300,00 €. Im November werden 72 Zellen hergestellt. Die Gesamtkosten betragen 748 200,00 €. Die variablen Stückkosten sind konstant. Die Monatskapazität liegt bei 90 Zellen. Es wird mit einem Stückerlös von 11 400,00 € gerechnet.
Das Unternehmen geht davon aus, dass die Gewinnschwelle auf Dauer erreicht wird. Langfristig wird ein Gewinn in Höhe von mindestens 5 % der Gesamtkosten angestrebt.

a) Berechnen Sie die Gesamtkosten für 75 Brennstoffzellen, die im Dezember hergestellt werden.

b) Ermitteln Sie die Gewinnschwelle.

c) Bei welchem Beschäftigungsgrad wird das langfristige Mindest-Gewinnziel erreicht?

d) Ermitteln Sie die Stückgewinne für November und Dezember und erklären Sie die Abweichung.

e) Ein Großabnehmer erteilt einen Auftrag über 20 Brennstoffzellen des Typs „BZ-Real", die im Januar des nächsten Jahres produziert werden müssen. Für diesen Zeitraum liegen schon andere Aufträge über insgesamt 80 Stück vor. Bei Ausführung aller Aufträge (einschließlich des Zusatzauftrags) entstehen Selbstkosten von insgesamt 987 150,00 €. Darin sind Überstundenzuschläge für die über die bisherige Kapazität hinausgehende Stückzahl enthalten.

Wie viel Prozent betragen diese Überstundenzuschläge, wenn bei Normalbeschäftigung die Hälfte der variablen Kosten aus Lohnkosten besteht?

2 Aufgrund des Konkurrenzdrucks plant die Unternehmensleitung eine Erhöhung der Arbeitszeit von 35 auf 40 Stunden pro Woche ohne Lohnausgleich. Für die zurückliegenden Monate stehen folgende Daten zur Verfügung:

Monat	Stückzahl	Gesamtkosten	Umsatz
Mai	52 000	804 000,00 €	790 400,00 €
Juni	66 000	972 000,00 €	1 003 200,00 €

a) Bei der bisherigen Arbeitszeit von 35 Stunden pro Woche hätten monatlich maximal 70 000 Drehteile produziert werden können.

1. Berechnen Sie die bisherigen Fixkosten und die variablen Stückkosten.

2. Wie hoch wäre die maximal produzierbare Menge nach der geplanten Erhöhung der wöchentlichen Arbeitszeit, wenn keine sonstigen Engpässe zu erwarten sind?

3. Ermitteln Sie die variablen Stückkosten nach der geplanten Arbeitszeitverlängerung, wenn davon auszugehen ist, dass bisher 30 % der variablen Kosten Fertigungslöhne waren.

4. Um welche Stückzahl würde sich nach Einführung der Arbeitszeitverlängerung die Gewinnschwelle bei unverändertem Verkaufspreis ändern?

b) Das Auftragsvolumen von 66 000 Stück (Juni) könnte auch für die folgenden Monate bei unverändertem Absatzpreis beibehalten werden. Es besteht die Aussicht, zusätzlich 14 000 Stück zu verkaufen.

1. Wie hoch wären die Gesamtkosten für die zusätzliche Produktionsmenge, wenn die Arbeitszeitverlängerung nicht eingeführt würde und bei einer Überschreitung der Normalarbeitszeit ein Überstundenzuschlag von 25 % auf den Lohnanteil zu verrechnen wäre?

2. Angenommen, die Arbeitszeitverlängerung würde durchgeführt. Die Unternehmensleitung möchte zur Gewinnung eines neuen Kunden die Konkurrenz mit einem niedrigen Verkaufspreis unterbieten und sich in den Folgemonaten mit demselben Ergebnis wie im Juni begnügen.

   Zu welchem Stückpreis könnten unter diesen Bedingungen die 14 000 Teile verkauft werden?

3 Die Nähmaschinenmanufaktur Becker KG stellt elektrische Nähmaschinen verschiedener Typen her:

Typ A: einfache Ausführung mit Nutzstichen
Typ B: gehobene Ausführung mit Nutz- und Zierstichen
Typ C: Luxusausführung

Für Maschinen Typ A, von der maximal 5 000 Stück pro Periode produziert werden können, fallen folgende Kosten (linearer Kostenverlauf) in den einzelnen Kostenstellen an:

Kosten / Kostenstelle	Einzelkosten für 1 000 Stück	fixe Gemeinkosten	Gemeinkosten proportional-variabel für 1 000 Stück
Material	180 000,00 €	30 000,00 €	22 000,00 €
Fertigung	70 000,00 €	25 800,00 €	20 000,00 €

Die Becker KG hat keine marktbeherrschende Stellung. Sie verkauft die Maschinen Typ A für 340,00 € je Stück.

a) Wie hoch ist für Maschine A die gewinnmaximale Angebotsmenge und der dazugehörige Gewinn?

b) Bei welcher Angebotsmenge liegt die Nutzenschwelle?

c) Bei welcher Ausbringungsmenge liegt für Typ A das Stückkostenminimum? Veranschaulichen Sie Ihre Antwort durch eine Skizze!

d) Eine geplante Ersatzinvestition zur Herstellung von Typ A erhöht die Kapazität um 20 %, verdoppelt aber die fixen Kosten und vermindert die variablen Kosten um 25 %.

1. Wie verändern sich dadurch bei Ausnutzung der neuen Kapazität die Stückkosten?
2. Wie viel Gewinn je Stück ergibt sich dann ?
3. Warum kann eine Ersatzinvestition zu einer Erhöhung der Kapazität führen? Geben Sie ein Beispiel an!
4. Bis zu welcher Ausbringungsmenge erzielt das Unternehmen keinen Gewinn, wenn es die neue Maschine voll ausnutzt und der Preis auf dem Nähmaschinenmarkt um 30 % sinkt?

4 Ein Kaufhauskonzern hat einen Fertigungsbetrieb erworben, der die Filialen beliefert und das Sortiment in den einzelnen Verkaufsstätten ergänzt. Der Fertigungsbetrieb rechnet selbstständig ab, das Ergebnis wird an die „Muttergesellschaft" abgeführt. Die Kapazität konnte zu 80 % ausgelastet werden. Kapazitätsgrenze 500 Stück.

Folgende Tabelle des Einproduktbetriebes liegt vor:

x	K_f	K_v	K	k	E	k_v	G/V
0	1 000	–	1 000	–	–	–	– 1 000
100	1 000	1 500	2 500	25,0	1 900	15	– 600
200	1 000	3 000	4 000	20,0	3 800	15	– 200
300	1 000	4 500	5 500	18,3	5 700	15	+ 200
400	1 000	6 000	7 000	17,5	7 600	15	+ 600
500	1 000	7 500	8 500	17,0	9 500	15	+ 1 000

a) Bestimmen Sie anhand der Tabelle
- das Gewinnmaximum (maximaler Nutzenpunkt)
- das Stückkostenminimum

b) Berechnen Sie den Break-Even-Point (Nutzenschwelle)!

c) Welcher Gewinn ergab sich bei der bisherigen 80 %igen Kapazitätsauslastung?

Fachbegriffe zur Kostenanalyse

fixe Kosten	*beschäftigungsunabhängige Kosten*
variable Kosten	*beschäftigungsabhängige Kosten*
Nutzenschwelle	*Übergang von Verlustzone in Gewinnzone (Break-Even-Point)*
Beschäftigungsgrad	*Auslastungsgrad der Gesamtkapazität*
Übergangsmenge (kritische Menge)	*höhere Fixkosten moderner Anlagen werden durch niedrigere variable Kosten ausgeglichen*
Gewinnmaximum	*maximal möglicher Gewinn; liegt bei linearem Kostenverlauf an der Kapazitätsgrenze*

1.4 Verrechnung der Gemeinkosten

Kernwissen

2. Schritt der Vollkostenrechnung:

ÜBERNAHME DER KOSTEN AUS DEM BETRIEBSERGEBNIS

Kostenspalte des Betriebsergebnisses (RK II) enthält:

- Einzelkosten:
  dem einzelnen Kostenträger direkt zurechenbar:
  z.B. – Materialverbrauch/Fertigungsmaterial
  – Löhne für Fertigung/Fertigungslöhne

- Gemeinkosten:
  nicht oder nur mit unverhältnismäßigem Aufwand dem Kostenträger direkt zurechenbar:
  z.B. – kalk. Abschreibungen
  – kalk. Zinsen
  – Steuern ...

Die Gemeinkosten der Kostenspalte werden in den Betriebsabrechnungsbogen (BAB) zur Ermittlung von Zuschlagsätzen für Gemeinkosten auf der Basis von Einzelkosten übernommen. Im BAB werden die Gemeinkosten verursachungsgerecht auf die Kostenstellen verteilt. Auf Basis der Einzelkosten werden Gemeinkostenzuschlagsätze gebildet.

3. Schritt der Vollkostenrechnung:
BERECHNUNG DER GEMEINKOSTENZUSCHLAGSÄTZE IM BAB

Gemeinkosten aus der KLR (Betriebsergebnis)	KOSTENSTELLEN			
	Material	**Fertigung**	**Verwaltung**	**Vertrieb**
z.B. kalk. Abschreibungen	anteilige kalk. Abschreibungen	anteilige kalk. Abschreibungen	anteilige kalk. Abschreibungen	anteilige kalk. Abschreibungen
z.B. kalk. Zinsen	anteilige kalk. Zinsen	anteilige kalk. Zinsen	anteilige kalk. Zinsen	anteilige kalk. Zinsen
z.B. Steuern	anteilige Steuern	anteilige Steuern	anteilige Steuern	anteilige Steuern
= Gemeinkostensumme insgesamt	= Gemeinkostensumme Kostenstelle Material bzw. **Materialgemeinkosten** (MGK) ≙ x %	= Gemeinkostensumme Kostenstelle Fertigung bzw. **Fertigungsgemeinkosten** (FGK) ≙ x %	= Gemeinkostensumme Kostenstelle Verwaltung bzw. **Verwaltungsgemeinkosten** (VwGK) ≙ x %	= Gemeinkostensumme Kostenstelle Vertrieb bzw. **Vertriebsgemeinkosten** (VtrGK) ≙ x %
Basis zur Berechnung des Gemeinkostenzuschlagsatzes (GKZ)	Einzelkosten Fertigungsmaterial ≙ 100 %	Einzelkosten Fertigungslöhne ≙ 100 %	Herstellkosten (der Produktion) ≙ 100 %	Herstellkosten (der Produktion)[1] ≙ 100 %

Aufgaben

1 Die „Femme-design“ Pforzheim GmbH stellt Damenmäntel her. Eine Kalkulation wurde bisher nur annäherungsweise durchgeführt. Der Verkaufspreis richtet sich bislang nach den Marktpreisen. Aufgrund der immer stärker werdenden ausländischen Konkurrenz und fallender Gewinne entschloss man sich zur Einführung einer exakten Kostenrechnung. Angefallene Einzelkosten:
FL 140 000,00 € und FM 120 000,00 €.
Der aufgestellte Betriebsabrechnungsbogen weist am Ende der ersten Periode folgende Zahlen aus: (siehe Lösungsblatt auf nächster Seite).

a) Vervollständigen Sie den Betriebsabrechnungsbogen, und ermitteln Sie die Istgemeinkostenzuschläge (auf eine Dezimale)!
Verteilungsgrundlagen: Sonstige Kosten entsprechen der genutzen Quadratmeter-Fläche.

b) Erläutern Sie zwei Probleme, die bei der Erstellung eines Betriebsabrechnungsbogens auftauchen.

1 da laut Lehrplan keine Bestandsveränderungen behandelt werden

c) Erläutern Sie kritisch den Zusammenhang zwischen Betriebsabrechnungsbogen und Beschäftigungsschwankungen im Hinblick auf die Gemeinkostenzuschlagsätze.

Lösungsblatt zu Aufgabe 1

Betriebsabrechnungsbogen

Kostenstellen / Gemeinkosten	Zahlen der Buchführung	Materialstelle	Fertigungsstelle I	Verwaltungsstelle	Vertriebsstelle
genutzte Fläche/qm		200	1 000	150	100
Hilfslöhne	25 000,00 €	5 000,00 €	16 000,00 €	4 000,00 €	——
Gehälter	30 000,00 €	3 000,00 €	16 000,00 €	8 000,00 €	3 000,00 €
Abschreibungen	50 600,00 €	5 800,00 €	35 400,00 €	5 600,00 €	3 800,00 €
Soziale Leistungen	9 500,00 €	1 500,00 €	5 500,00 €	1 500,00 €	1 000,00 €
Steuern	4 900,00 €	400,00 €	4 100,00 €	300,00 €	100,00 €
Sonstige Kosten	145 000,00 €				
	265 000,00 €				
	Gemeinkosten				
	Zuschlagsgrundlage				
	Ist-Zuschlagsätze				

2 Die Schmalbach AG Ravensburg stellt Verpackungsmaterial (bedruckt und unbedruckt) her. Für die Betriebsabrechnung stehen folgende Zahlen zur Verfügung:

Umsatzerlöse	1 179 110,00 €
Fertigungsmaterial	366 400,00 €
Hilfs- und Betriebsstoffverbrauch	8 000,00 €
Fertigungslöhne	162 819,00 €
Gehälter	150 000,00 €
kalk. Abschreibungen	63 000,00 €
kalk. Zinsen	60 000,00 €
verschiedene Gemeinkosten	177 000,00 €

a) Verteilen Sie die Summe der Gemeinkosten auf die vier Kostenstellen des Betriebsabrechnungsbogens nach folgendem Schlüssel 80 : 625 : 162 : 133.

b) Erstellen Sie eine Gesamtkalkulation und ermitteln Sie die Zuschlagsätze für die Gemeinkosten. (Ergebnis auf 1. Dez. genau)

1.5 Kostenträgerzeitrechnung, Gesamtkalkulation

Kernwissen

4. Schritt der Vollkostenrechnung:

KALKULATIONSSCHEMA ZUR ERMITTLUNG DER SELBSTKOSTEN

GESAMTKALKULATION

	Fertigungsmaterial	
+	Materialgemeinkosten	
+	Sondereinzelkosten Material	
+	Fertigungslöhne	
+	Fertigungsgemeinkosten	
+	Sondereinzelkosten Fertigung	
=	Herstellkosten	
+	Verwaltungsgemeinkosten	(bezogen auf Herstellkosten)
+	Vertriebsgemeinkosten	(bezogen auf Herstellkosten)
=	Selbstkosten	

5. Schritt der Vollkostenrechnung:

ERMITTLUNG KOSTENUNTER-/ÜBERDECKUNG

Aus den tatsächlich entstandenen Gemeinkosten (Istgemeinkosten) werden zur Ermittlung von Angebotspreisen die durchschnittlich zu verrechnenden Gemeinkosten (Normalgemeinkosten) ermittelt. In der Nachkalkulation werden die durch den Auftrag verursachten Istgemeinkosten ermittelt und mit dem vorkalkulierten Angebotspreis (auf Basis der Normalgemeinkosten) verglichen.

Kostenüberdeckung: Normalgemeinkosten > Istgemeinkosten
(Ø verrechnete Gemeinkosten sind höher als die tatsächlich entstandenen)

Kostenunterdeckung: Normalgemeinkosten < Istgemeinkosten
(Ø verrechnete Gemeinkosten sind geringer als die tatsächlich entstandenen)

Aufgaben

1 Die Saldenbilanz I der Maschinenbau GmbH, Hamburg, weist zum Jahresende folgende Zahlen aus:

	Soll	Haben
Fertigungsmaterial	40 200,00 €	
Fertigungslöhne	120 000,00 €	
Umsatzerlöse		460 000,00 €

Die Hauptkostenstellen (Kostenbereiche) des BAB ergeben zum gleichen Zeitpunkt folgende Gemeinkostensummen

Materialgemeinkosten	5 800,00 €	Verwaltungsgemeinkosten	42 000,00 €
Fertigungsgemeinkosten	180 000,00 €	Vertriebsgemeinkosten	17 500,00 €

Bei der Angebotsabgabe wurde mit folgenden Normalzuschlagsätzen kalkuliert:

Materialgemeinkosten	15 %	Verwaltungsgemeinkosten	11 %
Fertigungsgemeinkosten	140 %	Vertriebsgemeinkosten	6 %

a) Ermitteln Sie die Ist-Zuschlagsätze (auf eine Dezimale auf- bzw. abgerundet). Die Ergebnisse der folgenden Aufgaben sind in eine Tabelle lt. folgendem Muster einzutragen (Kostenträgerzeitblatt).

Bezeichnung	Istkosten		Normalkosten		Über- bzw. Unterdeckung
	€	%	€	%	

b) Erstellen Sie ein vollständiges Kostenträgerzeitblatt mit Kostenüber- und Unterdeckung und ermitteln Sie das Betriebsergebnis. (auf ganze Euro-Beträge auf- bzw. abrunden)

2 Die Einzelunternehmung Franz Fuchs e.K., Fahrradmanufaktur, hat sich in den letzten Jahren mit ihrem Modell „CLIMB FEVER" bei hochwertigen Mountainbikes eine gute Marktposition erworben. Aufgrund der stark gestiegenen Nachfrage produziert das Unternehmen an der Kapazitätsgrenze. Marktforscher prognostizieren für die nächsten Jahre weiterhin eine zunehmende Nachfrage nach Mountainbikes.

Der BAB für das 1. Quartal 01 liefert folgende Daten:

Kostenstellen	Material	Fertigung	Verwaltung	Vertrieb
Summe Gemeinkosten	86 800,00 €	1 703 850,00 €	?	293 866,30 €
Zuschlagsgrundlagen	?	925 000,00 €	?	?
Zuschlagsätze in %	17,5	?	12,0	?

a) Errechnen Sie die Werte der in der Tabelle mit „?“ gekennzeichneten Felder.

b) Beschreiben Sie den Einfluss der nachfolgend aufgeführten Situationen auf alle Ist-Zuschlagsätze (steigt, fällt, verändert sich nicht) jeweils im Vergleich zu der o.g. Ausgangssituation a) und begründen Sie Ihre Antworten.

1. Aufgrund der Überproduktion auf dem Stahlmarkt sinken die Preise für Fertigungsmaterial für die Fahrradherstellung um 15 %.
2. Die Stadtwerke erhöhen die Strom- und Gaspreise. Dadurch steigen die Gemeinkosten der Kostenstelle Material um 5 %, die der Kostenstelle Fertigung um 12 % und die der Kostenstelle Verwaltung um 3,5 %.

3

a) In einem Industriebetrieb werden Stanzelemente hergestellt. Aus den nachstehenden Angaben ist der Betriebsabrechnungsbogen zu ergänzen:

BAB	Zahlen der KLR	Fertigung	Materialstelle	Verwaltung	Vertrieb
versch. Gemeinkosten	18 900,00 €	14 000,00 €	1 700,00 €	1 710,00 €	1 490,00 €
Abschreibungen	7 850,00 €				
Summe der Ist-GK	26 750,00 €				

Die Abschreibungen sind nach den Anlagewerten zu verteilen. Durchschnittlich werden 10 % vom Buchwert des Anlagevermögens abgeschrieben.
Bücherwerte des Anlagevermögens:
Fertigung 40 000,00 €; Materialstelle 13 000,00 €; Verwaltung 17 000,00 € und Vertrieb 8 500,00 €

b) Erstellen Sie eine Jahreskalkulation zur Errechnung aller Zuschlagsätze; in einer Parallelaufstellung dazu eine Kalkulation mit Normalkostenzuschlägen.
Fertigungslöhne 36 000,00 €; Fertigungsmaterialverbrauch 60 000,00 €

Der Betrieb verwendete bisher folgende Normalkostenzuschläge:

Materialgemeinkosten	6 %	Verwaltungsgemeinkosten	4 %
Fertigungsgemeinkosten	45 %	Vertriebsgemeinkosten	3 %

c) Für die Erzeugnisgruppe „Stanzpro“ mit den Einzelkosten FM 30 000,00 € und FL 22 000,00 € ist die Gesamtkostenabrechnung (Kostenträgerzeitblatt) unter Berücksichtigung folgender Angaben zu erstellen:

- Nettoverkaufserlöse für die Erzeugnisgruppe „Stanzpro“ 91 000,00 €
- Sondereinzelkosten des Vertriebs für Erzeugnisgruppe „Stanzpro“ 557,00 €
- Weitere notwendige Zahlen sind der Aufgabenstellung zu entnehmen.
- Kostenüber- und Kostenunterdeckungen bleiben außer Acht.

Wie groß ist der Gewinn?

1.6 Kostenträgerstückrechnung

Vorwärtskalkulation im Industriebetrieb

Vorwärtskalkulation: Von den Kosten zum Listenverkaufspreis!
Gegeben: Kosten
Gesucht: Listenverkaufspreis
Anwendung, wenn der Listenverkaufspreis beeinflussbar ist.

Kalkulationsschema	Beispielsrechnung				
Fertigungsmaterial		160,00		100%	
+ Materialgemeinkosten	25% v.H.	40,00		25%	
= Materialkosten **(MK)**			**200,00**	125%	
Fertigungslöhne		200,00			100%
+ Fertigungsgemeinkosten	100% v.H.	200,00			100%
= Fertigungskosten **(FK)**			**400,00**		200%
Herstellkosten (MK + FK)			**600,00**	100 %	
+ Verwaltungsgemeinkosten	10,4% v.H.		**62,40**	10,4%	
+ Vertriebsgemeinkosten	6% v.H.		**36,00**	6 %	
= Selbstkosten			**698,40**	116,4%	100%
+ Gewinnzuschlag	25% v.H.		**174,60**		25%
= Barverkaufspreis			**873,00**	97%	125%
+ Kundenskonto	3% i.H.		**27,00**	3%	
= Zielverkaufspreis			**900,00**	100%	90%
+ Kundenrabatt	10% i.H.		**100,00**		10%
= Listenverkaufspreis (ohne USt)			**1 000,00**		100%

Daten für die Beispielsrechnung

Ein Industriebetrieb ermittelt 160,00 € Kosten für Fertigungsmaterial und 200,00 € Fertigungslöhne. Das Unternehmen rechnet mit 25% Materialgemeinkosten, 100 % Fertigungsgemeinkosten, 10,4 % Verwaltungsgemeinkosten und 6% Vertriebsgemeinkosten.
Der Gewinnzuschlag beträgt 25 %. Den Kunden werden 10 % Rabatt und 3 % Skonto gewährt. Berechnen Sie den Listenverkaufspreis.

Rückwärtskalkulation im Industriebetrieb

Rückwärtskalkulation: Vom Listenverkaufspreis zu den Kosten!
Gegeben: Listenverkaufspreis
Gesucht: Kosten
Anwendung wenn der Listenverkaufspreis nicht beeinflussbar ist.[1]

Kalkulationsschema	Beispielsrechnung				
Fertigungsmaterial		320,00		100%	
+ Materialgemeinkosten	25% a.H.	80,00		25%	
= Materialkosten **(MK)**			**400,00**	125%	
Fertigungslöhne		400,00			100%
+ Fertigungsgemeinkosten	100% a.H.	400,00			100%
= Fertigungskosten **(FK)**			**800,00**		200%
Herstellkosten **(MK + FK)**			**1 200,00**	100%	
+ Verwaltungsgemeinkosten	10,4% a.H.		**124,80**	10,4%	
+ Vertriebsgemeinkosten	6% a.H.		**72,00**	6%	
= Selbstkosten			**1 396,80**	116,4%	100%
+ Gewinnzuschlag	25% a.H.		**349,20**		25%
= Barverkaufspreis			**1 746,00**	97%	125%
+ Kundenskonto	3% v.H.		**54,00**	3%	
= Zielverkaufspreis			**1 800,00**	100%	90%
+ Kundenrabatt	10% v.H.		**200,00**		10%
= Listenverkaufspreis (ohne USt)			**2 000,00**		100%

Daten für die Beispielsrechnung

Ein Industriebetrieb ermittelt 400,00 € Fertigungslöhne. Das Unternehmen rechnet mit 25 % Materialgemeinkosten, 100 % Fertigungsgemeinkosten, 10,4 % Verwaltungsgemeinkosten und 6 % Vertriebsgemeinkosten, Gewinnzuschlag 25 %, Kundenskonto 3 %, Kundenrabatt 10 %. Das Produkt kann höchstens zum Listenverkaufspreis von 2 000,00 € abgesetzt werden. Wie hoch dürfen die Kosten für das Fertigungsmaterial höchstens sein?

Differenzkalkulation

Bei der Differenzkalkulation wird sowohl mit der Vorwärts- als auch mit der Rückwärtskalkulation gerechnet. Ist beispielsweise der zu erzielende Gewinn die gesuchte Größe, wird bis zu den Selbstkosten mit der Vorwärtskalkulation gerechnet. Die Rückwärtskalkulation wird vom Listenverkaufspreis zum Barverkaufspreis durchgeführt. Die sich dann ergebende Differenz stellt den Gewinn dar.

1 wenn der Listenverkaufspreis „ein Datum ist" (unveränderbar vom Markt vorgegeben).

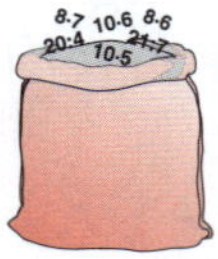

Zusammenfassende Aufgaben zur Vollkostenrechnung

1 Die Jan Kern GmbH stellt Büromöbel serienmäßig überwiegend in **Maschinenarbeit** und Stilmöbel überwiegend in **Handarbeit** her.

Die GmbH hat am Ende der ersten Rechnungsperiode einen einstufigen BAB aufgestellt, der nach Aufteilung der Gemeinkosten auf drei Hauptkostenstellen folgende Endsummen ausweist:

Kostenarten	Zahlen der KLR	Stoffbereich (Material)	Fertigungsbereich	Verw. und Vertriebsbereich
Summe der Gesamtkosten	86 500,00 €	8 000,00 €	38 000,00 €	40 500,00 €

Einzelkosten:
Fertigungsmaterial 64 000,00 €, Fertigungslöhne 40 000,00 €.

a) Ermitteln Sie die Gemeinkostenzuschläge für die drei Kostenstellen.

b) Berechnen Sie den Selbstkostenpreis für

1. eine komplette Büroeinrichtung
   Materialverbrauch 2 400,00 €, Fertigungslöhne 1 000,00 €
2. ein Wohnzimmer
   Materialverbrauch 1 600,00 €, Fertigungslöhne 1 500,00 €

Lösung hierzu nach folgender Darstellung:

Text	Büroeinrichtung	Wohnzimmer

2 Für eine Fräs- und Schleifmaschine ist ein Kostenvoranschlag zu machen. Es ist mit den nachstehenden Kosten zu rechnen:

Fertigungsmaterial	7 500,00 €
Fertigungslöhne	15 700,00 €
Sondereinzelkosten der Fertigung	1 500,00 €

Zuschläge:

Materialgemeinkostenzuschlag	4 %
Fertigungsgemeinkostenzuschlag	70 %
Verwaltungsgemeinkostenzuschlag	10 %
Vertriebsgemeinkostenzuschlag	4 %
Gewinnzuschlag	10 %
Kundenskonto	3 %

a) Berechnen Sie den Verkaufspreis!

b) Um wie viel Euro und Prozent ändert sich der Gewinn, wenn der Kunde auf den vorkalkulierten Preis einen Rabatt von 4 % erhält?

3 Ein Hersteller von Elektro-Haushaltsgeräten ermittelt in der Vorkalkulation für den Geschirrspülautomaten CS einen Listenpreis von 1 625,00 €.

a) Überprüfen Sie das Ergebnis der Vorkalkulation.
Verwendete Kalkulationssätze:

Fertigungsmaterial	400,00 €
Materialgemeinkostenzuschlag	10 %
Fertigungslöhne	180,00 €
Fertigungsgemeinkosten	200 %
Verwaltungs- und Vertriebsgemeinkostenzuschlag	25 %
Gewinnzuschlag	4 %
Kundenskonto	2 %
Kundenrabatt	20 %

b) Wie viele Euro für Fertigungsmaterial dürfen höchstens aufgewendet werden, wenn aus Konkurrenzgründen der Automat nur für 1 560,00 € abgesetzt werden kann? (Der Gewinnzuschlag gilt als Untergrenze.)
Wie hoch wären die aufwendbaren Fertigungslöhne, wenn der Fertigungsmaterialaufwand nicht gesenkt werden kann?

4 Die Möbel-AG kann über einen Vertreter 10 Büroeinrichtungen „Completto" verkaufen. Der Kunde des Vertreters erwartet 14 % Rabatt und 3 % Skonto. Der Kunde akzeptiert nur insgesamt einen maximalen Bruttolistenpreis (einschließlich USt) von 89 250,00 €.
Die Möbel-AG ermittelt folgende Daten:

Selbstkosten	6 400,00 €
Gewinnzuschlag	10 %

Skonto und Rabatt nach Kundenerwartung (siehe oben)

a) Überprüfen Sie rechnerisch, ob die Möbel-AG den Auftrag annehmen sollte.

b) Die Möbel-AG geht auf die im Sachverhalt genannten Bedingungen ein und möchte 5 % Gewinn erzielen. Dabei ist zu berücksichtigen, dass die Fertigungsgemeinkosten sowie die Verwaltungs-, Vertriebs- und Materialgemeinkosten je Stück nicht verändert werden können. Welcher Betrag müsste bei welcher Kostenposition eingespart werden?

Fachbegriffe zur Vollkostenrechnung

Ausgabe	*abfließende Geldbeträge*
Einnahme	*zufließende Geldbeträge*
Aufwand	*Werteverzehr des Unternehmens an Gütern und Dienstleistungen in einer Periode*
Ertrag	*Wertezugänge des Unternehemens an Gütern und Dienstleistungen in einer Periode*
Kosten	*betrieblich bedingter Werteverzehr an Güter und Dienstleistungen*
Leistungen	*betrieblich bedingte Wertezugänge*
Unternehmensergebnis	*Ergebnis aus der Gegenüberstellung von Aufwand und Ertrag*
Betriebsergebnis	*Ergebnis aus der Gegenüberstellung von Kosten und Leistungen*
bilanzielle Abschreibungen	*wirken sich auf das Unternehmensergebnis gewinnmindernd aus; beeinflussen Unternehmensgewinn und damit Steuerbelastung des Unternehemns (Gestaltung durch Abschreibungswahlrechte)*
kalkulatorische Abschreibungen	*wirken sich auf das Betriebsergebnis aus; der tatsächliche betrieblich bedingte Werteverzehr soll erfasst werden*
kalkulatorischer Unternehmerlohn	*darf bei der steuerlichen Gewinnermittlung nicht berücksichtigt werden; (kein Aufwand!) stellt im Betriebsergebnis (Zusatz-)Kosten dar*
Einzelkosten	*können dem einzelnen Kostenträger direkt zugerechnet werden*

Gemeinkosten	*können dem einzelnen Kostenträger nicht oder nur mit unverhältnismäßigen Aufwand direkt zugerechnet werden*
Betriebsabrechnungsbogen (BAB)	*dient der Erfassung und verursachungsgerechten Verteilung der Gemeinkosten auf die Kostenstellen. Weiterhin werden Gemeinkostenzuschlagsätze errechnet*
Kostenstelle	*Ort der Kostenentstehung*
Gemeinkostenzuschlagsätze	*auf Basis der Einzelkosten (=100%) werden Gemeinkostenzuschlagsätze gebildet, die in der Kalkulation verwendet werden*
Normalgemeinkosten	*durchschnittlich zu verrechnende Gemeinkosten. Werden aus den durchschnittlichen Istgemeinkosten vergangener Abrechnungsperioden unter Berücksichtigung zukünftiger Entwicklungen berechnet (Basis für Angebotspreisermittlung)*
Istgemeinkosten	*tatsächlich entstandene Gemeinkosten; sind erst nach der Produktion durch die Nachkalkulation feststellbar*
Kostenunterdeckung	*Istgemeinkosten > Normalgemeinkosten*
Kostenüberdeckung	*Istgemeinkosten < Normalgemeinkosten*
Einstufiger BAB	*BAB mit ausschließlich Hauptkostenstellen*

2 Internes Rechnungswesen – Prozesskostenrechnung

Strukturzusammenhang

Traditionelle Vollkostenrechnung	Prozesskostenrechnung
↓	↓
Verrechnung der Gemeinkosten über prozentuale **Zuschlagsätze** (aus BAB)	Verteilung der Gemeinkosten über **Prozesskosten**
↓	↓
führt zu ...	führt zu ...
↓	↓
... ungenauer Verrechnung der Gemeinkosten auf die Kostenträger, da zwischen Zuschlagsbasis und Gemeinkosten eine Proportionalität unterstellt wird, die so nicht vorhanden ist.	**.. genauerer Verrechnung der Gemeinkosten** auf die Kostenträger, da die tatsächliche Verursachung der Gemeinkosten als Prozesskosten berücksichtigt wird.

2.1 Prozesskostenrechnung im Detail

Kernwissen

Tätigkeiten	Teilprozesse	Gesamtprozess	Hauptprozess
• Tätigkeit A zum gemeinsamen Arbeitsablauf • Tätigkeit B zum gemeinsamen Arbeitsablauf • Tätigkeit C zum gemeinsamen Arbeitsablauf	werden als Teilprozess zusammengefasst (lmi bzw. lmn Teilprozess)	Mehrere Teilprozesse stellen die Gesamtprozesskosten insgesamt dar; (Teilprozesskostensatz lmi + Umlagesatz)	mehrere Gesamtprozesse

Imi-Prozesse	Imn-Prozesse
leistungsmengeninduzierte Prozesse	leistungsmengenneutrale Prozesse
Tätigkeit, deren Häufigkeit von der zu erbringenden Leistungsmenge abhängen, deshalb: bezugsgrößenabhängige Kosten	Tätigkeit, die nicht von der zu erbringenden Leistungsmenge abhängen, deshalb: bezugsgrößenunabhängige Kosten
haben variablen Kostencharakter	haben fixen Kostencharakter
Imi-Prozesse haben Kostentreiber	Imn-Prozesse haben **keine** Kostentreiber
Teilprozesskostensatz Imi: $= \frac{\text{Teilprozesskosten Imi}}{\text{Teilprozessmenge}}$	Teilprozesskostensatz Imn: $= \frac{\text{Teilprozesskosten Imn}}{\text{gesamte Prozesskosten Imi}} \cdot \text{Prozesskostensatz}$
gesamter Prozesskostensatz	

Aufgaben

1 Die Funktionsanalyse einer Kostenstelle ergab folgende Kosten:

Teilprozesse	Teilprozessmengen	Teilprozesskosten
Angebote einholen	640	16 000,00 €
bestellen	3 500	28 000,00 €
Wareneingang	3 200	64 000,00 €
Qualitätskontrolle	1 000	12 000,00 €
Abteilung leiten		20 000,00 €

a) Ermitteln Sie die Teilprozesskostensätze der leistungsmengeninduzierten Prozesse.

b) Ermitteln Sie den Umlagesatz.

c) Berechnen Sie den Gesamtprozesskostensatz.

2

Teilprozesse	Teilprozessmengen	Teilprozesskosten
Materialannahme	12 000	36 000,00 €
Materiallagerung	9 000	22 500,00 €
Materialausgabe	30 000	96 000,00 €
Leitung		15 500,00 €

a) Ermitteln Sie die leistungsmengeninduzierte und leistungsmengenneutrale Teilprozesskostensätze.

b) Ermitteln Sie den gesamten Prozesskostensatz.

2.2 Effekte der Prozesskostenrechnung

Strukturzusammenhang

Allokationseffekt → Der Unterschied zwischen dem Kalkulationsergebnis der traditionellen Vollkostenrechnung und der Prozesskostenrechnung, wird absolut (in €) und relativ (in %) ausgedrückt.

Komplexitätseffekt → Der Allokationseffekt lässt Rückschlüsse auf den Komplexitätseffekt zu. Die Prozesskostenrechnung weist den komplexen Produkten höhere Gemeinkosten zu als den einfachen Produkten.

Degressionseffekt → Er tritt ein, wenn die Stückzahlen für einen Auftrag steigen, ohne dass entsprechend mehr durchzuführende Prozesse benötigt werden.
Bei zunehmender Stückzahl ergibt sich dann eine Kostendegression.
(Ist umgekehrt auch als Progessionseffekt möglich!)

Kernwissen

Allokationseffekt der Prozesskostenrechnung	
Traditionelle Vollkostenrechnung	**Prozesskostenrechnung**
Kalkulation: Einzelkosten + prozentuale Gemeinkosten (Zuschlag auf Bezugsgröße Einzelkosten)	*Kalkulation:* Einzelkosten + tatsächlich in Anspruch genommene Prozesskosten (Gemeinkosten)
Die Höhe der Gemeinkosten ist so ...	Die Höhe der Gemeinkosten ist so ...
... abhängig von der Höhe der Bezugsgröße Einzelkosten und	... abhängig vom Prozess (Vorgang) und
... unabhängig vom Prozess (Vorgang).	... unabhängig von der Bezugsgröße Einzelkosten.

↓

Die Gemeinkosten werden **verursachungsgerechter verteilt** als bei der traditionellen Vollkostenrechnung.

F **Allokationseffekt absolut (in €)** = GK PKR – GK tVKR

F **Allokationseffekt relativ (in %)** $= \frac{\text{GK PKR} - \text{GK tVKR}}{\text{GK tVKR}} \cdot 100$

GK tVKR = Gemeinkosten der traditionellen Vollkostenrechnung

GK PKR = Gemeinkosten der Prozesskostenrechnung

Aufgaben

1 Ein Kaffeeautomatenhersteller für die Gastronomie produziert neben dem Standardprodukt (S) auch eine spezielle Luxusvariante (L). Damit soll den besonderen Wünschen einzelner Gastronomen entsprochen werden.
Die Materialeinzelkosten betragen bei S 250,00 €, bei L 320,00 €.
Der Materialgemeinkostenzuschlag beträgt 25 %.
Die Teilprozesskosten betragen:

Materialgemeinkosten	Produkt S	Produkt L
Angebote einholen	16,00 €	29,00 €
Bestellung erteilen	14,00 €	34,00 €
Reklamation bearbeiten	12,00 €	7,00 €
Material lagern	10,00 €	30,00 €

a) Berechnen Sie die Materialkosten mit der traditionellen Vollkostenrechnung.

b) Berechnen Sie die Materialkosten mit der Prozesskostenechnung.

c) Interpretieren Sie die Ergebnisse aus a) und b).

d) Beschreiben Sie mögliche Ursachen der Kostenabweichung.

2 Bestimmen Sie für Aufgabe 1

a) den absoluten Allokationseffekt für Produkt S.

b) den relativen Allokationseffekt für Produkt S.

c) den absoluten Allokationseffekt für Produkt L.

d) den relativen Allokationseffekt für Produkt L.

Kernwissen

Komplexitätseffekt	
Aus dem Allokationseffekt ergibt sich der Komplexitätseffekt	
Verrechnet die traditionelle Vollkostenrechnung **weniger** Gemeinkosten als die Prozesskostenrechnung ...	Verrechnet die traditionelle Vollkostenrechnung **mehr** Gemeinkosten als die Prozesskostenrechnung ...
... ist das ein Hinweis auf relativ komplexe Güter.	... ist das ein Hinweis auf geringe Komplexität des Gutes.
Je höher die Komplexität des Produkts, desto mehr gemeinkostentreibende Prozesse werden ausgelöst.	Je geringer die Komplexität des Produkts, desto weniger gemeinkostentreibende Prozesse werden ausgelöst.
Allokationseffekt ist positiv (> 0)	Allokationseffekt ist negativ (< 0)

Degressionseffekt	
Traditionelle Vollkostenrechnung	Prozesskostenrechnung
Unterstellung: Alle Gemeinkosten nehmen mit höheren Bestellmengen proportional zu, dies	Differenzierung der Gemeinkosten: Die Unterscheidung in lmi-Prozesse und lmn-Prozesse
... führt dazu, dass ...	... führt zu ...
• bei größeren Bestellmengen zu hohe Gemeinkosten verrechnet werden, • bei kleineren Bestellmengen zu geringe Gemeinkosten verrechnet werden.	• einem Degressionseffekt der Gemeinkosten bei größeren Bestellmengen. • einem Progressionseffekt der Gemeinkosten bei kleineren Bestellmengen.
keine verursachungsgerechte Kostenzurechnung	**verursachungsgerechte Kostenzurechnung**

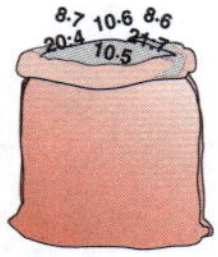

Zusammenfassende Aufgaben zur Prozesskostenrechnung

1 Eine Spiegelreflex-Digitalkamera wird in den Varianten Einsteigerset und Profiset hergestellt. Aus dem Betriebsabrechnungsbogen wurde für die Kostenstelle „Material" ein Zuschlagsatz von 25 % auf das Fertigungsmaterial berechnet. Die Prozesskostenrechnung ergab demgegenüber, dass ein Prozessvorgang „Material" Materialgemeinkosten je Set in Höhe von 14,50 € verursacht.

a) Stellen Sie die traditionelle Zuschlagskalkulation der Prozesskostenrechnung
   – für das Produkt „Einsteigerset" – gegenüber, wenn das Fertigungsmaterial für das Einsteigerset 40,00 € kostet.
b) Stellen Sie die traditionelle Zuschlagskalkulation der Prozesskostenrechnung
   – für das Produkt „Profiset" – gegenüber, wenn das Fertigungsmaterial für das Profiset 70,00 € beträgt.
c) Interpretieren Sie die Ergebnisse a) und b).
d) Bestimmen Sie den relativen und absoluten Allokationseffekt für die beiden Produkte.

2 Der Textilhersteller „Chiefstyle" stellt auch Krawatten her. Die Ausführung „chique" beansprucht weniger Komplexitätsgrade als die Ausführung „superchique". Aus der Kostenrechnung liegen folgende Zahlen vor:

	chique	superchique
Einzelkosten	12,00 €	12,00 €
Gemeinkostenzuschlagsatz	50 %	50 %
Prozesskostensatz, Gemeinkosten geringe Komplexität	5,00 €	5,00 €
Zusätzlicher Prozesskostensatz, Gemeinkosten hohe Komplexität	—	4,00 €

a) Stellen Sie die traditionelle Zuschlagskalkulation der Prozesskostenrechnung für die Produkte „chique" und „superchique" gegenüber.
b) Interpretieren Sie die unter a) berechneten Ergebnisse.

3 Die Auftragsmenge wird differenziert in ein Stück und 50 Stück je Auftrag. Dies entspricht der minimalen bzw. maximalen Bestellmenge pro Auftrag. Die Herstellkosten betragen für ein Stück 450,00 €. In der Zuschlagskalkulation werden 10 % Verwaltungsgemeinkosten verrechnet. Mit der Prozesskostenrechnung wurde festgestellt, dass die Teilprozesskosten für die Verwaltung 250,00 € betragen.

a) Stellen Sie die Kostenberechnung mit Zuschlagskalkulation der Kostenrechnung mit Prozesskosten für die Mengen ein und 50 Stück gegenüber.
b) Erläutern Sie die unterschiedlichen Ergebnisse.

4 Bei der Kolbenmüller AG gehen zwei Preisanfragen nach Getriebekomponenten ein: Kunde A stellt sportliche Fahrzeuge für eine exclusive Käuferschicht her und möchte den Preis für 150 Getriebekomponenten wissen. Kunde B stellt Fahrzeuge für eine anspruchsvolle aber auch preisbewusste Käuferschicht her. Kunde B interessiert sich für den Preis von 1 500 Getriebekomponenten. Die Getriebekomponenten sind nahezu identisch.

Es liegen folgende Daten aus der Kostenrechnung pro Getriebe vor:

Fertigungsmaterial	120,00 €
Fertigungslöhne	200,00 €
Materialgemeinkostenzuschlagsatz	15 %
Fertigungsgemeinkostenzuschlagsatz	250 %
Verwaltungsgemeinkostenzuschlagsatz	12 %
Vertriebsgemeinkostenzuschlagsatz	10 %

Verwaltung						
Teilprozess	**Teilprozess-kosten**	**Prozess-menge**	**lmi lmn**	**Prozess-kosten-sätze lmi**	**Umlagesatz lmn 10 %** [1]	**Gesamter Prozess-kostensatz**
Teilprozess 1	500 000,00 €	25	lmi	20 000,00 €	2 000,00 €	22 000,00 €
Teilprozess 2	800 000,00 €	50	lmi	16 000,00 €	1 600,00 €	17 600,00 €
Teilprozess 3	130 000,00 €		lmn			
Hauptprozesskosten						39 600,00 €

1 Umlagesatz lmn = 130 000 : 1 300 000 = 0,1 = 10 %

Vertrieb						
Teilprozess	**Teilprozess-kosten**	**Prozess-menge**	**lmi lmn**	**Prozess-kostensät-ze lmi**	**Umlagesatz lmn 8 %** [2]	**Gesamter Prozess-kostensatz**
Teilprozess 1	350 000,00 €	28	lmi	12 500,00 €	1 000,00 €	13 500,00 €
Teilprozess 2	650 000,00 €	50	lmi	13 000,00 €	1 040,00 €	14 040,00 €
Teilprozess 3	80 000,00 €		lmn			
Hauptprozesskosten						27 540,00 €

2 Umlagesatz lmn = 80 000 : 1 000 000 = 0,08 = 8 %

a) Berechnen Sie mithilfe der traditionellen Zuschlagskalkulation die Selbstkosten für die Anfragen der Kunden A und B.

b) Kalkulieren Sie mithilfe der Prozesskostenrechnung die Angebote für die Kunden A und B.

c) Interpretieren Sie die unterschiedlichen Ergebnisse.

d) Beschreiben Sie die Effekte der Prozesskostenrechnung anhand dieser Aufgabe.

5 Die Kuhn und Gerber Baugeräte-AG stellt Bohrmaschinen für den Heimwerkermarkt und Handwerksbetriebe (Meisterqualität) her.
Im Rechnungswesen werden Daten für die traditionelle Vollkostenrechnung und die Prozesskostenrechnung erfasst. Es liegen folgende Daten vor:

Auswertung des Betriebsabrechnungsbogens				
Kostenstellen	**Hauptkostenstelle Material**	**Hauptkostenstelle Fertigung**	**Hauptkostenstelle Verwaltung**	**Hauptkostenstelle Vertrieb**
Summe der Gemeinkosten je Hauptkostenstelle	240 000,00 €	1 300 000,00 €	489 500,00 €	267 000,00 €
Gemeinkostenzuschlagsätze				
Zuschlagsbasis	Fertigungsmaterial	Fertigungslöhne	Herstellkosten	Herstellkosten
Zuschlagsbasis in €				

	„Heimwerker“	**„Meister“**
Fertigungsmaterial/Stück	30,00 €	60,00 €
Fertigungslöhne/Stück	28,00 €	45,00 €
Hergestellte und verkaufte Menge	10 000 Stück	1 000 Stück
Verkaufspreis/Stück	350,00 €	520,00 €

Teilprozesse	Teilprozesskosten	Typ	Prozessmenge	Prozesskosten lmi	Umlagesatz lmn 25 % [1])	Gesamter Prozesskostensatz
Wareneingangsprüfung	220 000,00 €	lmi	1 100 Kontrollen (davon 800 bei Heimwerker)	200,00 €	50,00 €	250,00 €
Endkontrollen	100 000,00 €	lmi	4 000 Kontrollen (davon 1600 bei Heimwerker)	25,00 €	6,25 €	31,25 €
Abteilungsleitung	80 000,00 €	lmn	–			
Summe	400 000,00 €					281,25 €

[1]) 80 000 : 320 000 = 0,25 = 25 %

a) Ermitteln Sie mit der traditionellen Zuschlagskalkulation den Beitrag jeder Produktlinie zum Betriebsergebnis und den jeweiligen Stückgewinn.

b) Erläutern Sie eine grundsätzliche Schwäche der traditionellen Zuschlagskalkulation.

c) Berechnen Sie den Beitrag jeder Produktlinie zum Betriebsergebnis, wenn die Gemeinkosten der Qualitätskontrolle (100 000 € Materialgemeinkosten + 300 000 € Fertigungsgemeinkosten) prozessorientiert verrechnet werden.

d) Bestimmen Sie den Allokationseffekt pro Stück für jede Produktlinie, welcher sich aus der Anwendung der prozessorientierten Kostenverrechnung ergibt.

e) Interpretieren Sie das unter d) berechnete Ergebnis.

Fachbegriffe Prozesskostenrechnung

Tätigkeit — *kleinste erfassbare Einheit eines Vorgangs, der eine betriebliche Leistung erbringt und Kosten verursacht*

Prozess — *Zusammenfassung von Tätigkeiten, die zu einem gemeinsamen Arbeitsablauf gehören*

Teilprozess — *Tätigkeit, die zu einem gemeinsamen Arbeitsablauf gehört*

Teilprozesskostensatz — *gibt an, wie viel Euro die einmalige Durchführung eines Teilprozesses kostet*

lmi — *leistungsmengeninduziert; hängt von der Menge ab*

lmn — *leistungsmengenneutral; hängt nicht von der Menge ab*

Allokationseffekt — *(Allokation = Zuordnung). Die Prozesskostenrechnung weist den einzelnen Kostenträgern Gemeinkosten in anderer Höhe zu als die traditionelle Vollkostenrechnung. Durch die unterschiedliche Zuordnung entsteht ein Differenzbetrag.*

absoluter Allokationseffekt — *Unterschiedsbetrag der Gemeinkosten zwischen Prozesskostenrechnung und traditioneller Vollkostenrechnung.*

relativer Allokationseffekt — *Angabe der Abweichung in Prozent*

Komplexitätseffekt — *Komplexe Produkte verursachen im Vergleich zu weniger komplexen Produkten wesentlich mehr Gemeinkosten. Dieser Effekt wird in der Prozesskostenrechnung berücksichtigt; die traditionelle Vollkostenrechnung proportionalisiert die Gemeinkosten, unabhängig von deren Komplexitätsgrad.*

Degressionseffekt — *Die Prozesskostenrechnung führt bei größeren Aufträgen zu geringeren Selbstkosten als die traditionelle Vollkostenrechnung, weil in leistungsmengeninduzierte und leistungsmengenneutrale Prozesse differenziert wird.*

Progressionseffekt — *Die Prozesskostenrechnung führt bei kleineren Aufträgen zu höheren Selbstkosten als die traditionelle Vollkostenrechnung, weil in leistungsmengeninduzierte und leistungsmengenneutrale Prozesse differenziert wird.*

3 Internes Rechnungswesen – Deckungsbeitragsrechnung

Strukturzusammenhang

Vollkostenrechnung	Deckungsbeitragsrechnung (Teilkostenrechnung)
kostenrechnerischer Ansatz: berücksichtigt **alle** Kosten, deshalb **Voll**kostenrechnung	***kostenrechnerischer Ansatz*:** berücksichtigt zunächst **nur die variablen** Kosten, deshalb **Teil**kostenrechnung
Aufteilung der Kosten in Einzel- und Gemeinkosten	***Aufteilung der Kosten*** in variable und fixe Kosten
***Rechenweg*:** Einzelkosten + anteilige Gemeinkosten = Selbstkosten + Gewinn = Verkaufspreis (ohne USt)	***Rechenweg*:** Verkaufspreis (ohne USt) – variable Kosten = Deckungsbeitrag (Beitrag des jeweiligen Produkts zur Deckung der fixen Kosten) – fixe Kosten = Gewinn
***Preisuntergrenze*:** p = k Stückpreis, auch als „e“ bezeichnet muss Kosten **voll** decken	***Preisuntergrenzen*:** • kurzfristige Preisuntergrenze: p = kv Stückpreis, auch als „e“ bezeichnet muss die variablen Kosten (einen **Teil** der Kosten) decken • langfristige Preisuntergrenze: p = k

Vollkostenrechnung	Deckungsbeitragsrechnung (Teilkostenrechnung)
***Entscheidung über Ausscheiden des Produkts*:** $p < k$ Stückpreis darf nicht unter den **Stückkosten** (Vollkosten) liegen Diese Entscheidung kann eine Fehlentscheidung sein! → daher	***Entscheidung über Ausscheiden des Produkts:*** $p < kv$ Stückpreis darf nicht unter den **variablen** Kosten liegen Bei $p > kv$ liegt eine Verbesserung des Betriebsergebnisses vor. Das Produkt leistet einen Beitrag zur Deckung der fixen Kosten.

Vollkostenrechnung	Deckungsbeitragsrechnung
***Anwendungsbereiche*:** • **Anbietermarkt** (Verkäufermarkt) Markt akzeptiert die mit Hilfe der Vollkostenrechnung errechneten Preise	***Anwendungsbereiche*:** • **Nachfragermarkt** (Käufermarkt) Preis wird vom Markt vorgegeben • Bestimmung des **gewinnoptimalen Sortiments** • Ermittlung des **gewinnoptimalen Sortiments** bei Produktionsengpässen • **Bestimmung** von kurz- und langfristigen **Preisuntergrenzen** • Entscheidung über die Annahme von **Zusatzaufträgen** • Entscheidung über **Eigenfertigung** oder **Fremdbezug**
Gefahr der Vollkostenrechnung Bei Beschäftigungsgradschwankungen werden durch Proportionalisierung der Fixkosten die Selbstkosten falsch ausgewiesen.	***Gefahr der Deckungsbeitragsrechnung*** Durch Orientierung an variablen Kosten kann die vollständige Kostenrechnung vernachlässigt werden und eine zu nachgiebige Preispolitik betrieben werden.

F Gesamter Deckungsbeitrag $DB = E - K_v$

F Stückdeckungsbeitrag $db = e - k_v$

3.1 Einstufige Deckungsbeitragsrechnung

Deckungsbeitragsrechnung als

	Stückbetrachtung				Gesamtbetrachtung		
	Stückpreis		p		Umsatzerlöse		E
–	variable Stückkosten	–	kv	–	variable Gesamtkosten	–	Kv
=	Deckungsbeitrag je Stück	=	db	=	Deckungsbeitrag insgesamt	=	DB

Schema der Deckungsbeitragsrechnung:

	Produkt A	Produkt B	Insgesamt
Umsatzerlöse – variable Kosten	130 000,00 € 145 000,00 €	200 000,00 € 150 000,00 €	330 000,00 € 295 000,00 €
= Deckungsbeitrag – Fixkosten[1]	– 15 000,00 €	50 000,00 €	35 000,00 € 25 000,00 €
= Betriebergebnis (BE)			10 000,00 €

Produkt A hat einen **negativen Deckungsbeitrag:** Die Verkaufserlöse reichen nicht aus, um die laufenden Kosten (variablen Kosten) auszugleichen. Weiterhin bleiben die Fixkosten ungedeckt. Aus streng kostenrechnerischer Sicht wird man Produkt A nicht mehr produzieren.

Beachte:
Trotz **negativem Dekungsbeitrag** kann ein Produkt weiterproduziert werden, wenn

- die Sortimentsvielfalt erhalten bleiben soll bzw. muss (Sortimentsverbund!),
- das Produkt am Markt eingeführt wird,
- die Arbeitsplätze nicht gefährdet werden sollen,
- es sich um einen „Vorzeigeartikel“ handelt.

---

1 Zusatzinformation (nicht abiturrelevant):
Liegen die Fixkosten gestuft, d.h. aufgeteilt in unternehmensfixe und erzeugnisfixe Kosten vor, kann die **gestufte Deckungsbeitragsrechnung** vorgenommen werden:
$E - K_v = DB\ I$ $\quad$ $DB\ I - K_f$ erzeugnisfix = DB II $\quad$ $DB\ II - K_f$ unternehmensfix = BE

Aufgaben

1 Entscheidung über Produktionsprogramme auf Voll- und Teilkostenbasis
Ein Industriebetrieb stellt Rollläden und Jalousien her. Aufgrund der Ergebnisse des BAB ergibt sich folgende Ist-Kostenrechnung für die beiden Kostenträger (Beträge in €):

	insgesamt	Rollläden	Jalousien
Fertigungsmaterial Materialgemeinkosten	74 000,00 4 070,00	52 000,00 2 860,00	22 000,00 1 210,00
Fertigungslöhne Fertigungsgemeinkosten Sondereinzelkosten der Fertigung	350 000,00 374 000,00 8 130,00	247 000,00 266 470,00 8 130,00	103 000,00 107 530,00 —
Herstellkosten	810 200,00	576 460,00	233 740,00
Verwaltungsgemeinkosten Vertriebsgemeinkosten	152 700,00 78 780,00	108 793,20 56 132,93	43 906,80 22 647,07
Selbstkosten	1 041 680,00	741 386,13	300 293,87

a) Ermitteln Sie das Betriebsergebnis mithilfe der Vollkostenrechnung.
Nettoverkaufserlöse Rollläden: 808 800,00 €
Nettoverkaufserlöse Jalousien: 272 100,00 €

b) Berechnen Sie den Erfolgsanteil der beiden Erzeugnisgruppen am Betriebsergebnis! Welchen Entschluss legt die Vollkostenrechnung bei „Jalousien" nahe?

c) Das Produkt „Rolläden" verursache 441 350,00 € variable Kosten; das Produkt „Jalousien" 219 330,00 €. Die fixen Kosten betragen insgesamt 381 000,00 €. Berechnen und überprüfen Sie die Deckungsbeiträge beider Produkte.

3.2 Kurz- und langfristige Preisuntergrenze

Kernwissen

langfristige Preisuntergrenze = **Deckung der gesamten (vollen) Kosten**
$E = Kf + kv \cdot x$
bzw. $p = k$

kurzfristige Preisuntergrenze = **Deckung der variablen Kosten**
$E = kv \cdot x$
bzw. $p = kv$

Aufgaben

1 Ein Betrieb kann in einer Abrechnungsperiode 100 000 Handys erzeugen. Der Auftragsbestand für diesen Zeitraum beläuft sich auf 90 000 Stück. Auf Grundlage der Vollbeschäftigung wurde die folgende Stückkalkulation aufgestellt:

fixe Kosten	7,00 €
variable Kosten	32,00 €
Selbstkosten	39,00 €
Gewinn	5,00 €
Verkaufspreis	44,00 €

a) Ermitteln Sie Gesamt- und Stückergebnis des Betriebs bei einem Auftragsvolumen von 90 000 Stück. Stellen Sie die Vollkosten- und die Teilkostenrechnung einander gegenüber.

b) Im Verlauf der Abrechnungsperiode geht eine weitere Bestellung über 20 000 Stück ein. Der Kunde akzeptiert nur einen Stückpreis von 37,00 €. Wegen Überschreitens der Kapazität müssen Überstunden geleistet werden, für die Ausgaben von 20 000,00 € anfallen. Stellen Sie die Vollkosten- und Teilkostenrechnung für die weitere Bestellung einander gegenüber.

2 Die Kempf GmbH möchte den Stückpreis auf die Selbstkosten beim derzeitigen Beschäftigungsgrad (siehe folgende Teilkostenrechnung) für einen Kleinartikel herabsetzen.

Umsatzerlöse (16 000 Stück · 6,00 €)	96 000,00 €
variable Kosten	40 000,00 €
Deckungsbeitrag	56 000,00 €
fixe Kosten	52 000,00 €
Gewinn	4 000,00 €

Der Absatz steigt auf 24 000 Stück an. Allerdings sind durch Zusatzinvestitionen die fixen Kosten ab 20 000 Stück um 30 000,00 € höher (quantitative Anpassung).

a) Bestimmen Sie das Ergebnis bei 24 000 Stück.

b) Welche Auswirkungen sind zu erwarten, wenn der Stückpreis bis auf die kurzfristige Preisuntergrenze gesenkt wird?

3.3 Entscheidung über Zusatzaufträge

Kernwissen

Ein **Zusatzauftrag** ist ein Auftrag, der zu einem Preis unterhalb des derzeitigen Verkaufspreises angenommen wird.

Bedingungen für Annahme eines Zusatzauftrages:
Liegt der Verkaufspreis **über den variablen Kosten** (p > kv) wird der Zusatzauftrag einen Deckungsbeitrag leisten und

- damit das Betriebsergebnis verbessern,
- die zurzeit nicht ausgelasteten Produktionsanlagen besser nutzen,
- zur Arbeitsplatzerhaltung beitragen.

Liegt der Verkaufspreis **unter den variablen Kosten** (p < kv) wird der Zusatzauftrag **nicht angenommen;** es sei denn, es wird eine nicht ergebnisorientierte Zielsetzung wie beispielsweise Erhaltung der Marktpräsenz verfolgt.

Aufgaben

1 Die Geschäftsleitung der Expoxitec GmbH beschließt die Deckungsbeitragsrechnung einzuführen. Das Unternehmen erwartet für das nächste Quartal folgende Daten:

	Produkt A	Produkt B
Absatzmenge	360 Stück	800 Stück
Verkaufspreis je Stück	450,00 €	325,00 €
variable Kosten je Stück (ausschließlich proportional-variabel)	300,00 €	200,00 €
Unternehmensfixkosten	74 000,00 €	

a) Ermitteln Sie das voraussichtliche Betriebsergebnis mithilfe der Deckungsbeitragsrechnung.

b) Mit der Absatzmenge des Produktes A ist die Kapazität des Produktbereiches A nicht ausgelastet. Daher kann noch ein Zusatzauftrag über 40 Einheiten A angenommen werden.

- Ermitteln Sie für diesen Zusatzauftrag den Preisspielraum. Auf keinen Fall soll der bisherige Betriebsgewinn gemindert werden (Minimalziel). Angestrebt werden soll aus diesem Auftrag ein Gewinn von 5 000,00 € (Maximalziel).
- Der Zusatzauftrag wurde zu je 350,00 € je Stück erteilt. Zu wie viel Prozent wurde das angestrebte Maximalziel erreicht?

c) Die Deckungsbeitragsrechnung ermöglicht eine marktorientierte Mengenplanung und Preispolitik. Begründen Sie diese Aussage.

2 Die Ulmer Brunnen GmbH kalkulierte bisher nur nach dem System der Vollkostenrechnung. Konkurrenzdruck und Konjunkturschwankungen zwingen die Geschäftsleitung zur Einführung der Deckungsbeitragsrechnung.

a) Eine Kundenbefragung ergab, dass neben dem Eigenprodukt Mineralwasser auch 15 000 Kästen Bier pro Jahr abgesetzt werden könnten. Ermitteln Sie das voraussichtiche Betriebsergebnis mittels Deckungsbeitragsrechnung, wenn folgende Daten erwartet werden:

	Mineralwasser	Bier
Absatzmengen in Kästen	120 000	15 000
Verkaufspreis je Kasten	3,50 €	12,00 €
Variable Kosten je Kasten	1,81 €	
Einstandspreis je Kasten		6,00 €
Fixkosten des Betriebes	185 000,00 €	

b) Preiserhöhungen verteuern den Einstandspreis bei Bier je Kasten um 1,50 €. Gleichzeitig wäre ein Großabnehmer bereit, pro Jahr zusätzlich 30 000 Kästen Bier zu einem Preis von 8,00 € je Kasten abzunehmen.

1. Soll die Ulmer Brunnen GmbH diese Lieferverpflichtung eingehen? Ermitteln Sie das Betriebsergebnis und begründen Sie rechnerisch Ihre Entscheidung.
2. Warum wird in der Praxis dieses theoretische Ergebnis nicht zutreffen?

c) **Erweiterter Sachverhalt:**
Die Tochtergesellschaft der Ulmer Brunnen GmbH vertreibt auch die Fremdprodukte A, B, C und D. Es liegen folgende Zahlen vor:

Fremdprodukte		A	B	C	D
variable Kosten	je 100 Liter	100,00 €	100,00 €	100,00 €	100,00 €
Erlöse	je 100 Liter	200,00 €	170,00 €	270,00 €	285,00 €

Nennen Sie die Rangfolge der Produktförderung
1. unter Vernachlässigung der Absatzmengen,
2. wenn folgende Absatzmengen zugrundegelegt werden:

Produkte	A	B	C	D
Verkaufsmengen in 100 Liter je Rechnungsperiode	2 000	500	2 200	1 000

d) Der Kostenrechner schlägt vor, Produkte, die nur mit Verlust zu verkaufen sind, aus dem Sortiment zu nehmen. Welche Gründe sprechen dagegen?

e) Erläutern Sie den Zusammenhang zwischen Teilkostenrechnung und Gewinnmaximierung!

3.4 Sortimentsentscheidungen bei freien Kapazitäten

Kernwissen

Zusammenstellung des gewinnoptimalen Sortiments:

- Die Rangfolge der Produkte („Ranking") erfolgt nach den Deckungsbeiträgen.
- Mögliche Mengensteigerungen bei nicht ausgelasteter Kapazität orientieren sich an den jeweiligen Stückdeckungsbeiträgen (db).
- Produkte mit negativem Stückdeckungsbeitrag (db) werden aus dem Sortiment gestrichen und durch Produkte mit entsprechend höherem db ersetzt.

Beachte:
Beim Sortimentsverbund kann ein Produkt mit negativem Stückdeckungsbeitrag (db) nicht ohne Weiteres aus dem Sortiment gestrichen werden.

Aufgaben

1 Die Fensterbau Graf AG führt in ihrem Sortiment Fenster, Türen und Garagentore. Die Kostenrechnungsabteilung hat für den Monat Dezember folgendes Zahlenmaterial zusammengestellt.

Werke	Produkte	Stück	Verkaufserlöse	variable Kosten
A	Fenster	250	200 000,00 €	84 000,00 €
A	Türen	100	160 000,00 €	108 000,00 €
B	Garagentore	30	72 000,00 €	19 000,00 €

a) Bestimmen Sie für das Produkt **Türen** rechnerisch den Deckungsbeitrag insgesamt und je Stück.

b) Im November brachte die Türenproduktion einen Gesamtdeckungsbeitrag von 27 000,00 €. Um wie viel Prozent ist der Absatz im Monat Dezember gestiegen?

c) Stellen Sie in einem Koordinatensystem (X-Achse: 2 Stück = 1 cm, Y-Achse: 10 000,00 € = 2 cm) die Entwicklung der Kosten und der Verkaufserlöse für das Produkt **Garagentore** dar. Kennzeichnen Sie die Zonen für den Gewinn, den Verlust und die variablen Kosten.

Die fixen Kosten des Werkes B belaufen sich auf 44 000,00 €.

d) Markieren Sie bei den Absatzmengen 14 und 30 Stück zeichnerisch den Deckungsbeitrag sowie den Verlust bzw. Gewinn.

e) Das Produkt **Fenster** wird aus dem Fertigungsprogramm genommen.

Um wie viel Prozent müsste sich der Absatz von Türen erhöhen, wenn sich die Gesamtdeckungsbeitragsumme der Unternehmung nicht verschlechtern soll?

f) Welches absatzpolitische Argument spricht gegen die Herausnahme des Produkts Fenster aus dem Programm?

2 Die Hausgeräte Löffelhardt AG stellt elektrische Nähmaschinen verschiedener Typen her: Typ A – einfache Ausrüstung mit Nutzstichen. Typ B – gehobene Ausführung mit Nutz- und Zierstichen, Typ C – Luxusausführung.

Die Verkaufspreise ab Werk liegen im Augenblick bei 340,00 €, 395,00 € und 445,00 € je Stück.

In der abgelaufenen Periode wurden hergestellt und verkauft:

Typ A: 5 000 Stück zu 1 515 800,00 € Selbstkosten
Typ B: 7 000 Stück zu 2 658 000,00 € Selbstkosten
Typ C: 4 000 Stück zu 1 773 000,00 € Selbstkosten

Die Selbstkosten wurden aufgrund der Vollkostenrechnung ermittelt. Bei jedem Typ ist der Gesamtkostenverlauf linear.

a) Wie hoch waren für die abgelaufene Periode das Ergebnis je Typ und das Betriebsergebnis?

b) Für die kommende Periode rechnet man – bei noch unveränderten Absatzpreisen – wegen der rückläufigen Konjunktur im Inland mit einem Absatzrückgang von 10 % bei jedem Typ.
Die Gesamtkosten je Typ werden sich dann auf 1 369 800,00 € (Typ A), 2 399 000,00 € (Typ B) und 1 621 000,00 € (Typ C) belaufen.

1. Wie verändern sich dadurch die Ergebnisse von Aufgabe a)?
2. Worauf führen Sie den überproportionalen Rückgang des Betriebsgewinnes zurück?

c) Die Geschäftsleitung überlegt, ob sie das Produkt C aus dem Produktionsprogramm nehmen soll, um dadurch ein besseres Betriebsergebnis zu erreichen. Die für Produkt C anfallenden Fixkosten sind kurzfristig nicht abzubauen.

1. Wie würden Sie entscheiden, wenn die Fixkostenverteilung je Produktart aufgrund der Werte der Vollkostenrechnung vorgenommen würde? Rechnerischer Nachweis ist erforderlich.
2. Ermitteln Sie für die Produkte A, B und C die Deckungsbeiträge je Stück und insgesamt für die unter b) angegebenen Produktionsmengen.

Hinweis:
Wenn Sie die bisherigen Werte rechnerisch nicht ermitteln konnten, gehen Sie von folgenden Werten aus:

Typ	variable Stückkosten
A	292,00 €
B	370,00 €
C	380,00 €

3. Welche Empfehlung geben Sie der Geschäftsleitung für Produkt C, wenn Sie die Deckungsbeitragsrechnung verwenden?

d) **Entscheidung über Eigenfertigung oder Fremdbezug**
Die Geschäftsleitung zieht auch in Erwägung, das Produkt C weiterhin im Verkaufsprogramm zu belassen, aber von außen zu beziehen. Die Fixkosten für C können kurzfristig nicht abgebaut werden. Der Bezugspreis von C beträgt 443,00 €/Stück (bei 3 600 Stück/Periode).

Wie verändert sich das Gesamtergebnis, und wozu raten Sie der Geschäftsführung?

3 Der Sportartikelhersteller „Tie Break AG“ hat sich auf die Fabrikation von Tennisschlägern spezialisiert. Gefertigt werden die Modelle Miniwing, Woodwing und Graphitwing.
In der letzten Rechnungsperiode wurden 1 000 Miniwing, 2 000 Woodwing und 1 500 Graphitwing hergestellt und verkauft. Dies entsprach einer Auslastung von ca. 70 % der Fertigungskapazität.

Die Einzelkosten und Verkaufspreise betrugen:

	Fertigungsmaterial je Stück	Fertigungslöhne je Stück	Verkaufspreis je Stück
Miniwing	20,00 €	30,00 €	80,00 €
Woodwing	25,00 €	40,00 €	120,00 €
Graphitwing	40,00 €	60,00 €	210,00 €

Die Gemeinkosten verteilen sich in der letzten Rechnungsperiode gemäß Betriebsabrechnungsbogen auf diese Kostenbereiche wie folgt:

Materialbereich:	13 000,00 € (davon fix 100 %)
Fertigungsbereich:	160 000,00 € (davon fix 80 %)
Verwaltung-/Vertriebsbereich:	100 600,00 € (davon fix 50 %)

a) Ermitteln Sie die Gemeinkostenzuschlagsätze für den Material-, Fertigungs- und Verwaltungs-/Vertriebsbereich.

b) Berechnen Sie das Betriebsergebnis der letzten Abrechnungsperiode insgesamt und je Kostenträger. Wählen Sie dazu eine geeignete tabellarische Form.

c) Herr Abele, der Verkaufsleiter der Tie Break AG, schlägt vor, die Produktion des Verlustartikels Miniwing einzustellen.
   - Weisen Sie Herrn Abele rechnerisch nach, um welchen Betrag sich das Umsatzergebnis der Unternehmung in der Abrechnungsperiode verändert, wenn die Unternehmensleitung seinem Vorschlag folgt.
   - Erläutern Sie die Ursache der von Ihnen gefundenen Ergebnisveränderung.
   - Führen Sie zwei Argumente an, weshalb die Sportgerätefabrik den Tennisschläger Miniwing im Fertigungsprogramm belässt, unabhängig vom Ergebnis Ihrer Rechnung.

d) Ein Auslandskunde ist bereit, 500 Woodwing zum Preis von 110,00 €/Stück abzunehmen. Herr Abele lehnt ab, da der Verkaufspreis nicht die Selbstkosten decken würde.
Prüfen Sie rechnerisch, ob der Auftrag angenommen werden sollte, um das Unternehmensergebnis insgesamt zu verbessern.

3.5 Sortimentsentscheidung bei einer Engpasssituation

Kernwissen

In einer **Engpasssituation** können nicht alle Produkte hergestellt werden, weil beispielsweise die verfügbare Fertigungszeit einer Maschine nicht ausreicht.

Folge der Engpasssituation:
Die Rangfolge der Produkte wird nicht mehr durch den absoluten, sondern durch den **relativen Deckungsbeitrag** (Deckungsbeitrag an der Engpassstelle) bestimmt.

Zusammenstellung des gewinnoptimalen Sortiments bei Produktionsengpässen:
Bestimmung der Rangfolge der Produkte mithilfe des relativen Stückdeckungsbeitrags (db rel.).

F **Berechnung db rel.** $= \dfrac{\text{absoluter db}}{\text{Engpassbelastung pro Stück}}$

z.B.:

Deckungsbeitrag je Stunde $= \dfrac{\text{absoluter db}}{\text{Fertigungszeit je Stück in Stunden}}$

Deckungsbeitrag je Minute $= \dfrac{\text{absoluter db}}{\text{Fertigungszeit je Stück in Minuten}}$

Beachte:
Die berechnete Rangfolge muss bei Einschränkungen, wie z.B. einem Sortimentsverbund gegebenenfalls korrigiert werden.

TIPP: Unbedingt Aufgabe 4 lösen!

Aufgaben

1 Der Backkultur GmbH – Hersteller von Toastbrot – erscheint eine Erschließung weiterer Märkte durch Produktdifferenzierung sinnvoll. Zum einen könnte hochwertiges Vollkornbrot über Spezialitätenläden vertrieben werden, zum anderen könnte eine „Catering-Brot-Packung" (abgepackte Kleinportionen für Hotels, Luftfahrtgesellschaften usw.) auf den Markt gebracht werden.

	max. Prod. auf vorh. Maschinen Stück/Jahr	voraus-sichtliche Absatzmenge Stück/Jahr	Stück-preis	variable Kosten je Stück	Fixkosten insgesamt
Toastbrot **oder**	2,4 Mio	2,0 Mio	0,55 €	0,32 €	390 000,00 €
Vollkornbrot **oder**	1,2 Mio	0,4 Mio	0,80 €	0,55 €	
„Catering"	2,66 Mio	1,0 Mio	0,35 €	0,15 €	

Die Fertigungsdauer für das Vollkornbrot (aufwändigeres Verfahren) ist doppelt so hoch anzusetzen wie beim Toastbrot. Für die Catering-Packung kann bei der Fertigungsdauer ein Abschlag von 10 % gegenüber dem Toastbrot angesetzt werden.
Bestimmen Sie das gewinnmaximale Produktionsprogramm bei der vorhandenen Kapazität und berechnen Sie das Betriebsergebnis.

2 In der Ziegelei Luft GmbH wurden im Produktionsbereich „Mauerziegel" im letzten Jahr 264 000 Mauerziegel der Serien MZ mit Kosten von 316 800,00 € für Fertigungsmaterial, Fertigungslöhne und variable Gemeinkosten hergestellt.
Im neuen Jahr werden zusätzlich die Energiesparvarianten MZE mit variablen Stückkosten von 1,40 € und die „Sparvariante DZ" mit variablen Stückkosten von 0,40 € produziert. Die Fixkosten in der gesamten Ziegelei betragen 600 400,00 €/Jahr.

Produkt	MZ	MZE	DZ
Nettoverkaufspreis pro Stück	2,70 €	3,40 €	1,30 €
Dauer eines Brennvorgangs	2 1/2 Std.	2 1/2 Std.	1 1/4 Std.
max. jährliche Absatzmenge	250 000 Stück	200 000 Stück	320 000 Stück

Die Tunnelöfen stehen dem Unternehmen im Jahr insgesamt 1 400 Stunden zur Verfügung. Während eines Brennvorganges können jeweils 1 000 Stück eines der drei Produkte gebrannt werden.

a) Ermitteln Sie das optimale Produktionsprogramm.

b) Berechnen Sie das im neuen Jahr zu erwartende Betriebsergebnis.

3 In einer Armaturenfabrik werden Druckminderer in drei Ausführungen (A, B, C) hergestellt. Die folgende Plantabelle bezieht sich auf die **erste** Woche. Änderungen des Produktprogramms sind möglich, jedoch stehen als zeitliche Kapazität nur drei Facharbeiter mit je 40 Stunden pro Woche zur Verfügung. Die Fixkosten betragen 1 000,00 € und können nur der Gesamtheit der Produkte zugerechnet werden.

Produktart	geplante Stückzahl	Produktions-zeit in Minuten je Stück	variable Stückkosten	Reinerlöse je Stück
A	120	30	20,00 €	28,00 €
B	60	40	32,00 €	45,00 €
C	25	48	42,00 €	60,00 €

a) Ermitteln Sie den Deckungsbeitrag je Stück und insgesamt für jede Produktart unter Verwendung einer Tabelle (Produkt A, B, C, Summe).
Wie hoch ist der Betriebsgewinn?

b) Welche Stückzahl könnte von jeder Produktart höchstens hergestellt werden, wenn jeweils auf die Fertigung der übrigen Produktarten verzichtet würde?

c) Wie hoch wäre dann der Gesamtdeckungsbeitrag einer jeden Produktart?

d) Welche betriebswirtschaftliche Folgerung ist unter dem Gesichtspunkt der Gewinnmaximierung aus diesen Ergebnissen zu ziehen?

Erweiterter Sachverhalt:
Für die **zweite** Woche ist folgendes Produktionsprogramm vorgesehen: Produktart A 60 Stück, B 15 Stück, C 100 Stück. Stückzeiten, Stückkosten und Stückerlöse bleiben, wie im Sachverhalt angegeben.
Vor Beginn der Produktion erklärt sich ein Kunde bereit, 100 Stück einer Sonderanfertigung (Produktart S) zum Stückpreis von 30,00 € abzunehmen. Die variablen Stückkosten würden hierfür 23,00 €, die Stückzeit 24 Minuten betragen. Der Auftrag müsste lt. Order in der zweiten Woche ausgeführt werden.

e) Begründen Sie mit rechnerischem Nachweis, ob der Betrieb diesen Auftrag annehmen soll.

f) Wie würde bei Annahme des Auftrags das endgültige Poduktionsprogramm für die zweite Woche lauten?

4 Die Aalener Mabau GmbH stellt Schleifmaschinen vom Typ S her. Im Mai betrug der Umsatz 50 Mio. €, das Betriebsergebnis 5 Mio. €. Im April wurde ein Umsatz von 40 Mio. € bei Kosten von 37 Mio. € erzielt.
Die Schleifmaschinen vom Typ S sind zum Listenpreis von 20 000,00 €/Stück absetzbar. Die maximale Produktionskapazität beträgt 3 000 Stück pro Monat.

a) Berechnen Sie den Stückdeckungsbeitrag für eine Schleifmaschine.

b) Es ist beabsichtigt, im nächsten Jahr die Schleifmittel A, B und C in das Sortiment aufzunehmen. Dazu soll ein neues Zweigwerk errichtet werden.
Es wird von folgender Produktions- und Absatzsituation ausgegangen:

Schleifmittel	A	B	C
Verkaufspreis je Packung in Euro	300,00	400,00	500,00
Absetzbare Packungen pro Jahr in Stück	5 000	6 000	4 000
Materialeinsatz pro Packung in kg	10	12	18
Sonstige variable Kosten pro Packung in Euro	100,00	154,00	176,00
Fertigungsdauer pro Packung in Stunden	3	2	4

Für das nächste Jahr stehen in der Fertigung maximal 48 000 Stunden zur Verfügung. Für die Schleifmittel A, B und C wird derselbe Grundstoff benötigt. Sein Marktpreis liegt bei 10,00 € pro Kilo. Die Einkaufsabteilung kann für das nächste Jahr maximal 159 800 kg von diesem Material beschaffen.
Bestimmen Sie das gewinnmaximale Produktionsprogramm für Schleifmittel im nächsten Jahr.

3.6 Eigenfertigung oder Fremdbezug?

Kernwissen

Für die Entscheidung, ob Eigenfertigung oder Fremdbezug ist der Einstandspreis (Bezugspreis; „ep") mit den eigenen variablen Kosten zu vergleichen.

Einstandspreis (ep) > variable Kosten —> Eigenfertigung
Einstandspreis (ep) < variable Kosten —> Fremdbezug

Beachte:
Falls für die Eigenfertigung eine Kapazitätserweiterung notwendig wird, müssen auch die zusätzlichen fixen Kosten berücksichtigt werden.
Berechnung der Übergangsmenge bei erforderlicher Kapazitätsausweitung:
Kosten der Eigenfertigung = Kosten für Fremdbezug

F Übergangsmenge $Kf + kv \cdot x = ep \cdot x$

Eigenfertigung ist günstiger als Fremdbezug:
$Kf + kv \cdot x < ep \cdot x$

Fremdbezug ist günstiger als Eigenfertigung:
$Kf + kv \cdot x > ep \cdot x$

Aufgaben

1 Im Werk wird das Produkt „Palmasteel“ mit variablen Stückkosten von 40,00 € hergestellt. Die anteiligen Fixkosten betragen 24 000,00 €/Monat. Dasselbe Produkt könnte von einem Lieferanten aus Lettland bezogen werden. In diesem Falle ergäbe sich ein Bezugspreis von umgerechnet 48,00 €/Stück.

a) Bis zu welcher monatlichen Bedarfsmenge lohnt sich der Fremdbezug?

b) Nennen Sie neben den Kosten zwei weitere Kriterien, die bei der Entscheidung zwischen Eigenfertigung und Fremdbezug zu berücksichtigen sind.

2 Einer Maschinenfabrik wurde ein Zubehörteil zu einer Werkzeugmaschine zum Preis von 32,00 € angeboten. Die Maschinenfabrik hat bisher dieses Zubehörteil selbst hergestellt, je nach Bedarf wurden von Zeit zu Zeit verschiedene Mengen angefertigt. Die Nachkalkulation der Innenaufträge ergab folgende Gesamtkosten, die sich aus fixen und proportionalen Kosten zusammensetzen:

Monat	Stückzahl	Gesamtkosten
Januar	50	2 500,00 €
Februar	150	5 500,00 €
April	130	4 900,00 €
Juni	300	10 000,00 €
September	110	4 300,00 €
November	100	4 000,00 €

a) Berechnen Sie den Anteil der fixen und proportionalen Kosten an den Gesamtkosten und an den Stückkosten in jedem Monat.

b) Von welcher Produktmenge an könnte der Betrieb die Zubehörteile billiger produzieren, als sie ihm von dem fremden Betrieb angeboten wurden?

c) Wie hoch wäre die Ersparnis gegenüber dem Fremdbezug, wenn der Betrieb den gesamten durchschnittlichen Jahresbedarf von 800 Stück selbst auf einmal herstellen könnte?

d) Welche Gründe könnten den Betrieb veranlassen, den Artikel trotzdem wie bisher in kleineren Mengen selbst herzustellen?

3 Eine Sanitärartikel-Fabrik stellt ein Kunststoffteil zum Einbau in das Hauptprodukt selbst her. Augenblicklich werden auf zwei Mehrzweckmaschinen (M 1 und M 2) 30 000 Teile je Monat hergestellt. Eine Steigerung auf 40 000 Teile/Monat ist laut Absatzplanung zu erwarten. Die Anschaffung eines Spezialautomaten (M 3) wird deshalb erwogen. Die Daten der Maschinen lauten:

Maschine	Kapazität/Monat	Fixkosten/Monat	variable Stückkosten
	Teile	Euro	Euro
M 1	16 000	2 000,00	0,50
M 2	22 000	3 000,00	0,40
M 3	50 000	5 000,00	0,35

a) Ermitteln Sie die Produktionsmenge, von der ab M 2 kostengünstiger arbeitet als M 1.

b) Berechnen Sie unter der Bedingung kostengünstigster Produktion die beim augenblicklichen Maschinenpark anfallenden Gesamtkosten
- für die augenblickliche Produktionsmenge (30 000 Teile/Monat),
- für eine Produktionsmenge von 8 000 Teilen/Monat, die wegen eines Absatzeinbruchs (Dauer etwa ein Monat) nur möglich ist.
- Begründen Sie die von Ihnen gewählte Lösung.

Erweiterter Sachverhalt:
Um den zukünftigen Bedarf zu decken, kann der Betrieb alternativ zur Anschaffung der M 3 (und Veräußerung von M 1 und M 2) die Spitzenmenge dieses Teils auch zu 0,70 €/Stück fremdbeziehen.

c) Erläutern Sie knapp (jeweils mindestens drei Argumente), was hier in diesem Falle für und wider den Fremdbezug spricht.

d) Welche Mehrkosten muss der Betrieb bei der Entscheidung für den Fremdbezug neben der Eigenproduktion auf dem vorhandenen Maschinenpark gegenüber einer Produktion auf M 3 allein in Zukunft monatlich hinnehmen? Die erwartete Menge von 40 000 Stück je Monat wird tatsächlich benötigt.

Fachbegriffe zur Deckungsbeitragsrechnung

Vollkostenrechnung	*berücksichtigt alle Kosten*
Deckungsbeitragsrechnung (Teilkostenrechnung)	*berücksichtigt* **zunächst** *nur die variablen Kosten*
fixe Kosten	*beschäftigungsgradunabängige Kosten*
variable Kosten	*beschäftigungsgradabhängige Kosten*
Deckungsbeitrag	*Betrag, der zur Deckung der fixen Kosten zur Verfügung steht*
Zusatzauftrag	*Auftrag, der zu einem Preis unterhalb des derzeitigen Verkaufspreises angenommen wird*
Sortimentsverbund	*bestimmte Produkte müssen gemeinsam im Sortiment des Unternehmens sein*
absoluter Stückdeckungsbeitrag	*Deckungsbeitrag in* Euro, *den ein Produkt liefert (db)*
relativer Stückdeckungsbeitrag	*Deckungsbeitrag in* Euro, *den ein Produkt in der Engpasseinheit (z.B. pro Fertigungsstunde) liefert (db rel.)*

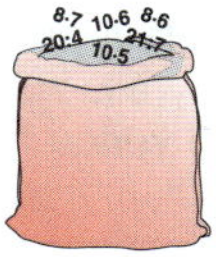

Zusammenfassende Aufgaben zur Deckungsbeitragsrechnung

1 Die Dr. Keller GmbH stellt neben Hochdruckreinigungsgeräten Pumpen der Typen HW 1 000, HW 1 300 und HW 1 500 her.

a) Für das erste Quartal ergeben sich für den Pumpentyp HW 1 000 folgende Zahlen:

	Januar	Februar	März
Umsatz	56 050,00 €	88 500,00 €	112 100,00 €
Menge	190 Stück	300 Stück	380 Stück
Gesamtkosten	57 250,00 €	82 000,00 €	100 000,00 €

Der Typ HW 1 000 wird auf der Montageanlage I zusammengebaut. Die variablen Stückkosten und der Stückpreis sind konstant. Alle produzierten Pumpen werden abgesetzt.

1. Berechnen Sie den Verkaufspreis je Stück, die fixen Gesamtkosten je Monat und die variablen Stückkosten.
2. Um wie viel Euro hätten im ersten Quartal bei unverändertem Umsatz die Kosten sinken müssen, um wie im letzten Quartal des Vorjahres eine Umsatzrendite von 8 % zu erreichen?
3. Für März hatte das Unternehmen einen Gewinn von 17 700,00 € erwartet. Wie viele Pumpen vom Typ HW 1 000 hätten dann im betreffenden Monat produziert und abgesetzt werden müssen?
4. Für April ist die Produktion von 480 Pumpen des Typs HW 1 000 geplant. Ein Heimwerkermarkt ist bereit, zusätzlich 160 Stück dieser Pumpen zum Stückpreis von 240,00 € abzunehmen. Die Kapazitätsgrenze liegt bei 600 Stück pro Monat. Darüber hinausgehende Mengen müssen deshalb in Überstunden produziert werden, wobei die Mehrkosten 30,00 € pro Stück betragen.
   - Entscheiden Sie mit rechnerischem Nachweis, ob der Zusatzauftrag angenommen werden soll.
   - Welchen Nachteil könnte die Annahme des Zusatzauftrags für die Dr. Keller GmbH mit sich bringen?

b) Die Pumpen HW 1 300 und HW 1 500 können ausschließlich auf der Montageanlage II gefertigt werden. Ihre Maximalkapazität beträgt 375 Fertigungsstunden pro Monat. Die fixen Kosten betragen 18 000,00 € je Monat.

Im April können 350 Stück HW 1 300 und 470 Stück HW 1 500 hergestellt und verkauft werden. Auf Grund zunehmender Nachfrage könnten im Mai jeweils zusätzlich 30 Stück des Typs HW 1 300 und 40 Stück des Typs HW 1 500 verkauft werden. Für diese Pumpentypen gelten die folgenden Angaben:

Typ	Montagezeit	var. Stückkosten	Stückpreis
HW 1 300	24 Minuten	265,00 €	330,00 €
HW 1 500	30 Minuten	285,00 €	355,00 €

1. Ermitteln Sie das gewinnoptimale Produktionsprogramm für den Monat Mai.
2. Ermitteln Sie für den Monat Mai das Betriebsergebnis beim gewinnoptimalen Produktionsprogramm.

c) Die Dr. Keller GmbH hat von der Lärcher AG die Lizenz zum Bau von Hochdruckreinigungsgeräten erworben.
Eine Heimwerkermarktkette bestellt für eine Sonderaktion 1 200 Hochdruckreiniger zum Preis von 520,00 € netto. In diesem Fall dürfen die Selbstkosten je Stück maximal 432,00 € betragen.

Folgende Angaben sind zu berücksichtigen:

Fertigungslöhne je Stück	40,20 €
Materialgemeinkostensatz	12 %
Fertigungsgemeinkostensatz	200 %
Verwaltungsgemeinkostensatz	5 %
Vertriebsgemeinkostensatz	3 %
Sondereinzelkosten der Fertigung je Stück	66,60 €

1. Ermitteln Sie, wie viel Euro unter diesen Umständen der Fertigungsmaterialverbrauch je Stück maximal betragen darf.
2. Berechnen Sie die kurzfristige Preisuntergrenze, wenn der Anteil der Fixkosten an den gesamten Gemeinkosten 40 % beträgt.

2 Die BIKE GmbH, ein mittelständisches Industrieunternehmen, stellt drei Grundtypen von Fahrrädern her:
- preisgünstiges City-Rad (Typ 1)
- hochwertiges Touren-Rad (Typ 2)
- Mountainbike (Typ 3)

a) In letzter Zeit nimmt der Wettbewerb auf dem Fahrradmarkt ständig zu. Vor allem im Billigpreissegment der City-Räder werden von der Konkurrenz Preise unter 350,00 € verlangt. Die Verkaufszahlen bei City-Rädern der BIKE GmbH sind als Folge davon seit einiger Zeit rückläufig.
Die Abteilung Rechnungswesen stellt für die Analyse der Ursachen das folgende Zahlenmaterial und den Betriebsabrechnungsbogen auf der nächsten Seite zur Verfügung.

Daten aus der KLR des letzten Monats:

Bezeichnung	**City-Rad** Typ 1	**Touren-Rad** Typ 2	**Mountainbike** Typ 3
Verkaufspreis	400,00 €	700,00 €	600,00 €
Produktionsmenge	500 Stück	250 Stück	150 Stück
variable Stückkosten	229,00 €	412,00 €	350,00 €
Fertigungsmaterial/Stück	100,00 €	200,00 €	150,00 €
Fertigungslöhne/Stück	75,00 €	120,00 €	110,00 €

Monats-Betriebsabrechnungsbogen

	Zahlen der Kosten- und Leistungsrechnung	Material-stelle	Fertigungs-stelle	Verwaltungs-stelle	Vertriebs-stelle
Summe der Gemeinkosten	223 700,00 €	12 250,00 €	140 250,00 €	42 720,00 €	28 480,00 €

1. Berechnen Sie die Ist-Zuschlagsätze in einer Gesamtkalkulation.
2. Die Geschäftsleitung prüft, ob der Preis für das City-Rad (Typ 1) gesenkt werden kann.
   - Ermitteln Sie die Selbstkosten für das City-Rad (Typ 1) je Stück.
   - Erläutern Sie auf dieser Grundlage, ob eine Senkung des Preises auf das Niveau der Konkurrenzpreise unter kostenrechnerischen Gesichtspunkten vertretbar wäre.

3. Auf Grund der harten Konkurrenz bei den Fahrrädern des Billigpreissegments (City-Rad) ist damit zu rechnen, dass die Verkaufszahlen in der nächsten Zeit weiter sinken werden.
   Begründen Sie anhand der Vollkostenrechnung, wie sich ein sinkender Beschäftigungsgrad auswirkt, wenn weiterhin mit den bisherigen Gemeinkostenzuschlagsätzen kalkuliert wird.

b) Der Leiter des Rechnungswesens behauptet, dass es möglich sei, das CityRad unter den Selbstkosten zu verkaufen und gleichzeitig einen Betriebsgewinn von 10 000,00 € zu erwirtschaften.

1. Zu welchem Preis könnte in diesem Fall die BIKE GmbH das City-Rad anbieten, wenn die im Sachverhalt angegebenen Stückzahlen auch in Zukunft bei allen drei Typen produziert und vollständig verkauft werden können?

2. Aus Konkurrenzgründen könnte eine weitere Preissenkung bis zur kurzfristigen Preisuntergrenze erforderlich werden. Auf welchen Betrag müsste die BIKE GmbH den Verkaufspreis des City-Rades herabsetzen?

c) Der Leiter der Marketingabteilung schlägt vor, durch eine Werbemaßnahme die Verkaufszahlen beim Typ 3 (Mountainbike) zu erhöhen, um damit die sinkenden Verkaufszahlen bei den City-Rädern auszugleichen.

1. Die geschätzten Kosten dieser Werbemaßnahme belaufen sich auf 10 000,00 € monatlich. Um wie viel Stück im Monat müsste sich der Absatz an Mountainbikes erhöhen, wenn das Ziel die Werbekosten zu decken vorliegt?

2. Der Leiter der Marketingabteilung möchte das City-Rad langfristig aus dem Fertigungsprogramm nehmen und dafür die Produktion und den Verkauf von Mountainbikes erhöhen.
   Um wie viel Prozent müsste der Absatz von Mountainbikes gesteigert werden, wenn sich der Gesamtdeckungsbeitrag der Unternehmung nicht verschlechtern soll?

3 Die Schneider GmbH, Aalen, fertigt unter anderem Spezialbremsscheiben für die Automobilindustrie. Die Fertigung erfolgt auf sechs Drehmaschinen gleichen Typs. Eine Drehmaschine hat eine Monatskapazität von 200 Stück. Die Kapazitätsauslastung schwankt sehr stark. Die variablen Kosten verlaufen proportional.

- bei 50 %iger Kapazitätsauslastung liegen Stückkosten von 250,00 € vor
- bei 100 %iger Kapazitätsauslastung liegen Stückkosten von 200,00 € vor

a) Berechnen Sie die variablen Kosten je Stück und die Fixkosten pro Monat.

b) Bei welcher Ausbringungsmenge pro Monat liegt die Gewinnschwelle (Nutzenschwelle), wenn der Stückpreis 210,00 € beträgt?

c) Die Automobilindustrie ist nur noch bereit, 200,00 € je Stück zu zahlen. Die zu erwartenden Bestellmengen sind auf 900 Stück pro Monat zurückgegangen.
- Berechnen Sie das Betriebsergebnis pro Monat.
- Begründen Sie, ob die Schneider GmbH solche Aufträge annehmen sollte.
- Bis zu welcher kurzfristigen Preisuntergrenze pro Stück könnte sie gehen? Begründung.

Erweiterter Sachverhalt:
Angenommen, die Schneider GmbH führt die Aufträge der Automobilindustrie zu den Bedingungen der Aufgabe c) aus.
Um die Restkapazität von 300 Stück auszunutzen, beschließt die Schneider GmbH zukünftig auch den Zubehörhandel zu beliefern.
Es ergibt sich folgendes Bild der Nachfragesituation:

	Preis/Stück	absetzbare Menge/Monat
Fall 1:	300,00 €	100 Stück
Fall 2:	240,00 €	200 Stück
Fall 3:	210,00 €	300 Stück

d) Berechnen Sie mit Hilfe der Deckungsbeitragsabrechnung, um wie viel Euro sich das Betriebsergebnis in den obigen Fällen verbessert!

e) Erläutern Sie zwei weitere Gesichtspunkte, die die Schneider GmbH berücksichtigen sollte.

f) Welche Voraussetzungen müssen grundsätzlich erfüllt sein, wenn sich ein Unternehmen für die Annahme von Zusatzaufträgen zu unterschiedlichen Preisen entscheidet? Begründung.

Erweiterter Sachverhalt:
Der Einstieg der Schneider GmbH in das Geschäft mit dem Zubehörhandel hat sich als Erfolg erwiesen. Deshalb soll zusätzlich eine computergesteuerte Drehmaschine angeschafft werden. Diese Maschine hat die doppelte Kapazität einer alten Maschine, verursacht aber dreimal so hohe fixe Kosten. Die variablen Kosten sinken auf 100,00 € je Stück.

g) Erläutern Sie je drei Argumente, die für und die gegen die Einführung einer kapitalintensiveren Fertigunsmethode sprechen.

h) Berechnen Sie durch Kostenvergleich der neuen Maschine mit zwei Maschinen des alten Typs, ab wie viel Stück die neue Maschine kostengünstiger arbeitet.

Erweiterter Sachverhalt:
Nachdem der neue Automat angeschafft wurde, muss entschieden werden, in welcher Reihenfolge die Maschinen eingesetzt werden sollen.

Es stehen folgende Alternativen zur Wahl:

Fall A: zuerst Vollauslastung der neuen Maschine,
danach Einsatz der alten Maschine

Fall B: zuerst Vollauslastung der alten Maschinen,
danach Einsatz der neuen Maschine

Der Verkaufspreis beträgt in beiden Fällen 210,00 €.

i) Wie wird sich die Rollau GmbH entscheiden, wenn sie weiterhin mit schwankender Nachfrage rechnen muss?
Errechnen Sie das jeweilige Betriebsergebnis mit Hilfe der vorgegebenen Tabelle:

Stück	Stück im Fall		Kosten fix (Kf)	Kosten variabel (Kv)	Kosten gesamt (K)	Erlöse (E)	BE
1 600	A:	400					
		1 200					
	B:	1 200					
		400					
1 400	A:						
	B:						
1 200	A:						
	B:						

j) Stellen Sie den Fall A in einem Diagramm dar.
Zeichnen Sie die Fixkosten, Gesamtkosten, Erlöse und die Kapazitätsgrenze.
Ermitteln Sie aus der Grafik den ungefähren Wert für die Gewinnschwelle (Nutzenschwelle).
(100 Stück = 1 cm; 20 000,00 € = 1 cm)

4 Nach Verteilung der Gemeinkosten der Spielhansel KG im letzten Quartals-BAB ergaben sich folgende Summen in den einzelnen Kostenstellen:

	Materialbereich	Fertigungsstelle	Verwaltungsbereich	Vertriebsbereich
Summe der Gemeinkosten	16 000,00 €	170 000,00 €	75 000,00 €	26 000,00 €
Zuschlagsgrundlage	Fertigungsmaterial 320 000,00 €	Fertigungslöhne 145 000,00 €	Herstellkosten	Herstellkosten
Ist-Gemeinkostenzuschläge	5 %	117,24 %	?	?

a) Berechnen Sie
   - die Zuschlagsgrundlage und den Ist-Gemeinkostenzuschlagsatz für den Verwaltungsbereich (zwei Dezimalen).
   - die Zuschlagsgrundlage für den Vertriebsbereich.

b) Warum weichen die aus den Betriebsabrechnungsbögen ermittelten Gemeinkostensätze besonders bei Beschäftigungs- und Absatzschwankungen von denen der Angebotskalkulation ab?

Erweiterter Sachverhalt:
Die Spielhansel KG fertigte u.a. im vergangenen Quartal Holzbaukästen in zwei Ausführungen. Dabei enthält der Erweiterungskasten weniger, aber kompliziertere Teile als der Grundkasten.

Folgende Daten wurden ermittelt:

	Grundkasten	Erweiterungskasten
Nettoerlös je Stück	60,00 €	48,00 €
Absatzmenge	2 300 Stück	3 750 Stück
Fertigungsmaterial	31 500,00 €	26 000,00 €
Fertigungslöhne	22 500,00 €	34 000,00 €
variable Gemeinkosten	50 % von Fertigungsmaterial und -löhnen	25 % von Fertigungsmaterial und -löhnen
Produktionsdauer	72 Min./Stück	210 Min./Stück

c) Errechnen Sie den Deckungsbeitrag insgesamt und je Stück für diese Holzbaukästen.

d) Durch Wegfall eines anderen Erzeugnisses stehen im Quartal zusätzlich 300 Stunden freie Kapazität für die Herstellung dieser Holzbaukästen zur Verfügung.

- Welchen Holzbaukasten empfehlen Sie zur Produktion, wenn für beide Bedarf vorhanden ist? Rechnerische Begründung.
- Um welchen Betrag verbessert sich das Betriebsergebnis, wenn das andere weggefallene Erzeugnis einen Deckungsbeitrag von 5,00 € je Stunde lieferte?

e) Herr Spielhansel schlägt vor, auf die Vollkostenrechnung ganz zu verzichten, da die Deckungsbeitragsrechnung aussagefähigere Ergebnisse bringe.
Setzen Sie sich mit diesem Vorschlag kritisch auseinander.

5 Die Electronic-GmbH, Heilbronn, baut ausschließlich Personalcomputer vom Typ „Amigo AT". Bei normaler Ausnutzung der Kapazität können 3 000 Stück/Monat gebaut werden. Das Unternehmen kalkuliert den Preis auf der Basis der Selbstkosten bei einer Produktion von 2 400 Stück/Monat zuzüglich eines Gewinnzuschlages von 16 2/3 %. Es liegt ein linearer Gesamtkostenverlauf vor.

Folgende Zahlen sind gegeben:

Monat	Produktion	Gesamtkosten
März	760 Stück	1 240 000,00 €
April	1 000 Stück	1 480 000,00 €

a) Berechnen Sie das Betriebsergebnis für den Monat April.

b) Bei welcher Stückzahl/Monat arbeitet der Betrieb kostendeckend?

c) Die Unternehmensleitung strebt eine Eigenkapitalrentabilität von 8 % jährlich bei einem Eigenkapital von 75 Mio. € an.
Berechnen Sie den dafür erforderlichen Beschäftigungsgrad.

Erweiterter Sachverhalt:
Nach einigen Monaten wird eine Kapazitätsauslastung von 80 % erreicht. Ein Kunde bietet einen Auftrag über 1 000 Personalcomputer an. Er ist bereit, einen Preis von 1 100,00 €/Stück zu zahlen. Er besteht auf Lieferung innerhalb eines Monats. Für die Dauer dieses Auftrages könnte die Gesamtkapazität kurzfristig auf 120 % erhöht werden. Die Mehrkosten bei einer Kapazitätsauslastung über 100 % betragen 150,00 €/Stück.

d) Entscheiden Sie über die Annahme dieses Zusatzauftrages (rechnerischer Nachweis mittels der Deckungsbeitragsrechnung).

e) Wie würde sich der Deckungsbeitrag für diesen Zusatzauftrag ändern, wenn die Unternehmensleitung mit dem Kunden für die Electronic-GmbH eine längere Lieferzeit aushandeln könnte (rechnerischer Nachweis)?

f) Die Mehrkosten bei einer Produktion über 100 % sind vor allem auf Überstundenzuschläge zurückzuführen. Warum ist bei vorübergehend erhöhter Nachfrage nur diese Anpassungsmöglichkeit sinnvoll?

g) Ab September erweitert die Electronic-GmbH ihr Produktionsprogramm und produziert je Monat zusätzlich 1 000 Stück des neu entwickelten Personalcomputers „Micro XT". Dieser Typ wird zu folgenden Bedingungen produziert und auf den Markt abgesetzt:

variable Kosten/Stück	800,00 €
Verkaufspreis/Stück	1 100,00 €

Die Fixkosten haben sich durch die Anpassung der Fertigungsanlagen um 1,8 Mio. €/Jahr erhöht. Dabei werden vom Typ „Amigo AT" zur Zeit 2 400 Stück/Monat hergestellt.
- Berechnen Sie mit Hilfe der Deckungsbeitragsrechnung das neue Betriebsergebnis je Monat.
- Begründen Sie rechnerisch, wie sich das Betriebsergebnis durch die Aufnahme des Modells „Micro XT" verändert hat.

h) Im November werden 2 400 Stück „Amigo AT" und 1 000 Stück „Mikro XT" hergestellt. Im Engpassbereich „Endmontage" stehen maximal 2 000 Stunden/Monat zur Verfügung. Der Typ „Amigo AT" belastet die Endmontage mit 1 600 Stunden, der „Micro XT" mit 400 Stunden je Monat. Die Nachfrage nach dem Modell XT steigt. Im Dezember könnten 1 400 Stück „Mikro XT" verkauft werden.
- Stellen Sie das gewinnoptimale Produktionsprogramm für den Monat Dezember auf.
- Errechnen Sie das Betriebsergebnis, das beim optimalen Produktionsprogramm erzielt werden könnte.

4 *Kostenrechnungssysteme*

Strukturzusammenhang

Kostenrechnungssysteme

Vollkostenrechnung		Teilkostenrechnung (Deckungsbeitragsrechnung)
sind die **Kosten**	Ausgangspunkt	ist der **erzielbare Marktpreis**
Anbietermarkt	Marktform	Nachfragermarkt
ohne Trennung in variable und fixe Kosten	Kostenrechnung	mit Trennung in variable und fixe Kosten
werden *proportional* auf Bezugsgröße berechnet (mit Zuschlagsätzen)	Gemeinkosten	Aufteilung in Gemeinkosten und Einzelkosten unerheblich
als Instrument zur Gewinnoptimierung ungeeignet	Gewinnoptimierung	entscheidungsorientiertes Instrument zur Gewinnoptimierung; insbesondere bei Entscheidung über Zusatzaufträge und Entscheidungen in einer Engpasssituation

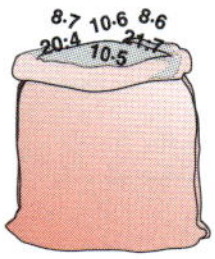

Zusammenfassende Aufgaben zu Kostenrechnungssystemen

1 Von der Chemie AG liegen der Quartals-BAB und weitere Angaben vor:

	Zahlen aus dem Rechnungswesen	Material	Fertigung	Verwaltung	Vertrieb
Summe der Gemeinkosten	371 130,00 €	12 000,00 €	225 000,00 €	98 280,00 €	35 850,00 €
Zuschlagsgrundlage in €					
Istgemeinkostensätze		6 %	118,421 %		
Normalgemeinkostenzuschlagsätze		7 %	115 %	14 %	7 %
Normalgemeinkosten			218 500,00 €		43 575,00 €
Kostenüberdeckung					7 725,00 €
Kostenunterdeckung					

a) Vervollständigen Sie den Quartals-BAB.

b) Wie kann die Kostenabweichung in der Fertigungsstelle begründet werden? Geben Sie zwei mögliche Ursachen für die Kostenabweichung an.

c) Die Chemie AG könnte ihren Kunden den Artikel „X-Plus“ für netto 500,00 € verkaufen. Aus der Kalkulation liegen folgende Daten vor:

Fertigungslöhne	68,90 €
Kundenskonto	3 %
Rabatt	17 %

Normalgemeinkostenzuschlagsätze aus BAB

Wie hoch dürfen die Kosten des Fertigungsmaterials höchstens sein, wenn die Chemie AG bei „X-Plus“ einen Stückgewinn von 42,00 € erzielen will?

d) Für die Produkte Y und Z werden folgende Daten ermittelt:

	Produkt Y	Produkt Z
hergestellte Menge	1 500	2 500
Fertigungslöhne	15 000,00 €	22 500,00 €
Fertigungsmaterial	21 000,00 €	17 500,00 €
variable Gemeinkosten	18 000,00 €	20 000,00 €
Nettostückerlöse	40,00 €	32,00 €
produktbezogene Fixkosten	7 500,00 €	15 000,00 €

1. Ermitteln Sie den Deckungsbeitrag je Stück und das Betriebsergebnis für jeden Artikel.
2. Bisher standen im Fertigungsbereich 8 000 Maschinenstunden zur Verfügung. Wegen eines Brandschadens stehen in der nächsten Zeit nur noch 7 000 Maschinenstunden zur Verfügung. Produkt Y benötigt eine Maschinenstunde, Produkt Z 2,5 Maschinenstunden. Berechnen Sie das Produktionsprogramm, wenn das Betriebsergebnis optimiert werden soll.

e) Ein neuartiger Cholesterinsenker wird für Apotheken und Kliniken kalkuliert. Die Herstellkosten pro Arzneimittelpackung betragen 54,00 €. In der traditionellen Vollkostenrechnung wird mit einem Verwaltungs- und Vertriebsgemeinkostenzuschlagsatz von 15 % kalkuliert.

Berechnen Sie die Stückkosten.

2

Die Manuel Neuer GmbH fertigt hochwertige Torwarthandschuhe und Lederfußbälle. In der Kostenrechnung wird mit der traditionellen Vollkostenrechnung und der Deckungsbeitragrechnung gearbeitet.

Auszug aus dem Monats-BAB:

Summe GK	Material	Fertigung	Verwaltung	Vertrieb
229 000,00 €	23 000,00 €	119 000,00 €	52 000,00 €	35 000,00 €

a) Ermitteln Sie die Gemeinkostenzuschlagsätze.
Folgende Einzelkosten sind bekannt:

Fertigungsmaterial	350 000,00 €
Fertigungslöhne	215 000,00 €

b) Für 320 Lederfußbälle „magic fly" liegen folgende Daten vor:

Fertigungsmaterial	8 500,00 €
Fertigungslöhne	3 900,00 €
Gewinnzuschlag	5 %
Skonto	3 %
Rabatt	20 %
Materialgemeinkostenzuschlagsatz	12 %
Fertigungsgemeinkostenzuschlagsatz	85 %
Verwaltungsgemeinkostenzuschlagsatz	10 %
Vertriebsgemeinkostenzuschlagsatz	6 %

In Südafrika möchte man den Lederfußball testen und interessiert sich für 80 Bälle.

1. Erstellen Sie die Kalkulation für den südafrikanischen Fußballbund und ermitteln Sie dabei den Listenverkaufspreis und den Gewinn in Euro je Fußball.
2. Südafrika ist allerdings nur bereit, zu einem Listenpreis von 75,00 € zu bestellen. Die Skonto- und Rabattregelung wird akzeptiert.
   Ermitteln Sie mithilfe der Vollkostenrechnung, ob die Manuel Neuer GmbH den südafrikanischen Auftrag annehmen sollte.

c) Für den Torwarthandschuh „Elfmeterkiller" soll mit Hilfe der Deckungsbeitragsrechnung entschieden werden, ob ein zusätzlicher Auftrag in Höhe von 24 000,00 € für 400 Stück angenommen werden soll.
Folgende Daten stehen zur Verfügung:

Fertigungsmaterial	10 000,00 €	
Materialgemeinkosten	1 500,00 €	davon 25 % fix
Fertigungslöhne I	2 000,00 €	
Fertigungsgemeinkosten I	7 000,00 €	davon 70 % fix
Verwaltungsgemeinkosten	1 500,00 €	davon 100 % fixe Kosten
Vertriebsgemeinkosten	1 000,00 €	davon 100 % fixe Kosten

1. Berechnen Sie Deckungsbeitrag insgesamt und je Stück.
2. Begründen Sie, ob die Manuel Neuer GmbH den Auftrag annehmen sollte.
3. Aus Prestigegründen möchte man den Auftrag annehmen. Allerdings soll versucht werden, die Absatzmenge bis zur vollen Kostendeckung zu erhöhen. Wie groß müsste die entsprechende Auftragsmenge sein?

d) Im spanischen Zweigwerk werden Fußballschuhe produziert. Es liegen folgende Daten vor:

	Modell „Torres"	Modell „Messi"	Modell „Özil"	Modell „Gomez"
Stückpreis	59,00 €	79,00 €	70,00 €	99,00 €
variable Kosten	39,00 €	45,00 €	55,00 €	61,00 €
Verkaufmenge	1 900	1 600	3 800	2 000
Bearbeitungszeit Fertigung „Sohle und Stollen"	12 min	12 min	10 min	15 min
Bearbeitungszeit Fertigung „Lederbezug"	20 min	25 min	15 min	25 min

Für den Fertigungsbereich „Sohle und Stollen" liegt die Maximalkapazität bei 1 400 Fertigungsstunden, für den Fertigungsbereich „Lederbezug" sind maximal 3 100 Fertigungsstunden möglich. Die fixen Kosten betragen 95 000,00 €.

1. Bestimmen Sie das gewinnoptimale Produktionsprogramm.
2. Ermitteln Sie das Betriebsergebnis beim gewinnoptimalen Produktionsprogramm.

e) Das Trikot „Match 2010" gibt es in den Qualitäten hochwertige Mikrofaser (M) und einfache Kunstfaser (K). Die Materialeinzelkosten betragen bei M 30,00 € und bei K 5,00 €.
Der Materialgemeinkostensatz der traditionellen Vollkostenrechnung beträgt 40 %. Die Prozesskostenrechnung hat ermittelt, dass die Material-Prozesskosten für jedes Trikot gleich sind und 4,50 € betragen.

1. Berechnen Sie die jeweiligen Materialkosten mit der traditionellen Vollkostenrechnung.
2. Berechnen Sie die Materialkosten mit der Prozesskostenrechnung.
3. Bestimmen Sie den absoluten und den relativen Allokationseffekt für beide Produkte.

5 Rechtsformen der Unternehmung

5.1 Entwicklungsstufen der Rechtsformen

Strukturzusammenhang

Ein Unternehmer trägt das gesamte Unternehmensrisiko allein. →	Einzelunternehmung
Erweiterung um Mitunternehmer, die Kapital einbringen, mit im Unternehmen tätig sind und unbeschränkt haften. →	Personengesellschaft als **OHG**
Erweiterung um beschränkt haftende Gesellschafter, die lediglich Kapital einbringen. →	Personengesellschaft als **KG**
Gründung einer Gesellschaft, wobei keiner der Gesellschafter persönlich haftet. Die Anteile an der Gesellschaft werden nicht an der Börse gehandelt. Möglichkeit der Geschäftsführung durch Manager (Fremdgeschäftsführung). →	Kapitalgesellschaft als ***GmbH; auch UG***
Gründung einer Gesellschaft, wobei keiner der Gesellschafter persönlich haftet. Die Anteile an der Gesellschaft können in kleiner Stückelung am Markt (z.B. Börse) gehandelt werden. Üblicherweise Geschäftsführung durch Manager (Fremdgeschäftsführung). →	Kapitalgesellschaft als ***AG***

5.2 Handelsrechtliche Grundlagen der Unternehmung

Kernwissen

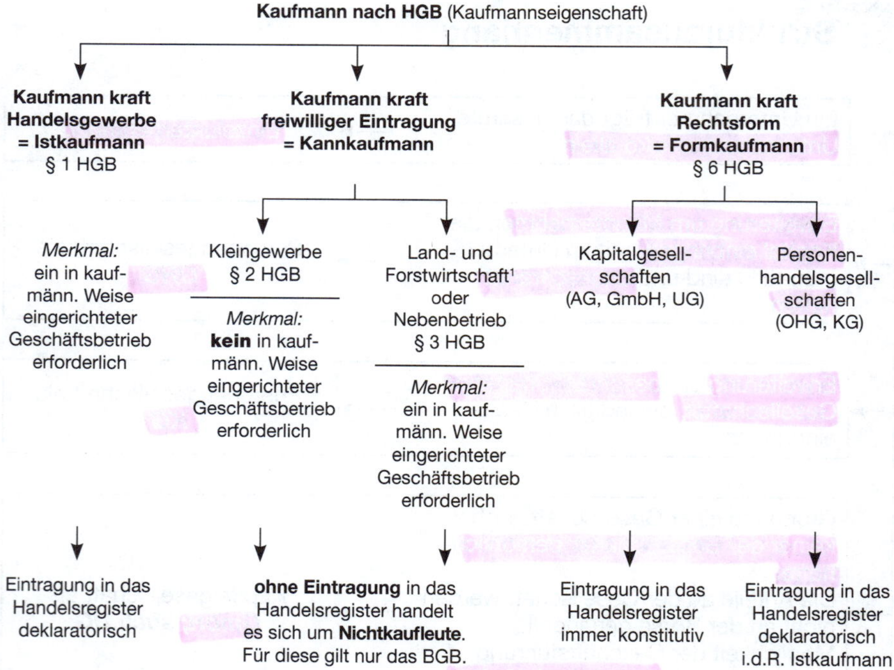

Kaufmannseigenschaft

- Kaufmann nach HGB ist, wer ein Handelsgewerbe betreibt. (§ 1 HGB)
- Entscheidend ist, ob der Gewerbebetrieb einen in kaufmännischer Weise eingerichteten Geschäftsbetrieb (kaufmännische Organisation) erfordert.
- Ist die Kaufmannseigenschaft gegeben, wird für den Kaufmann neben dem Bürgerlichen Gesetzbuch (BGB) das Handelsgesetzbuch (HGB/Recht der Kaufleute) angewandt.
- Das HGB unterscheidet zwischen Formkaufleuten, Istkaufleuten und Kannkaufleuten.
- Für „Kleingewerbetreibende" (deren Gewerbe keinen in kaufmännischer Weise eingerichteten Geschäftsbetrieb erfordert) gilt grundsätzlich das BGB. Der Kleingewerbetreibende kann sich jedoch freiwillig in das Handelsregister eintragen lassen und erwirbt damit die Kaufmannseigenschaft. Nach der Eintragung ins Handelsregister gilt für ihn auch das HGB.

1 nicht prüfungsrelevant

HANDELSREGISTER

- Handelsregister ist das öffentliche Verzeichnis aller Kaufleute eines Amtsgerichtsbezirks
- in Abteilung A werden Einzelunternehmen und Personengesellschaften erfasst
- in Abteilung B werden Kapitalgesellschaften erfasst

WIRKUNG DER HANDELSREGISTEREINTRAGUNG

konstitutiv = rechts**er**zeugend	**deklaratorisch** = rechts**be**zeugend
Durch Eintragung ins Handelsregister wird ein Rechtsvorgang rechtswirksam. ***Beispiel:*** Durch Eintragung ins Handelsregister **entsteht** die AG.	Durch Eintragung ins Handelsregister wird ein bereits rechtswirksamer Vorgang bestätigt. ***Beispiel:*** Ein Istkaufmann ist bereits durch die Geschäftsaufnahme Kaufmann nach HGB. Die Eintragung ins Handelsregister **bestätigt** lediglich die Kaufmannseigenschaft.

FIRMA

- Firma ist der Name, unter dem der Kaufmann sein Geschäft betreibt („Handelsname"), unter dem er vor Gericht klagen und verklagt werden kann (§ 17 HGB)
- Firma kann eine Personenfirma, Sachfirma, Mischfirma oder Phantasiefirma sein

- **Notwendige Firmenzusätze**

bei Einzelunternehmern	z.B. eingetragener Kaufmann: „e.K.", „e.Kffr."
bei OHG	z.B. offene Handelsgesellschaft: „OHG"
bei KG	z.B. Kommanditgesellschaft: „KG"
bei GmbH	z.B. Gesellschaft mit beschränkter Haftung: „GmbH"
bei „Mini-GmbH"	z.B. Unternehmergesellschaft: „UG" (haftungsbeschränkt)
bei AG	z.B. „Aktiengesellschaft" „AG"

- **Firmengrundsätze**

Firmenausschließlichkeit	deutliche Unterscheidbarkeit von anderen Firmen muss gegeben sein (§ 18 (1) HGB)
Firmenwahrheit	keine Täuschung der Allgemeinheit (§ 18 (2) HGB)
Firmenbeständigkeit	Fortführung der Firma auch bei Inhaberwechsel (§§ 21, 22 HGB) Firmenkern darf beibehalten werden

Aufgaben

1 Welche Kaufmannseigenschaft liegt vor? Begründen Sie Ihre Meinung!

a) Klaus Vogelmann betreibt in Heilbronn das „Autohaus Klaus Vogelmann" in der Rechtsform der Einzelunternehmung. Vogelmann beschäftigt insgesamt 14 Arbeitnehmer, davon zwei in der Verwaltung. Der Umsatz beträgt jährlich ca. 4 Mio. Euro.

b) Beate Richter ist Inhaberin eines Kosmetikgeschäfts. Sie verschönert ihre Kundinnen und verbessert ihre Kassenlage durch den Verkauf von Kosmetikprodukten. Beate Richter beschäftigt keine Mitarbeiter.

c) Aus Prestigegründen möchte sich Beate Richter in das Handelsregister eintragen lassen. Begründen Sie, ob und gegebenenfalls mit welchen Konsequenzen dies möglich wäre.

d) Nachdem Beate Richter im Handelsregister eingetragen ist, lehnt der Kosmetiklieferant „belle de jour GmbH" ihre Schadensersatzforderung (die aufgrund eines Rechtsgeschäftes nach der HR-Eintragung entstanden ist) ab, da sie als Kaufmann (Kauffrau) die unverzügliche Prüf- und Rügepflicht gemäß § 377 HGB habe. Beate Richter beruft sich auf ihre Tätigkeit als Kleingewerbetreibende und nimmt § 477 BGB für sich in Anspruch. Prüfen Sie die Rechtslage.

2 Welche Wirkungen haben die Eintragungen folgender Kaufleute in das Handelsregister?

a) Istkaufmann

b) Kleingewerbetreibender

c) Formkaufmann (GmbH, AG, UG)

d) Personenhandelsgesellschaft (OHG, KG)

3 Prüfen und begründen Sie, ob folgende Firmierungen dem HGB entsprechen:

a) Karin Wolf möchte ihr Sonnenstudio unter der Firma „Lady Sunshine e.Kffr. Bräunungsstudio" betreiben.

b) Alternativ zu a) denkt Karin Wolf an „Sonnenstudio Heidi Klum e.K"

c) Felix Müller betreibt als Selbstständiger ohne Mitarbeiter eine Inlinerreparaturwerkstatt. Er möchte als „Elite-Inliner e.K." firmieren.

d) Alternativ zu c) denkt Felix Müller an „Europäische Inlinerzentrale e.K."

e) Müllers Freundin schlägt „Europäische Inlinerzentrale Müller e.K." vor.

f) Hans Meier möchte seinen Pizza-Service unter „Pizza-Meier UG (haftungsbeschränkt)" betreiben.

5.3 Kriterien für die Wahl der Rechtsform der Unternehmung

Durch die Wahl der Rechtsform wird die juristische Struktur des Unternehmens festgelegt. Grundsätzlich ist eine Rechtsform frei wählbar. Die einmal gewählte Rechtsform kann später geändert werden.

Kernwissen

Entscheidungs-kriterium	Bedeutung	Fragen
Haftung	Haftung ist möglich als • **persönliche** Haftung → direkte Inanspruchnahme • **solidarische** Haftung → Haftung für Mitgesellschafter • **unbeschränkte** Haftung → Haftung mit dem gesamten, auch privaten Vermögen • **keine** Haftung → Haftungsbefreiung	• Wird unbeschränkt, also auch mit Privatvermögen gehaftet? • Ist die Haftung auf die Höhe der Kapitaleinlage beschränkt? • Wie ist die Haftung gegenüber Kunden und Lieferanten (Außenverhältnis) geregelt?
Kapitalauf-bringung	Kapitalaufbringung als Verstärkung der Kapitalbasis durch – zusätzliches EK – evtl. weiteres FK	• Gibt es ein vorgeschriebenes Mindestkapital? • Wie leicht ist der Zufluss neuen Kapitals möglich? • Welches Finanzpotenzial bietet die Rechtsform? • Kann der Kapitalmarkt zur Kapitalaufbringung beitragen?
Geschäfts-führung (Innenverhältnis)	Geschäftsführung bestimmt das Verhältnis der Gesellschafter untereinander (Innenverhältnis)	• Führen die Gesellschafter die Geschäfte? (Gesellschafter-geschäftsführung) • Führen Nichtgesellschafter die Geschäfte? (Fremdgeschäfts-führung durch Manager)
Kontrolle der Geschäfts-führung	Geschäftsführung kann bei Gesellschafterversammlungen (AG Hauptversammlung) und im laufenden Geschäft kontrolliert werden	• Welche Möglichkeit hat der Gesellschafter, die Geschäfts-führung zu kontrollieren? • Welche Möglichkeit hat der Gesellschafter, die Geschäfts-führung zu beeinflussen?

Entscheidungs-kriterium	Bedeutung	Fragen
Vertretung (Außenverhältnis)	Rechtswirksamer Geschäftsabschluss mit Kunden und Lieferanten (Außenverhältnis)	• **Wer** darf **welche** Geschäfte rechtswirksam im Außenverhältnis abschließen? • Dürfen Geschäfte im Außenverhältnis allein rechtswirksam abgeschlossen werden?
Mitbestimmung der Arbeitnehmer	keine alleinige Entscheidung der Unternehmer; Arbeitnehmer bestimmen mit!	Mit welchem Anteil sind die Arbeitnehmer im Kontrollorgan der Gesellschaft (Aufsichtsrat) vertreten?
Publizität	• Veröffentlichung von Jahresabschluss und anderen Daten; große Transparenz, allerdings auch für die Konkurrenz • zusätzlicher Aufwand; aber auch die Möglichkeit das Unternehmen zu präsentieren	Fordert die Rechtsform, dass Jahresabschluss und andere Daten veröffentlicht werden müssen?

5.4 Einzelunternehmung und Personengesellschaft

Kernwissen

EINZELUNTERNEHMUNG

Vorteile der Einzelunternehmung	*Nachteile der Einzelunternehmung*
• schnelle Entscheidungsmöglichkeit, da keine Abstimmung	• keine Arbeitsteilung
• keine Gewinnaufteilung	• keine Risikoteilung
• keine Streitigkeiten in der Unternehmensführung	• begrenzte Eigenkapitalbeschaffungsmöglichkeiten

Bei Eintritt in eine bisherige Einzelunternehmung kann die Haftung für die bei Eintritt bestehenden Schulden ausgeschlossen werden (§ 28 HGB), durch

- Eintragung ins HR und Bekanntmachung dieser Tatsache
- Mitteilung an alle Gläubiger

OFFENE HANDELSGESELLSCHAFT (OHG)

Gesellschaftsvertrag	HGB	formfrei; notarielle Beurkundung erforderlich, wenn Grundstücke eingebracht werden *(§ 311b BGB)*
Inhalt des Gesellschaftsvertrages		• im Innenverhältnis (Geschäftsführung, Gewinnverteilung und Wettbewerbsverbot) frei gestaltbar §§ 110-122 HGB stellen für das Innenverhältnis fertig bereitliegende Regelungen dar. Diese Paragrafen gelten nur dann, wenn im Gesellschaftsvertrag nichts bzw. nichts anderes vereinbart wurde. (dispositives, d.h. nachgiebiges Recht) • im Außenverhältnis stellt das HGB zwingendes Recht dar. Soweit im Gesellschaftsvertrag etwas anderes vereinbart wurde, so gilt dies nicht im Außenverhältnis.
Firma		Rechtsformzusatz „OHG" oder ein gleich bedeutender Zusatz
Haftung der Gesellschafter	§ 105 (1) § 128 § 128	• **unbeschränkt**: auch mit Privatvermögen. • **unmittelbar (direkt)**: Gläubiger kann direkt vom Gesellschafter Geld fordern • **gesamtschuldnerisch (solidarisch)**: Jeder Gesellschafter haftet auch für die von Mitunternehmer eingegangenen Geschäftsverbindlichkeiten
Vermögen der OHG		Gesamthandsvermögen (gemeinschaftliches Vermögen) § 718 BGB
Geschäftsführung (Innenverhältnis)	 § 115 (1) § 116 (2) § 114 § 116 (2)	*betrifft das Rechtsverhältnis der Gesellschafter untereinander* *§§ 114-116 HGB* stellen **nachgiebiges Recht** dar; gelten nur, wenn im Gesellschaftsvertrag nicht etwas anderes bestimmt ist • gewöhnliche Geschäfte (Handlung) → Einzelgeschäftsführung • außergewöhnliche Geschäfte (Handlungen) → Gesamtgeschäftsführung • Ausschluss von Geschäftsführung möglich → bei außergewöhnlichen Geschäften trotzdem Zustimmung notwendig
Vertretung (Außenverhältnis)	§ 125 § 126 § 125 (2)	betrifft das Rechtsverhältnis der Gesellschafter zu Dritten (Außenstehenden) HGB stellt bei Regelung der Vertretungsmacht **zwingendes Recht** dar; der Schutz des Dritten ist vorrangig. **Einzelvertretung** bei gewöhnlichen und außergewöhnlichen Geschäften. Inhaltliche Begrenzungen der Vertretungsmacht (zum Beispiel „nur Geschäfte bis 20 000,00 €" sind gegenüber Dritten nicht wirksam). Im Gesellschaftsvertrag kann statt Einzelvertretung auch **Gesamtvertretung** oder Vertretungsausschluss vereinbart werden. Gemäß § 106 Abs. 2 Nr. 4 HGB ist die Vertretungsmacht im Handelsregister einzutragen.

Beginn der OHG	§ 123 (2)	• im Innenverhältnis laut Gesellschaftsvertrag • im Außenverhältnis spätestens mit Geschäftsaufnahme • OHG kann bereits vor der Eintragung ins Handelsregister entstehen (Eintragung hat bei OHG deklaratorische Wirkung, sofern bei Geschäftsaufnahme ein Handelsgewerbe vorliegt)
Haftung neu eintretender Gesellschafter	§ 128 § 130	Er haftet im Außenverhältnis für alle bestehenden Schulden. Im Außenverhältnis ist keine Haftungsbegrenzung möglich. Im Innenverhältnis kann die Haftung eingeschränkt oder ausgeschlossen werden.
Haftung austretender Gesellschafter	§ 160	weitere fünf Jahre für die bei seinem Austritt bestehenden Verbindlichkeiten der Gesellschaft

KOMMANDITGESELLSCHAFT (KG)

Vollhafter (Komplementär)	**Teilhafter (Kommanditist)**
siehe OHG-Gesellschafter	**Haftung** § 161 (1) • haftet nur mit seiner Einlage (Risikohaftung) § 171 • unmittelbare Haftung nur in Höhe der noch nicht geleisteten Einlage § 176 • falls er vor der Eintragung als Kommanditist ins Handelsregister in die KG eintritt, haftet er für diesen Zeitraum wie ein Vollhafter **Geschäftsführung und Vertretung** § 164 Ausschluss von Geschäftsführung und Vertretung; allerdings Widerspruchsrecht bei außergewöhnlichen Geschäften (Handlungen).

Aufgaben

1 Der Umsatz des Einzelunternehmers Axel Feist e.K. hat sich so vergrößert, dass es der Inhaber für zweckmäßig hält, den Betrieb zu erweitern. Sein technischer Mitarbeiter Düren könnte ein geeignetes Grundstück einbringen und einen nennenswerten Barbetrag zur Verfügung stellen. Derzeit werden 14 Mitarbeiter beschäftigt.
Feist bietet Düren an, ihn als Gesellschafter aufzunehmen. Der Gesellschaftsvertrag sieht u. a. folgende Bestimmungen vor:

§ 1 Herr Feist nimmt Herrn Düren als Gesellschafter in sein Unternehmen auf. Die dadurch entstehende OHG wird unter der bisherigen Firmenbezeichnung „Axel Feist“ weitergeführt.

§ 2 Herr Feist bringt in die OHG seinen Betrieb ein, und zwar so wie er bis zum 31. Dezember 01 geführt wurde. Der Einbringung wird die berichtigte Bilanz zum 31. Dezember 01 zugrunde gelegt. In ihr ist ein Eigenkapital von 480 000,00 € ausgewiesen. Herr Düren bringt sein Grundstück in der Jahnstraße ein. Der Wert wird mit 78 000,00 € festgelegt. Außerdem leistet er eine Bareinlage von 132 000,00 €. Er haftet nicht für die bisherigen Verbindlichkeiten der Firma „Axel Feist e.K.“.

§ 3 Die OHG beginnt am 1. Januar 02. Sie soll zunächst bis zum 31. Dezember 05 bestehen. Das Gesellschaftsverhältnis verlängert sich jeweils um ein Jahr, wenn es nicht von einem der beiden Gesellschafter mit neunmonatiger Frist gekündigt wird.

§ 4 Kündigt ein Gesellschafter, ist der andere berechtigt, das Unternehmen ohne Liquidation zu übernehmen und unter der bisherigen Firma weiterzuführen.

§ 5 Für die Gewinn- und Verlustverteilung sowie für die Verzinsung der ausstehenden Einlagen gelten die gesetzlichen Bestimmungen. Für die Privatentnahmen besteht keine Verzinsungspflicht.

a) Ist die in § 1 des Gesellschaftsvertrags vorgesehene Firmierung zulässig? Nehmen Sie dazu Stellung.

b) Begründen Sie an Hand des Gesetzes, welche Formvorschrift für diesen Gesellschaftsvertrag vorgeschrieben ist.

c) Die Eintragung im Handelregister hat hier nur deklaratorische Wirkung. Was besagt das?

d) Düren ist kaufmännisch nicht vorgebildet. Machen Sie ihm den Unterschied zwischen der Verlustbeteiligung und der unbeschränkten, persönlichen Haftung klar.

e) Was besagt „solidarische (gesamtschuldnerische) Haftung“?

f) Kann Düren die Haftung für die bei seinem Eintritt in die Gesellschaft bestehenden Verbindlichkeiten ausschließen? Nehmen Sie dazu Stellung.

g) Das eingebrachte Grundstück geht in das Gesellschaftsvermögen ein. Welche rechtlichen Konsequenzen ergeben sich daraus für Düren?

h) Warum wird in der Regel beim Ausscheiden eines Gesellschafters ein gesundes Unternehmen nicht liquidiert?

i) Warum wird in Gesellschaftsverträgen oftmals festgelegt, dass beim Tod eines OHG-Gesellschafters seine Erben Kommanditisten werden?

j) Düren, der von Buchführung nichts versteht, überlässt Feist die Aufstellung des Jahresabschlusses der OHG am Ende des ersten Geschäftsjahres. Muss auch Düren die Verantwortung für die Richtigkeit des Jahresabschlusses übernehmen? Nehmen Sie dazu Stellung.

k) Geben Sie in Stichworten an, welche Punkte im Gesellschaftsvertrag der OHG neben den in den §§ 1–5 genannten Vereinbarungen noch geregelt werden sollten.

2 Der Kaufmann Peter Adler hat vor 20 Jahren ein Unternehmen für Betriebs- und Laboreinrichtungen gegründet und dieses Unternehmen in den vergangenen Jahren stetig vergrößern und ausbauen können.
Für eine Betriebserweiterung im Jahre 02 soll die Einzelunternehmung in eine OHG umgewandelt werden. Als Gesellschafter bieten sich sein technischer Mitarbeiter Klaus Bauer und sein Sohn Wolfgang Adler an, der soeben sein Ingenieurstudium beendet hat.
Als Firma soll die bisherige Bezeichnung „Betriebs- und Laboreinrichtungen Peter Adler e.K." beibehalten werden.
Peter Adler bringt seine Unternehmung (Gebäude, sonst. Anlagevermögen, Umlaufvermögen) im Wert von 800 000,00 € ein, Bauer leistet eine Bareinlage von 100 000,00 € und Wolfgang Adler stellt seine Arbeitskraft zur Verfügung.
Die OHG beginnt laut Gesellschaftsvertrag, der am 15.12.01 abgeschlossen wurde, am 01.01.02; die Eintragung in das Handelsregister erfolgte am 10.01.02.

a) Welcher Form muss der Gesellschaftsvertrag für diese OHG genügen? Begründen Sie Ihre Antwort.

b) Prüfen und begründen Sie, ob die OHG die vorgesehene Firma übernehmen kann.

c) Der Sohn Wolfgang Adler leistet keine Einlage, sondern stellt seine Arbeitskraft zur Verfügung.
Beurteilen Sie diese Vereinbarung im Gesellschaftsvertrag:
- im Hinblick auf die Einlagepflicht des OHG-Gesellschafters;
- in bilanztechnischer Sicht;
- aus der Sicht der Mitgesellschafter;
- aus der Sicht der Gläubiger.

d) Erläutern Sie die Bedeutung der Daten 15.12.01, 01.01.02 und 10.01.02 im Hinblick auf die Entstehung der OHG.

3 Die Schober und Schwarz KG in Leinfelden-Echterdingen ist Herstellerin von Wärmepumpen. Die Verwertung eigener Patente und die Marktlage auf dem Energiesektor ermöglichten in den vergangenen Jahren der Gesellschaft eine erhebliche Geschäftsausweitung.

Die Bilanz der KG zum 31.12.01 zeigte zusammengefasst folgende Zahlen (in €):

Aktiva	Bilanz zum	31.12.01	Passiva
Ausstehende Kommanditeinlage Berner	40 000,00	Kapital Schober	280 000,00
		Kapital Schwarz	420 000,00
Anlagevermögen	1 010 000,00	Kommanditkap. Berner	100 000,00
Umlaufvermögen	550 000,00	Kommanditkap. Renner	160 000,00
		Fremdkapital	640 000,00
	1 600 000,00		1 600 000,00

02 wurde ein Umsatzvolumen von 12,3 Millionen Euro erzielt und ein Reingewinn von 339 546,00 € erwirtschaftet.

a) Erklären Sie die Geschäftsführungs- und Vertretungsbefugnisse der Komplementäre Schober und Schwarz, wenn der Gesellschaftsvertrag hierzu keine Regelungen enthält.

b) Kommanditist Berner wird vom Finanzamt aufgefordert, die für die KG fällige Umsatzsteuerschuld in Höhe von 56 720,00 € zu überweisen. Muss er zahlen? Begründung.

c) Schober und Schwarz haben in Verhandlungen mit der Commerzbank AG die Zusage für einen Investitionskredit in Höhe von 250 000,00 € erhalten. Kreditlaufzeit sechs Jahre, Festzinssatz 10 % p. a. Mit diesem Kredit und eigenen Mitteln der KG soll der Betrieb eines Elektromotorenherstellers übernommen werden.
Kommanditist Renner widerspricht:
Die Kreditkonditionen der Commerzbank seien ungünstig, und von der Eingliederung eines neuen Produkts in das Herstellungsprogramm der KG halte er nichts. Er habe seinerseits aber ein sehr günstiges Kreditangebot der Sparda Bank eG für die KG angenommen, das einen Vorzugszinssatz von 5 % p. a. gewähre.
Beurteilen Sie die Handlungsweise des Kommanditisten Renner
- im Hinblick auf den Kreditantrag bei der Commerzbank;
- im Hinblick auf die Übernahme des Betriebes des Elektromotorenherstellers;
- im Hinblick auf den Kreditvertrag mit der Sparda Bank eG.

4 Peter Laun ist Alleininhaber einer Schmuckwarenfabrik. Durch vermehrte Geschäftskontakte mit verschiedenen Versandhäusern und den Bezug von Schmuckwaren aus Fernost hat er die Grenzen seiner persönlichen Belastbarkeit erreicht.

Er nimmt seinen Sohn Andreas und seine Schwägerin Käthe Laun, die bisher als Angestellte in dem Unternehmen tätig waren, als gleichberechtigte Gesellschafter auf, weil nachhaltig mit der Erweiterung des Geschäftsbetriebs gerechnet werden kann.

Handelsregisterauszug:

	Amtsgericht				HR.....224
Nr. der Eintragung	**a) Firma b) Ort der Niederlassung c) Gegenstand des Unternehmens**	**Geschäftsinhaber Persönlich haftender Gesellschafter Abwickler**	**Prokura**	**Rechtsverhältnisse**	**a) Tag der Eintragung und Unterschrift b) Bemerkungen**
1	a) **Peter Laun** e.K. b) **Pforzheim** c) **Schmuckwarenfabrik**	**Peter Laun** **Kaufmann** **Pforzheim**	———	———	a) Eingetragen am 30. Juni 2004 .... b) ———
2	a) Peter Laun b) Pforzheim c) Schmuckwarenfabrik	Peter Laun Kaufmann, Pforzheim Andreas Laun Kaufmann, Pforzheim Käthe Laun Kauffrau, Pforzheim	———	Die Firma wird fortgeführt; als Peter Laun OHG. Die Gesellschaft hat am 15.12.2014 begonnen. Peter Laun ist stets alleinvertretungsberechtigt. Andreas Laun vertritt mit einem Gesellschafter. Käthe Laun ist von der Vertretung ausgeschlossen.	a) Eingetragen am 18. Febr. 2015 .... b) ———

a) Zu welchem Zeitpunkt ist die OHG entstanden?
Begründen Sie Ihre Antwort!

b) In welche Abteilung des Handelsregisters ist das Unternehmen einzutragen, und welche Wirkung hat die Eintragung?

c) Beurteilen Sie die Zulässigkeit der Firmierung.

d) Geben Sie an, wer laut Handelsregisterauszug kraft Gesetzes und wer kraft Rechtsgeschäft dieses Unternehmen vertreten kann.

e) Nennen Sie drei Vorteile, die Peter Laun durch die Aufnahme neuer Gesellschafter hat.

f) Am 03.02.2015 schließt Käthe Laun einen Kaufvertrag über Schmucketuis im Werte von 20 000,00 €. Peter Laun möchte den Vertrag nicht erfüllen.
Ist die OHG an den Vertrag gebunden? Begründung.

g) Am 22.03.2015 verlangt ein Gläubiger von Andreas Laun die Zahlung von 50 000,00 € aus einer Lieferung vom 11.10.2014. Kann er die Zahlung verweigern? Begründung.

h) Da die Kunden überraschend pünktlich zahlen, hat die Gesellschaft für ca. drei Wochen freie Liquidität in Höhe von 180 000,00 €.

Andreas Laun möchte den Gesamtbetrag spekulativ in Wertpapiertermingeschäften anlegen. Käthe Laun widerspricht.
Beurteilen Sie die Rechtslage.

i) Wäre es Peter Laun möglich gewesen, mit seinen Mitgesellschaftern, eine Gesellschaftskonstruktion zu finden, die folgenden Bedingungen entspricht:
- Rechtsform der Personengesellschaft,
- die Haftung aller Gesellschafter soll auf die Einlage beschränkt bleiben,
- die Geschäftsführung und Vertretung soll letztlich von Peter und Andreas Laun ausgeübt werden,
- das Kapital soll durch das Betriebsvermögen des Peter Laun und durch weitere Geldeinlagen von Andreas und Käthe Laun aufgebracht werden,
- der Name von Peter Laun soll in der Firma enthalten sein.

Schildern Sie die Entstehung einer solchen Unternehmensform.

5 Fritz Haas, Alleininhaber eines Unternehmens für Wasser- und Sanitärinstallation, hat zwei Typen von Wasserenthärtungsanlagen entwickelt: Typ WE 10 S und Typ WE 10 P. Die Marktkonzeption sieht in der ersten Stufe Eigentümer von Einfamilienhäusern als Zielgruppe. Bei erfolgreicher Markteinführung ist die Herstellung von größeren und leistungsstärkeren Anlagen für mittlere und große Wohneinheiten, eventuell auch für den industriellen Bedarf geplant. Das erforderliche Kapital wird wie folgt beschafft:
- Gründung einer KG, in die Fritz Haas sein Unternehmen einbringt.
- Sein Bruder Klaus wird teilhaftender Gesellschafter.

Beide einigen sich auf den (nächste Seite!) beigefügten Vertragsentwurf.

a) Erläutern Sie, in welcher Form der Gesellschaftsvertrag abzuschließen ist.

b) Prüfen Sie die Regelung des § 2 Ziff. 3 des Vertragsentwurfs auf ihre rechtliche Wirksamkeit. Machen Sie gegebenenfalls einen Vorschlag, wie der Teilhafter mit Vertretungsbefugnissen ausgestattet werden kann.

c) Der Vertragsabschluss erfolgt am 01.12.01. Die Handelsregistereintragung wird am 15.12.01 vorgenommen. Fritz Haas beginnt das Geschäftsjahr 01 mit folgenden Geschäftsaktivitäten:
   - Kauf von zwei Maschinen im Gesamtwert von 2,0 Mio. €
   - Kauf von Fertigungsmaterial im Wert von 0,04 Mio. €

   Erörtern Sie:
   - ob diese Aktivitäten im Rahmen der Geschäftsführungsbefugnis des Vollhafters Fritz Haas liegen;
   - welche Auswirkung ein berechtigter nachträglicher Widerspruch des Teilhafters Klaus Haas hätte.

d) Komplementär Fritz Haas verweigert Teilhafter Klaus Haas jeglichen Einblick in die Geschäftsentwicklung.
Erörtern Sie, welche rechtlichen Möglichkeiten Klaus Haas hat.

VERTRAGSENTWURF (Auszug)

§ 1 Allgemeines

1. Fritz Haas wird Vollhafter der Gesellschaft.
2. Klaus Haas wird Teilhafter.
3. Die Unternehmung firmiert unter dem Namen Fritz Haas KG
4. Der Sitz des Unternehmens ist Lörrach.
5. Gegenstand des Unternehmens ist die Herstellung und Installation von Wasser- und Sanitärtechnik.
6. Beginn des Geschäftsbetriebs: 02.01.02

§ 2 Pflichten der Gesellschafter

1. Der Vollhafter bringt sein Einzelunternehmen ein.
   Vermögen:

– Produktionsgebäude und Grundstück	3,9 Mio. €
– Maschinen	2,1 Mio. €
– Betriebs- und Geschäftsausstattung	0,1 Mio. €
– Vorräte	0,2 Mio. €
– Forderungen und Barmittel	0,54 Mio. €
Schulden:	
– Darlehen	1,65 Mio. €
– Verbindlichkeiten aus L u. L	0,35 Mio. €

2. Der Teilhafter verpflichtet sich zu einer Beteiligung in Höhe von 1,5 Mio. €, davon werden 80 % sofort, der Rest in zwei Jahresraten fällig; eventuelle Gewinnanteile werden angerechnet.
3. Der Teilhafter ist bei Verträgen, die den Wert von 20 000,00 € nicht übersteigen, zur Vertretung berechtigt.
4. Alle übrigen Pflichten der Gesellschafter regeln sich nach den gesetzlichen Bestimmungen.

§ 3 Rechte der Gesellschafter

1. Gewinnverteilung

1.1 Der Vollhafter erhält im Voraus eine Tätigkeitsvergütung in Höhe von 120 000,00 €, die er in Monatsraten entnimmt.

1.2 Jeder Gesellschafter erhält nach den gesetzlichen Bestimmungen eine Kapitalverzinsung. Ausstehende Kapitaleinlagen werden in gleicher Höhe verzinst.

1.3 Der verbleibende Restgewinn wird im Verhältnis 4:1 aufgeteilt.

2. Privatentnahmen
   Der Vollhafter ist zu Privatentnahmen in Höhe der Tätigkeitsvergütung/Jahr berechtigt.

– – – – – – – –

6 Ingenieur Thomas Adorf betreibt als Einzelunternehmer die industrielle Herstellung und den Vertrieb von Geschenkartikeln. Das Unternehmen firmiert unter **Geschenkartikel Thomas Adorf e.K.** und ist in das Handelsregister eingetragen.
Der Abschluss eines langfristigen Liefervertrags mit einer Kaufhauskette erfordert eine umfangreiche Betriebserweiterung. Zur Bewältigung der zusätzlichen

finanziellen Belastung und der Mehrarbeit nimmt Thomas Adorf den Diplomkaufmann Ralf Bissinger und die Designerin Heide Crux als Gesellschafter auf. Am 21.11.01 wird der Gesellschaftsvertrag abgeschlossen (siehe Auszug). Die Eintragung in das Handelsregister erfolgt am 27.12.01.

a) Begründen Sie, ob der Gesellschaftsvertrag einer Formvorschrift unterliegt.

b) Erläutern Sie, ob die festgelegte Firmierung für die gewählte Gesellschaftsform zulässig ist.

c) Ralf Bissinger schließt am 03.03.02 mit der Westermann GmbH einen Kaufvertrag über Osterartikel im Werte von 72 500,00 € ab. Als Adorf von der Lieferung erfährt, verweigert er die Bezahlung der Rechnung, da die Ware so kurz vor Ostern nicht mehr absetzbar sei. Außerdem sei Bissinger nicht zum Abschluss der Kaufvertrags befugt gewesen. Die Westermann GmbH solle daher die Bezahlung direkt von Bissinger einfordern.
Erläutern Sie die Rechtslage.

d) Heide Crux möchte im Mai 02 für ihre Sammlung ein Gemälde für 30 000,00 € erwerben. Sie beabsichtigt, den Betrag aus dem Gesellschaftsvermögen zu entnehmen.
Beurteilen Sie die Rechtslage.

e) Nach wiederholten Meinungsverschiedenheiten zwischen den Gesellschaftern beschließt Adorf im Juni 02 aus der Gesellschaft auszuscheiden.
- Prüfen Sie, zu welchem Zeitpunkt Adorf frühestens aus der OHG ausscheiden kann.
- Erläutern Sie, welche Auswirkungen sich dadurch auf die Haftung von Adorf ergeben.

Auszug aus dem Gesellschaftsvertrag

§1 Gegenstand des Unternehmens ist die Herstellung und der Vertrieb von Geschenkartikeln.

§2 Sitz der Gesellschaft .....

§3 Gesellschafter: Thomas Adorf, wohnhaft .....
Ralf Bissinger, wohnhaft .....
Heide Crux, wohnhaft .....

§4 Die Gesellschaft wird unter der Firma **Geschenkartikel Thomas Adorf** fortgeführt.

§5 Die Gesellschaft beginnt am 01.01.02.

§6 Die Einlagen der Gesellschafter werden wie folgt festgelegt:
1. Thomas Adorf bringt sein Einzelunternehmen ein. Der Wert der Vermögensgegenstände wird auf 3 Mio. € festgesetzt, die Gesellschaft übernimmt ein grundpfandrechtlich gesichertes Bankdarlehen in Höhe von 1,5 Mio. €.
2. Ralf Bissinger beteiligt sich mit einer Bareinlage in Höhe von 2 Mio. €.

3. Heide Crux beteiligt sich mit einer Einlage in Höhe von insgesamt 0,5 Mio. €. Sie bringt ein Grundstück ein, das mit 0,3 Mio. € bewertet wird. Der Restbetrag ist als Bareinlage zu leisten.
Sämtliche Einlagen sind zum 31.12.01 zu erbringen.

§7 Alle Gesellschafter haften unbeschränkt für die Verbindlichkeiten der Gesellschaft.

§8 Die Aufnahme von Darlehen sowie Anschaffungen, deren Wert im Einzelfall 50 000,00 € überschreiten, erfordern einen gemeinsamen Beschluss aller Gesellschafter.

– – – – – – – – –

7 Ingenieur Otmar Bohr stellt in kleinen Serien Heimwerkermaschinen her. Da er seinen Marktanteil ständig ausweiten konnte, beabsichtigt er, sein Unternehmen zu erweitern. Er will das Einzelunternehmen in eine OHG umwandeln. Er bringt alle Aktiva, darunter auch Grundstücke, und alle Passiva in die neue Gesellschaft ein.
Fritz Knebel, der künftig in der kaufmännischen Leitung mitwirkt, beteiligt sich mit einer Bareinlage in Höhe von 800 000,00 €. Es wird vereinbart, dass Fritz Knebel für die bisherigen Verbindlichkeiten des Einzelunternehmens nicht haftet. Kaufverträge, die den Betrag von 20 000,00 € übersteigen, bedürfen der Zustimmung der beiden Gesellschafter. Ansonsten gelten die gesetzlichen Regelungen.

a) Begründen Sie, welcher Form der Gesellschaftsvertrag bedarf.

b) Untersuchen Sie, ob die bisherige Firma „Heimwerkermaschinen Otmar Bohr e.K." fortgeführt werden kann.

c) Am 03.02.02 wird der Gesellschaftsvertrag unterzeichnet und die Geschäfte werden aufgenommen. Die Eintragung ins Handelregister erfolgt am 10.03.02. Am 18.02.02 kauft Fritz Knebel eine Maschine im Wert von 150 000,00 €. Der Lieferer verlangt von Otmar Bohr die Bezahlung der Rechnung.
Beurteilen Sie die Rechtslage.

d) Für den Bau eines Einfamilienhauses will Otmar Bohr sein von ihm eingebrachtes unbebautes Grundstück zum Verkehrswert aus dem Vermögen der OHG entnehmen.
Prüfen Sie, ob er gegen den Willen seines Mitgesellschafters das Grundstück zurückerhalten kann.

e) Verschiedene Gläubiger verlangen von Knebel Bezahlung von fälligen Verbindlichkeiten, und zwar:
- 45 000,00 € am 08.02.02 und
- 14 000,00 € am 20.04.02.

Knebel weigert sich zu zahlen, da beide Verbindlichkeiten bereits 01 entstanden sind.
Beurteilen Sie die Rechtslage.

5.5 GmbH, UG (haftungsbeschränkt) und GmbH & Co. KG

5.5.1 GmbH, Unternehmergesellschaft – UG (haftungsbeschränkt)

Das neue GmbHG kennt zwei Varianten der GmbH:
- GmbH (Mindeststammkapital 25 000 €)
- UG (haftungsbeschränkt) – „Mini-GmbH" (Sonderform der GmbH)

Kernwissen

GmbH		
Bedeutung	GmbHG	Haftung der Gesellschaft wird auf Unternehmensvermögen beschränkt; Gesellschafter haften nicht mit Privatvermögen. Gesellschafter können Manager mit der Geschäftsführung beauftragen. GmbH kann auch bei Gesellschafterwechsel relativ problemlos weitergeführt werden.
Gesellschaftsvertrag	§ 2	bedarf der notariellen Beurkundung
Firma	§ 4	Zusatz „Gesellschaft mit beschränkter Haftung" oder eine allgemein verständliche Abkürzung dieser Bezeichnung
Stammkapital (≙ Grundkapital der AG)	§ 5 § 7 (2)	mindestens 25 000,00 €, Mindesteinbringung 12 500,00 €, mindestens jedoch 25 % des Stammkapitals
Nennbetrag des Geschäftsanteils (≙ Nennwert der Aktie bei der AG)	§§ 5, 7	Anteil eines Gesellschafters am Stammkapital; Mindesteinzahlung: 25 % des Nennbetrags eines jeden Geschäftsanteils
Marktwert des Geschäftsanteils (≙ Kurswert der Aktie bei der AG)	§ 14	Anteil am Reinvermögen der GmbH. Stellt den Marktwert der GmbH-Beteiligung dar. Kann veräußert werden.

GmbH		
Abstimmung in Gesellschafter-versammlung	§ 47 (2) § 53 § 47 (1)	• je 1,00 € Nennbetrag eines Geschäftsanteils gewährt eine Stimme. • erforderliche Stimmenmehrheit bei Satzungsänderungen: 75 % der abgegebenen Stimmen. • erforderliche Mehrheit bei Angelegenheiten der Gesellschaft: Mehrheit der abgegebenen Stimmen
Bildung des Aufsichtsrates		Bei mehr als 500 Arbeitnehmer vorgeschrieben. (Vgl. §§ 1, 4 DrittelbG, §§ 1, 7 MitbG)
Geschäftsführung	§ 35 (2)	Grundsätzlich Gesamtgeschäftsführungsbefugnis der Geschäftsführer der GmbH. Im Gegensatz zur OHG und KG sind die Gesellschafter nicht automatisch auch Geschäftsführer. Gesellschafter sind zur Geschäftsführung nur berechtigt, wenn sie als Geschäftsführer bestellt wurden (Gesellschaftergeschäftsführung). Häufig werden jedoch Manager als Geschäftsführer eingestellt (Fremdgeschäftsführung).
Vertretung	§ 35 (2) § 36	Grundsätzlich Gesamtvertretungsbefugnis der Geschäftsführer der GmbH. Die Satzung kann etwas anderes bestimmen. Gesellschafter sind nur zur Vertretung berechtigt, wenn sie als Geschäftsführer bestellt wurden.
Unternehmergesellschaft		
Rechtsformzusatz	§ 5a	UG (haftungsbeschränkt)
Mindest-stammkapital	§ 5a	1,00 € (keine Sacheinlagen)
Gewinnverwendung	§ 29	Vom Gewinn (Jahresüberschuss – Verlustvortrag) sind 25 % in die gesetzliche Rücklage einzustellen, bis 25 000,00 € Stammkapital erreicht sind. Danach ist der Eintrag ins Handelsregister als GmbH zulässig.

5.5.2 Die GmbH und Co. KG

Die GmbH & Co. KG ist eine Kommanditgesellschaft, deren Vollhafter eine GmbH ist. Vor Gründung einer GmbH & Co. KG muss eine GmbH existieren, die als Vollhafter in die neu zu gründende KG, die „GmbH & Co. KG" eintritt.

Kernwissen

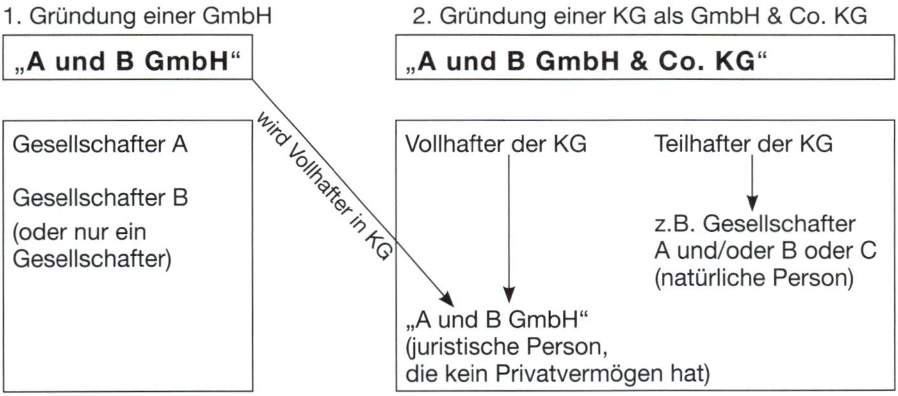

VORTEILE DER GmbH & CO. KG GEGENÜBER DER GmbH

- erleichterte Gesellschafteraufnahme in der KG gegenüber einer GmbH, da kein notarieller Vertrag benötigt wird (flexiblere Gestaltung des Gesellschaftsvertrags)
- positive Außenwirkung als Personengesellschaft
- Drittelbeteiligungsgesetz gilt nicht für KG
- Befreiung von den Publizitätspflichten, sofern mindestens eine natürliche Person vollhaftender Gesellschafter ist

NACHTEILE DER GmbH & CO. KG GEGENÜBER DER GmbH

- Buchführung muss für zwei Gesellschaften (GmbH und KG) erstellt werden
- Abschlüsse müssen für zwei Gesellschaften (GmbH und KG) erstellt werden

Aufgaben

1 Viele mittelständische Unternehmen wählen die Rechtsform einer GmbH oder einer GmbH und Co. KG.

a) Erklären Sie den rechtlichen Aufbau einer GmbH.

b) Erklären Sie den rechtlichen Aufbau einer GmbH und Co. KG.

c) Erläutern Sie zwei mögliche Vorteile der GmbH und Co. KG gegenüber der GmbH.

2 Erwin Weiß ist Komplementär der Erwin Weiß KG, die unter anderem Elektromotoren herstellt. Karin Zenn und Klaus Burgen sind Kommanditisten. Die KG wird zum 01.01.02 in eine GmbH umgewandelt. Die Gesellschafter der KG werden Gesellschafter der GmbH.
Zu Geschäftsführern der GmbH werden Erwin Weiß und der Ingenieur Werner Zink bestellt, die Einzelvertretungsbefugnis haben. Im Gesellschaftsvertrag wird die Vertreterbefugnis auf 100 000 € beschränkt.
Das Unternehmen erzielte 01 einen Umsatz von 20 Mio. €.
Im laufenden Jahr soll die Mitarbeiterzahl weiter reduziert werden.

a) Nennen Sie zwei Gründe, die für die Umwandlung einer KG in eine GmbH sprechen.

b) Beurteilen Sie die einzelnen Teile folgender Firmierungsvorschläge:
- Maschinenfabrik Weiß & Zenn GmbH
- Erwin Weiß KG

c) Die Kapitalanteile der bisherigen Gesellschafter der Erwin Weiß KG werden in voller Höhe in die GmbH eingebracht:
Weiß 750 000€, Zenn 250 000 €, Burger 500 000 €.
Ein bestehender Bankkredit in Höhe von 600 000 € wird übernommen.
Der restliche Kapitalbedarf von 1,2 Mio. € wird von den drei Gesellschaftern im Verhältnis ihrer bisherigen Kapitalanteile aufgebracht.
Weiß und Zenn leisten davon 50 % in bar. Burger erbringt seine restliche Einlage in Form eines Grundstücks. Das Anlagevermögen der KG betrug 1,6 Mio. €, das Umlaufvermögen 0,5 Mio. €.
- Überprüfen Sie, ob zum Zeitpunkt der Umwandlung die kapitalmäßigen Voraussetzungen zur Eintragung der GmbH in das Handelsregister gegeben waren.

d) Geschäftsführer Zink kauft im Januar 02 einen Schweißroboter für 650 000 €. Beurteilen Sie die Rechtslage.

3 Die Brüder Karl und Fritz Benz sowie Erich Kühn wollen eine GmbH gründen, um Kleincomputer herzustellen. Die Gesellschaft soll am 01.03. d.J. ins Handelsregister eingetragen werden.

a) Nennen Sie vier Gründe, die für die Wahl der Rechtsform der GmbH sprechen.

b) Ein Gründer schlägt vor, die Unternehmung „Datex-Kühn" zu nennen.
Nehmen Sie zu diesem Vorschlag Stellung.

c) Fritz Benz nimmt am 10.02. d. J. eine günstige Gelegenheit wahr und kauft für die GmbH Material im Werte von 20 000,00 €. Begründen Sie, ob Kühn, an den die Rechnung des Lieferers geschickt wurde, die Zahlung verweigern kann.

d) Im Handelsregister sind alle drei Gründer als Geschäftsführer eingetragen. Die Satzung enthält keine besonderen Vereinbarungen über die Vertretungsbefugnisse. Karl Benz mietet Geschäftsräume ohne Rücksprache mit den anderen Gesellschaftern. Begründen Sie, ob der Mietvertrag für die GmbH gültig ist.

e) Während des ersten Geschäftsjahres soll eine größere Investition vorgenommen werden. Kühn schlägt vor, die dazu notwendigen Mittel durch Erhöhung der Geschäftsanteile zu beschaffen.
Erörtern Sie zwei weitere Möglichkeiten der Finanzierung, ohne Fremdkapitalgeber in Anspruch zu nehmen.

f) Zum Ende des ersten Geschäftsjahres ergibt sich ein Verlust von 30 000,00 €. Wie ist dieser Verlust bilanztechnisch zu behandeln?

g) Durch welche gesetzlichen Bestimmungen und in welcher Form kann die Belegschaft einer GmbH an der betrieblichen Willensbildung beteiligt werden?

5.6 Die Aktiengesellschaft (AG)

5.6.1 Merkmale der AG

Kernwissen

Bedeutung	AktG	• Haftung der Gesellschaft auf Unternehmensvermögen beschränkt • durch breit gestreute Aktienausgabe enormes Eigenfinanzierungspotential • Geschäftsführung durch Manager (Fremdgeschäftsführung) • AG kann bei Aktionärswechsel problemlos weitergeführt werden.
Gesellschaftsvertrag (Satzung)	§ 23	Notarielle Beurkundung notwendig
Firma	§ 4	Zusatz „Aktiengesellschaft" oder eine allgemein verständliche Abkürzung dieser Bezeichnung
Gezeichnetes Kapital	§ 7 § 8 (2) § 36a (1) § 36a (2)	• entspricht der Summe aller ausgegebenen Aktiennennwerte • mindestens 50 000,00 € • mindestens 1,00 € (fiktiver) Nennwert je Aktie Mindesteinzahlung 25 % der Nennwerte + Agio • in voller Höhe Sacheinlagen sind vollständig zu leisten

GRÜNDUNGSPHASEN DER AG

Errichtung der AG	§ 28, 29 § 30 (1) § 30 (4) § 36 (1)	Satzung wird notariell beurkundet Aktien werden von Gründern übernommen Mindesteinzahlung wird geleistet Bestellung des ersten Aufsichtrats und des Abschlussprüfers durch die Gründer Bestellung des ersten Vorstands durch den Aufsichtsrat Anmeldung der AG zum Handelsregister (Gesellschafter haften vor Eintragung ins Handelsregister unbeschränkt)
Entstehung der AG	§ 41 (1)	Mit Eintragung der Gesellschaft in das Handelsregister; Eintragung wirkt konstitutiv. Ab der Eintragung in das Handelsregister gilt für die AG die beschränkte Haftung.

ORGANE DER AG

Hauptversammlung (Versammlung der Aktionäre) → wählt Aktionärvertreter → **Aufsichtsrat** → bestellt überwacht → **Vorstand**

HV	AR	V
beschließendes Organ	kontrollierendes Organ	ausführendes Organ
Aufgaben	**Aufgaben**	**Aufgaben**
• wählt Aktionsvertreter in den AR • beschließt oder verweigert Entlastung von V und AR • entscheidet über Bilanzgewinnverwendung • wählt den Jahresabschlussprüfer • beschließt Satzungsänderungen	• bestellt und überwacht den Vorstand • kann Vorstand abberufen • prüft Jahresabschluss und Lagebericht • entscheidet über Einberufung einer außerordentlichen Hauptversammlung	• Geschäftsführung und Vertretung der AG • Ausführung der HV-Beschlüsse • Erstellung Jahresabschluss und Lagebericht • Einberufung der ordentlichen HV • Vorschlag über Gewinnverwendung

Abstimmung auf HV	Aktiengesetz verbietet	Aktiengesetz regelt
• grundsätzliche einfache Mehrheit des Anwesenden Aktienkapitals • bei Satzungsänderungen mind. 75 % des anwesenden Aktienkapitals (qualifizierte Mehrheit) • Sperrminorität: Aktionär verfügt über 25 % der Anteile + 1 Stimme, damit kann er satzungsändernde Beschlüsse verhindern	• mehr als 10 AR-Sitze pro Person • Vorstand eines abhängigen Unternehmens darf nicht AR-Mitglied der Muttergesellschaft sein • Überkreuzverflechtung (§ 100 AktG)	• Gesamtgeschäftsführung- und Gesamtvertretungsbefugnis des Vorstands • in der Satzung kann aber auch Einzelgeschäftsführung und/ oder Einzelvertretung vorgesehen sein • bedarf der Eintragung in das Handelsregister (§ 76 AktG)

Aufgaben

1 Beim führenden Systemanbieter für Sicherheitstechnik, der S-Tech Fritz Stahl KG, Tübingen, laufen die Vorbereitungen für die Umwandlung in eine AG und den Börsengang. Ein Bankenkonsortium wird die Börseneinführung übernehmen.
Die Komplementäre Franz und Fritz Stahl, die jeweils einen Kapitalanteil von 15 Mio. € halten sowie die Kommanditistin Frieda Fluß, deren Einlage 5 Mio. € beträgt, übernehmen in Höhe der bisherigen Kapitalanteile Aktien zum Nennwert von 50,00 €.
Das Familienunternehmen will zusätzlich 35 Mio. € Grundkapital durch Aktienausgabe schaffen.
S-Tech beschäftigt derzeit weltweit 1 000 Mitarbeiter, davon 770 in Deutschland.

a) Nennen Sie drei Gründe für die geplante Umwandlung in die Rechtsform einer AG.

b) Erläutern Sie den Unterschied zwischen einer Personengesellschaft und einer Aktiengesellschaft hinsichtlich
- Firmierung,
- Geschäftsführung und Vertretung,
- Mitbestimmung der Arbeitnehmer.

c) Frieda Fluß ist gegen den Wechsel der Rechtsform der KG in eine AG. Beurteilen Sie, ob sie die bevorstehende Umwandlung verhindern könnte.

d) Laut Gesellschaftsvertrag soll die neue AG zum 01.01.01 ihre Geschäfte aufnehmen, die KG mit Ablauf des 31.12.00 erlöschen. Die neue AG wird am 15.01.01 ins Handelsregister eingetragen. Die bisherigen Geschäftsführer der KG, Franz und Fritz Stahl, werden zu Vorstandsmitgliedern bestellt, wobei sich ihre Befugnisse auch in Zukunft nach dem Gesetz bestimmen.
Franz Stahl kaufte im Hinblick auf eine bevorstehende Preiserhöhung am 15.12.00 eine Maschine im Wert von 50 000,00 € im Namen der noch bestehenden KG.
Beurteilen Sie die Rechtslage in den folgenden Fällen:

1 Fritz Stahl ist gegen diesen Kauf.

2 Angenommen, Franz Stahl hätte die Maschine am 10.01.01 im Namen der neu gegründeten AG gekauft.

3 Unterstellen Sie, Franz Stahl hätte die Maschine am 30.01.01 gekauft, obwohl Fritz Stahl dagegen war.

5.6.2 Mitbestimmung im Aufsichtsrat der AG

Kernwissen

Die folgende Übersicht stellt die Mitbestimmung der **Arbeitnehmer im Aufsichtsrat,** also bei der Kontrolle des Vorstands, dar.
(Die – hier nicht dargestellte – innerbetriebliche Mitbestimmung der Arbeitnehmer wird im BetrVG für alle Rechtsformen geregelt. Das innerbetriebliche Mitbestimmungsorgan ist der Betriebsrat.)

Art der AG	Rechtsgrundlage	Vorschriften für Aufsichtsrat
AG mit weniger als 500 Arbeitnehmer	§ 1 (1) DrittelbG	AR setzt sich ausschließlich aus Vertretern der Aktionäre zusammen. Die Belegschaft kann keine Mitglieder in den AR entsenden.
AG mit 500–2 000 Arbeitnehmer	§§ 1, 4 DrittelbG; §§ 95ff AktG	AR besteht aus mindestens drei Personen oder einer höheren durch drei teilbaren Zahl. Die HV wählt 2/3, die Belegschaft 1/3 der AR-Mitglieder; wird deshalb auch als „Drittelparität" bezeichnet.
AG mit mehr als 2 000 Arbeitnehmer	§ 1 (1) MitbestG	AR hat zwölf bis 20 Mitglieder. Die Hälfte des AR wird von der HV gewählt; die andere Hälfte von der Belegschaft der AG („Paritätische Mitbestimmung"). Bei Stimmengleichheit (Pattsituation) entscheidet der AR-Vorsitzende durch eine für solche Situationen vorgesehene Zweitstimme.

[1] Für Kapitalgesellschaften der Montanindustrie gilt das Mitbestimmungsgesetz von 1951 (nicht prüfungsrelevant).

Aufgaben

1 Begründen Sie mit dem Aktiengesetz, welches Organ der AG jeweils zuständig ist.

a) Vertretung der AG

b) Einberufung der außerordentlichen Hauptversammlung

c) Wahl des Abschlussprüfers

d) Überwachung des Vorstands

e) Wahl der Arbeitnehmervertreter in den Aufsichtsrat

f) Bestellung des Vorstands

g) Einberufung der ordentlichen Hauptversammlung

h) Beschluss einer Satzungsänderung

i) Entlastung Vorstand

j) Erstellung Jahresabschluss

k) Entlastung Aufsichtsrat

l) Entscheidung über Bilanzgewinnverwendung

m) Prüfung des Jahresabschlusses

2 Die Knallinger AG, Baden-Baden, beschäftigt 840 Arbeitnehmer, das Grundkapital beträgt 800 000,00 €.

a) Nach welchem Gesetz ist bei der Knallinger AG der AR zu bilden?

b) Wie viele AR-Mitglieder sind bei der Knallinger AG zu wählen?

c) Wer wählt wie viel Aufsichtsräte bei der Knallinger AG?

d) Wie wird die bei der Knallinger AG zu praktizierende Mitbestimmung bezeichnet?

3 Die Network AG, Erfurt, beschäftigt 2 140 Mitarbeiter.

a) Nach welchem Gesetz ist bei der Network AG der AR zu bilden?

b) Wie viele AR-Mitglieder sind bei der Network AG zu wählen?

c) Wer wählt wie viel Aufsichtsräte bei der Network AG?

d) Wie wird die bei der Network AG zu praktizierende Mitbestimmung bezeichnet?

4 Das gezeichnete Kapital der Müller AG beträgt 500 000,00 €. Der fiktive Nennwert der Stückaktien ist 2,00 €. Der Aktionär Marco Krüger besitzt 54 000 Aktien der Müller AG. Begründen Sie, ob Marco Krüger in der Hauptversammlung bei einer Präsenz von 85 % des gezeichneten Kapitals

a) die Entlastung von Vorstand und Aufsichtsrat sowie

b) eine Satzungsänderung verhindern kann.

5.7 Aktienarten und Aktienrechte

Strukturzusammenhang

Die Aktie als ...	
Beteiligungsinstrument (aus Sicht der sich beteiligenden Aktionäre) ↓ Aktionär erwirbt durch Aktie Anteilsrecht an der AG mit • Dividendenrecht • Bezugsrecht • Anteil am Liquidationserlös • Stimmrecht auf HV	**Finanzierungsinstrument** (aus Sicht der finanzierenden AG) ↓ • AG spricht mit Aktien eine große Zahl von Geldanlegern an • AG spricht durch Stückelung in Kleinbeträge eine große Zahl von kleinen Geldanlegern an (Publikumsaktien) • das Aktienkapital kann seitens der Aktionäre nicht gekündigt werden

Kernwissen

Aktien nach Umfang der verbrieften Rechte

Stammaktie: verbrieft Dividenden-, Bezugs-, Stimmrecht und Anteil am Liquidationserlös

Vorzugsaktie: mit besonderen Rechten versehene Aktie. Besonderes Recht ist meistens eine Mindestdividende oder höhere Dividende als bei Stammaktien. Dieser Vorzug wird oft mit dem Verzicht auf das Stimmrecht (stimmrechtlose Vorzugsaktie) erkauft

Aktien nach der Eigentumsübertragung

Inhaberaktie: Eigentumsübertragung durch Einigung und Übergabe

Namensaktie: Eigentumsübertragung durch Einigung und Übergabe + Weitergabeindossament + Eintragung im Aktienbuch der AG

Vinkulierte Namensaktie: Eigentumsübertragung durch Einigung und Übergabe + Weiter gabeindossament + Zustimmung der AG + Eintragung im Aktienbuch der AG

Aktien nach Anteilsbestimmung am Grundkapital

Nennbetragsaktie: Nennwert (Anteil am Grundkapital) wird auf der Aktie genannt. Die Summe der ausgegebenen Aktiennennwerte ergibt das Gezeichnete Kapital.

Stückaktie: Auf der Stückaktie wird kein Nennwert genannt. Berechnung des fiktiven Nennwertes = Gezeichnetes Kapital : Anzahl der Stückaktien.

Aufgaben

1 Die Deutsche Bank AG möchte ihren Anteil an BMW Aktien erhöhen, um den Stimmrechtsanteil bei BMW zu steigern. Begründen Sie, ob die Deutsche Bank Vorzugsaktien oder Stammaktien kaufen sollte.

2 Ein Kapitalanleger möchte VW-Aktien erwerben. Verdutzt stellt er fest, dass VW Stammaktien und Vorzugsaktien ausgegeben hat. Der Kapitalanleger ist an der Dividende und am Kursgewinn der Aktie interessiert. Auf der Hauptversammlung möchte er kein Stimmrecht ausüben.

a) Welche wesentlichen Unterschiede bestehen zwischen Stammaktien und Vorzugsaktien?

b) Begründen Sie, welche VW-Aktien der Kapitalanleger erwerben sollte.

3

	Börsenkurs		Dividende	
	2007	2014	2007	2014
VW–Stammaktie	104,42 €	181,00 €	1,15 €	4,00 €
VW–Vorzugsaktie	74,99 €	184,06 €	1,21 €	4,06 €

a) Wie sind die unterschiedlichen Kurse zu erklären?

b) Wie sind die unterschiedlich hohen Dividendenzahlungen zu erklären?

4 Von den im DAX 30 erfassten Unternehmen hat die Münchner Rückversicherung Namensaktien herausgegeben. Lufthansa und Allianz gaben vinkulierte Namensaktien heraus. Von Bayer, BASF und SAP werden Inhaberaktien notiert.

a) Welche Vorteile hat die BASF-Aktie bezüglich der Übertragbarkeit gegenüber der Lufthansa-Aktie?

b) Welche Vorteile bietet die Namensaktie generell der ausgebenden AG?

c) Welche Gründe hat wohl die Lufthansa veranlasst, sich gegen die Inhaberaktie zu entscheiden?

5.8 Vergleich alternativer Unternehmensformen

5.8.1 Vergleich Einzelunternehmen und Personengesellschaften

Kernwissen

Merkmale	Einzelunter-nehmen	OHG	KG
Gesetzliche Grundlage	§§ 1 – 104 HGB	§§ 105 – 160 HGB	§§ 161 – 177 HGB
davon nachgiebiges Recht:		§§ 110 – 122 HGB	§§ 163 – 169 HGB
Bezeichnung der Eigentümer	Inhaber	Gesellschafter	• Komplementäre (Vollhafter) • Kommanditisten (Teilhafter)
Mindestkapital	–	–	–
Mindestgründer	1	2	2
Haftung	Persönlich, unbeschränkt	Persönlich, unbeschränkt, solidarisch	• <u>Komplementäre:</u> Persönlich, unbeschränkt, solidarisch • <u>Kommanditisten:</u> Lediglich in Höhe der Kapitaleinlage
Geschäftsführung	Inhaber	je nach Gesell-schaftsvertrag: alle oder einzelne Gesellschafter	Komplementär bzw. Komplemen-täre
Vertretung	Inhaber	je nach Gesell-schaftsvertrag: alle oder einzelne Gesellschafter	Komplementär bzw. Komplemen-täre
Kontrolle der Geschäftsführung	–	Gesellschafter gegenseitig	Kommanditist(en) und Komplemen-täre gegenseitig

Merkmale	Einzelunternehmen	OHG	KG
Kapitalaufbringung Eigenkapital	begrenzt durch Privatvermögen des Inhabers	begrenzt durch die geringe Zahl der Gesellschafter und deren Privatvermögen	begünstigt durch die Haftungsbeschränkung der Kommanditisten
Kapitalaufbringung Fremdkapital	unbeschränkte Haftung des Inhabers wirkt sich positiv auf Kreditwürdigkeit aus	unbeschränkte Haftung der Gesellschafter wirkt sich positiv auf Kreditwürdigkeit aus	Kreditwürdigkeit abhängig vom Privatvermögen des Komplementärs
Mitbestimmung der Arbeitnehmer im Aufsichtsrat	–	–	–
Flexibilität bei Änderung der Beteiligungsverhältnisse	–	kein freier Handel von Gesellschaftsanteilen	kein freier Handel von Kommanditanteilen
Gewinn- und Verlustverteilung (Ergebnisverwendung)	Gewinn steht allein dem Einzelunternehmer zu	Gesetz: 4 % des Anfangskapitals, Rest nach Köpfen Verlustverteilung nach Köpfen (meist vertragliche Regelung)	Gesetz: 4 % des Anfangskapitals, Rest in angemessenem Verhältnis, Verlustverteilung in angemessenem Verhältnis, (meist vertragliche Regelung)

5.8.2 Vergleich Kapitalgesellschaften

Kernwissen

Merkmale	GmbH	AG
Gesetzliche Grundlage	GmbH-Gesetz	Aktiengesetz
Bezeichnung der Eigentümer	Gesellschafter	Aktionäre
Mindestkapital	25 000 € Stammkapital	50 000 € Grundkapital

Merkmale	GmbH	AG
Mindestgründer	1	1
Haftung	beschränkt auf Kapitaleinlage (Vermögen der GmbH)	beschränkt auf Kapitaleinlage (Vermögen der AG)
Geschäftsführung	Geschäftsführer als Fremdgeschäftsführer (Manager) oder Gesellschaftergeschäftsführung (Gesellschafter)	Vorstand
Vertretung	Geschäftsführer	Vorstand
Kontrolle der Geschäftsführung	durch Gesellschafter bzw. Aufsichtsrat	durch Aufsichtsrat
Kapitalaufbringung Eigenkapital	begünstigt durch die Haftungsbeschränkung der Gesellschafter	günstig durch die Ausgabe von Aktien
Kapitalaufbringung Fremdkapital	Kreditwürdigkeit relativ gering durch beschränkte Haftung	Kreditwürdigkeit relativ gering durch beschränkte Haftung
Mitbestimmung der Arbeitnehmer im Aufsichtsrat	bei 501 bis 2 000 Arbeitnehmern ein Drittel Arbeitnehmervertreter im Aufsichtsrat (DrittelbG §§ 1, 4)	bei 501 bis 2 000 Arbeitnehmern ein Drittel Arbeitnehmervertreter im Aufsichtsrat (DrittelbG §§ 1, 4)
	bei mehr als 2 000 Arbeitnehmern 50 % Arbeitnehmervertreter im Aufsichtsrat (§§ 1, 7 MitbG)	bei mehr als 2 000 Arbeitnehmern 50 % Arbeitnehmervertreter im Aufsichtsrat (§§ 1, 7 MitbG)
Flexibilität bei Änderung der Beteiligungsverhältnisse	weniger Flexibilität beim Handel von Gesellschaftsanteilen	bei börsennotierten AG hohe Flexibilität durch Aktienhandel

Aufgaben

1 Der Elektroingenieur Wolfgang Lang hat eine größere Summe Bargeld geerbt. Er überlegt, ob er sich mit einem Teil des Geldes als weiterer Gesellschafter einer bereits bestehenden OHG, einer KG oder einer GmbH beteiligen soll.

a) Erläutern und begründen Sie mithilfe des Gesetzes, wie Wolfgang Lang als

- OHG-Gesellschafter
- Kommanditist
- GmbH-Gesellschafter

gegenüber den Gläubigern der Gesellschaft haftet, wenn jeweils eine Bareinlage von 200 000 € vereinbart ist, zunächst jedoch nur eine Einzahlung von 150 000 € erfolgen kann.

b) Wolfgang Lang tritt in die Müller-Solar KG als Komplementär ein. Der Komplementär Andreas Müller beabsichtigt einen Kaufvertrag über Solarzellen SZ 920 in Höhe von 27 500 € für die KG abzuschließen. Als Lang von diesem Vorhaben erfährt, widerspricht er mit der Begründung, dass die Solarzellen SZ 920 veraltet seien. Untersuchen Sie, ob der Widerspruch von Lang eine rechtliche Wirkung hat.

c) Begründen Sie, welche rechtliche Wirkung dieser Widerspruch hätte, wenn Lang diesen als OHG-Gesellschafter bzw. als nicht geschäftsführender Gesellschafter einer GmbH eingelegt hätte.

2 Die Softwareentwickler Benedikt Mayer und Benjamin Hofer wollen sich selbstständig machen. Sie wollen ein Unternehmen gründen, sind sich aber bezüglich der zu wählenden Rechtsform unschlüssig. Benjamin Hofer versucht die Situation zu analysieren: „Wegen der Eigenkapitalzuführung wäre eine AG ideal, wegen der geringeren Verwaltungskosten eine GmbH. Außerdem verlangen AG und GmbH keine unbeschränkte Haftung der Gesellschafter. OHG und KG sind aus haftungsrechtlichen Gesichtspunkten uninteressant."

a) Begründen Sie, warum die AG wegen der Eigenkapitalzuführung ideal wäre.

b) Beurteilen Sie, ob die Verwaltungskosten für die Rechtsform bei einer AG höher sind als bei einer GmbH.

c) Warum sind wohl OHG und KG aus haftungsrechtlichen Gesichtspunkten uninteressant?

d) Wie wird der „Unternehmerlohn" für die Gesellschafter bei den unterschiedlichen Rechtsformen behandelt?

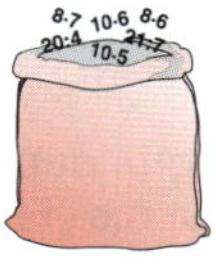

Zusammenfassende Aufgaben zu Rechtsformen der Unternehmung

1 Luiggi Franco, Carlo Rastelli und Jan Börner wollen mit Fitnessartikeln handeln, ohne mit ihrem Privatvermögen zu haften. Luiggi Franco ist bereit, 5 000,00 € einzubringen, Rastelli und Börner bringen jeweils 3 000,00 € ein. Das Kapital der neuen Gesellschaft wird in der Satzung auf 25 000,00 € festgelegt. Franco übernimmt 15 000,00 €, Rastelli und Börner je 5 000,00 €. Weitere Personen aus dem Freundeskreis der drei Gesellschafter sind bereit, sich an dem Unternehmen zu beteiligen, wobei sie weder für Geschäftsführung noch für Vertretung zur Verfügung stehen.

a) Welche Gründe sprechen für die Gründung einer GmbH & Co. KG?

b) Beschreiben Sie den Gründungsvorgang einer GmbH & Co. KG.

c) Wie groß ist hier das Stammkapital der zu gründenden GmbH?

d) Wie groß ist der Nennbetrag des Geschäftsanteils jedes Gesellschafters der GmbH?

e) Prüfen Sie, ob das Registergericht die Eintragung in das Handelsregister vornehmen wird.

f) Die neu gegründete GmbH soll entweder mit „Body-Franco“ oder „Fitnessbedarf Franco und Rastelli“ firmieren. Beurteilen Sie beide Vorschläge.

g) Luiggi Franco zahlt weitere 1 500,00 € ein. Die Gesellschaft wird als „Rastelli GmbH" in das Handelsregister eingetragen; Franco und Rastelli als Geschäftsführer angegeben. Sie haben Alleinvertretungsrecht. Ansonsten gilt für den Gesellschaftsvertrag das GmbH-Gesetz. Eintragung und Bekanntmachung erfolgen am 20. November 01.

   1. Carlo Rastelli nimmt am 25.10.01 eine günstige Gelegenheit wahr und kauft für die GmbH Waren im Wert von 14 000,00 €. Begründen Sie, ob Luiggi Franco, an den die Rechnung geschickt wurde, die Zahlung verweigern kann.
   2. Luiggi Franco mietet am 22. November 01 Geschäftsräume für die GmbH, ohne die anderen Gesellschafter zu fragen. Begründen Sie, ob der Mietvertrag für die GmbH gültig ist.
   3. Wie ist bei 2. zu entscheiden, wenn im Gesellschaftsvertrag der GmbH über die Vertretung der GmbH nichts steht?
   4. Jan Börner kauft Jogginganzüge im Gesamtwert von 6 790,00 € für die GmbH. Begründen Sie, ob der Kaufvertrag für die GmbH gültig ist.

h) Die Rastelli GmbH wird als Komplementärin in die im Oktober 02 neu gegründete "Fit and Fun GmbH & Co. KG" eingebracht.

   1. Luiggi Franco kauft im Dezember 02 Vitamingetränke für die neu gegründete „Fit and Fun GmbH & Co. KG". Begründen Sie, ob der Kaufvertrag für die „Fit and Fun GmbH & Co. KG" gültig ist.

   2. Begründen Sie, ob der Kaufvertrag für die Rastelli GmbH gültig ist.

i) Wie viel Stimmen hat jeder Gesellschafter auf der Gesellschaftsversammlung der „Rastelli GmbH"?

j) Börner möchte seinen Geschäftsanteil an der Rastelli GmbH verkaufen.

   1. Können Franco und Rastelli den Verkauf verhindern?

   2. Börner erhält für seinen verkauften Geschäftsanteil 7 000,00 €. Wie hoch ist der Nennbetrag des Geschäftsanteils des neuen Gesellschafters? Wie viele Stimmen hat er auf der Gesellschafterversammlung?

   3. Alternative:
      Börner erhält für seinen verkauften Geschäftsanteil nur 4 000,00 €. Wie hoch ist der Nennbetrag des Geschäftsanteils des neuen Gesellschafters? Wie viele Stimmen hat er auf der Gesellschafterversammlung?

6 Finanzierung und Investition

Strukturzusammenhang

Arten der Finanzierung:

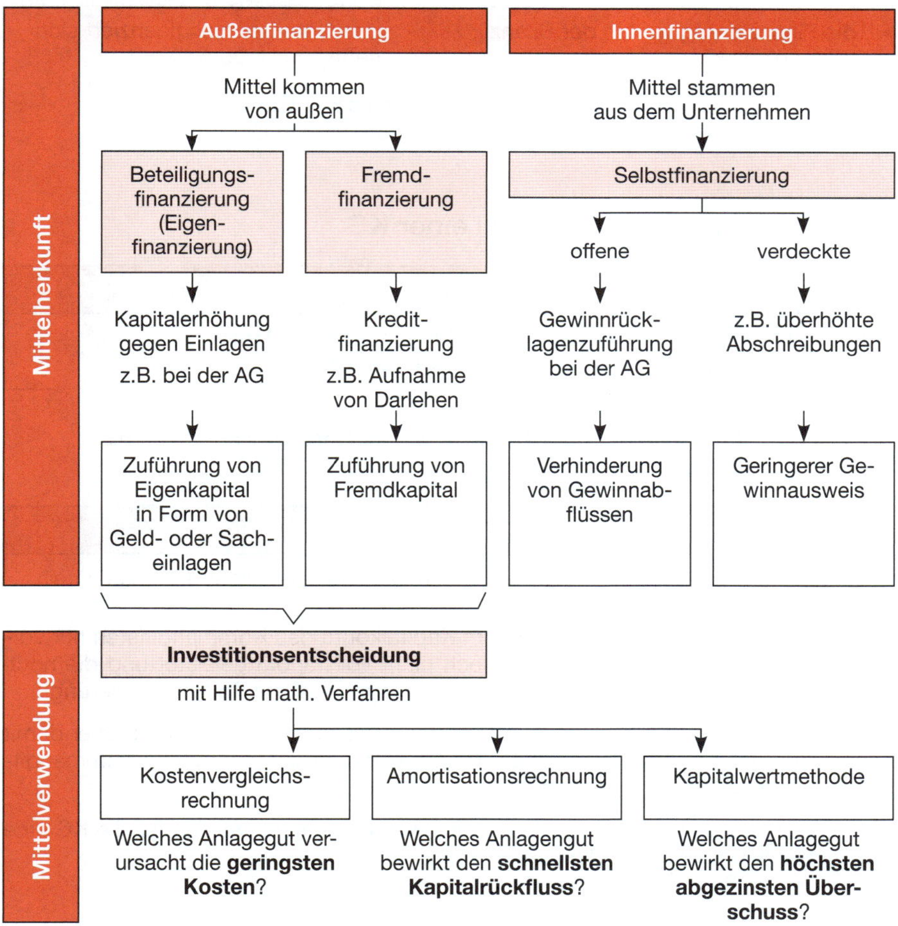

6.1 Offene Selbstfinanzierung

Kernwissen

offene ...	... Selbstfinanzierung
• die Finanzierung wird in der Bilanz offengelegt	• das Unternehmen finanziert sich selbst aus eigener Kraft

erwirtschafteter und ausgewiesener Gewinn
wird nicht ausgeschüttet, sondern verbleibt im Unternehmen

6.1.1 Gewinnverwendung bei einer KG

Kapitalkonto Komplementär (variables Konto)	
– Privatentnahmen = Schlussbestand (SB)	Anfangsbestand (AB) + Gewinnanteil

SB > AB = Erhöhung der Selbstfinanzierung im Geschäftsjahr durch nicht entnommenen Gewinn.

Kapitalkonto Kommanditist (festes Konto)	
(eventuell ausstehende Einlage)	zu leistende Beteiligung (Kapitalanteil)

Gewinnzuschreibungen werden auf dem Kapitalkonto des Kommanditisten nur vorgenommen, wenn die Pflichteinlage noch nicht vollständig geleistet und die noch ausstehende Einlage fällig ist (gesetzlich erzwungene offene Selbstfinanzierung).

Überlässt der Kommanditist ihm zustehende Gewinnanteile der KG, leistet er damit einen Beitrag zur offenen Selbstfinanzierung, sofern er die bedungene Kommanditeinlage nicht vollständig geleistet hat.

Die nicht entnommenen Gewinnanteile des Kommanditisten stellen für die KG eine (Darlehens-)verbindlichkeit dar.

Aufgaben

1 Das Einzelunternehmen Georg Nietsch e.K., stellt Musikelektronik her. Wegen der anhaltend guten Auftragslage möchte Nietsch seine Kapazitäten erweitern. Der dafür erforderliche Kapitalbedarf soll durch die Umwandlung in eine KG und die Aufnahme eines Kommanditisten finanziert werden.
Andreas Pauly ist bereit, sich mit einer Einlage von 200 000,00 € als Kommanditist zu beteiligen. Am 02.01.01 wird der Gesellschaftsvertrag abgeschlossen, der u.a. folgende Vereinbarungen enthält:

> ...
>
> 3. Gegenstand des Unternehmens ist die Produktion und der Vertrieb von Musikelektronik.
> 4. Gewinnverteilung: Der Komplementär Nietsch erhält vorweg eine monatliche Tätigkeitsvergütung in Höhe von 6 000 €, die ausbezahlt wird.
>   Die zu Beginn des Geschäftsjahres vorhandene Kapitaleinlage ist mit 6 % zu verzinsen. Ein verbleibender Restgewinn ist zwischen Nietsch und Pauly im Verhältnis 2 : 1 zu verteilen.
> 5. Privatentnahmen: Über die Tätigkeitsvergütung hinausgehende Entnahmen sind bis zur gesetzlichen Höchstgrenze nach § 122 Abs. 1 HGB erlaubt, auf eine Verzinsung laufender Entnahmen und der ausstehenden Einlagen wird verzichtet.
> 6. Leistung der Kapitaleinlage: Nietsch bringt seine Einzelunternehmung im Wert von 400 000 € in die KG ein. Pauly überweist mit Abschluss des Gesellschaftsvertrags 90 % seines Kapitalanteils, der Rest ist spätestens nach Abschluss des ersten Geschäftsjahres zu leisten.
>
> ...

a) Nach Ablauf des ersten Geschäftsjahres hat die Unternehmung einen Gewinn in Höhe von 101 000,00 € erwirtschaftet. Nietsch hat im Laufe des Jahres 10 000,00 € für persönliche Zwecke entnommen. Seine Tätigkeitsvergütung wurde ihm monatlich ausbezahlt. Nehmen Sie die Gewinnverteilung am Ende des Geschäftsjahres vor.

b) Begründen Sie, in welcher Höhe ein Beitrag zur offenen Selbstfinanzierung geleistet wurde.

2 Gesellschafter der Max Abel KG sind die Komplementäre Abel (A) und Blume (B) sowie der Kommanditist Clausen (C). Im Gesellschaftsvertrag wurde festgelegt, dass das Jahresanfangskapital jeweils mit 5 % verzinst wird. Die Komplementäre erhalten eine jährliche Tätigkeitsvergütung von je 45 000,00 €.
Ein verbleibender Restgewinn wird im Verhältnis der Kapitalanteile zum Jahresbeginn A : B : C = 2 : 2 : 1 verteilt.

a) Begründen Sie die unterschiedliche Behandlung der Gesellschafter bei der Gewinnverteilung.

b) Die Kapitalanteile der drei Gesellschafter betrugen zum Jahresbeginn insgesamt 1 300 000,00 € (Geschäftsjahr = Kalenderjahr). Alle Kapitalien sind voll einbezahlt. Von dem zu verteilenden Jahresgewinn erhielten am Geschäftsjahresende die Gesellschafter die folgenden Gesamtgewinnanteile: A 101 000,00 €, B 81 000,00 € und C 13 000,00 €.
Ermitteln Sie die Zinsanteile, Restgewinnanteile und Kapitalanteile (Jahresanfang und Jahresende) der drei Gesellschafter im einzelnen in einer Tabelle mit folgendem Kopf:

Gesellschafter	Anfangskapital	Verzinsung	Tätigkeitsvergütung	Restgewinnanteil	Gesamtgewinnanteil	Endkapital

c) Angenommen, das ursprünglich voll eingezahlte Kapital des Kommanditisten sei durch einen Verlustanteil im Vorjahr gemindert worden.
Erörtern Sie, ob sich daraus Folgen für dessen persönliche Haftung und die Gewinnausschüttung an ihn ergeben.

6.1.2 Eigenkapitalgliederung und Gewinnverwendung bei einer AG

Kernwissen

Durch eine offene Selbstfinanzierung wird bei der AG die Eigenkapitalposition „Gewinnrücklagen" erhöht.

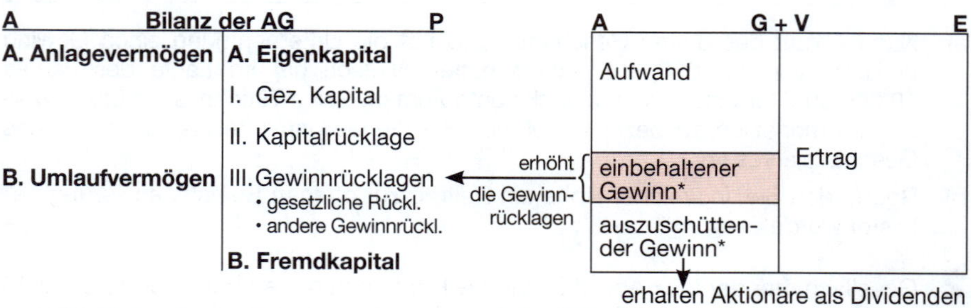

*Jahresüberschuss = einbehaltener Gewinn und auszuschüttender Gewinn

VERWENDUNG DES JAHRESÜBERSCHUSSES der AG

Berechnung mit vereinfachtem Schema:	Daten für die Beispielsrechnung in Euro:
Jahresüberschuss aus GuV	**11 000 000**
– evtl. Verlustvortrag aus Vorjahr	0
= bereinigter Jahresüberschuss	**11 000 000**
– Einstellung in gesetzliche Rücklage[1] 5% vom bereinigten Jahresüberschuss	200 000[2]
= Restbetrag 1	**10 800 000**
– Einstellung in andere Gewinnrücklagen[3] max. 50% von Restbetrag 1	5 400 000[4]
= Restbetrag 2	**5 400 000**
+ evtl. Gewinnvortrag[5] aus Vorjahr	120 000
= Bilanzgewinn [6]	**5 520 000**
– Einstellung weiterer Gewinnrücklagen durch HV	0
– Dividende	5 000 000[7]
= Gewinnvortrag für neue Rechnung	**520 000**

Für eine AG soll die Gewinnverwendungsrechnung durchgeführt werden. Jahresüberschuss 11 Mio. €, Gewinnvortrag aus Vorjahr 120 000,00 €, maximale Einstellung in andere Gewinnrücklagen, Dividendenausschüttung gerundet auf 10 Cent, Gezeichnetes Kapital 40 Mio. €, Aktiennennwert 4 €, Kapitalrücklage 2 Mio. €, ges. Rücklage 1,8 Mio. €, andere Gewinnrücklagen 8 Mio. €.

1) Weitere gesetzliche Rücklagen sind solange zu bilden, bis gesetzliche Rücklage und Kapitalrücklage zusammen 10% des gezeichneten Kapitals erreichen. Müssen weitere gesetzliche Rücklagen gebildet werden, sind 5% vom bereinigten Jahresüberschuss in die gesetzlichen Rücklagen einzustellen, bis gesetzliche Rücklage und Kapitalrücklage zusammen genau 10% des Grundkapitals erreichen. § 150 (2) AktG

3) Aus dem Restbetrag 1 können Vorstand und Aufsichtsrat bis zu 50% in die anderen Gewinnrücklagen einstellen. § 58 (2) AktG

5) Aus dem Gewinnvortrag des Vorjahres dürfen keine gesetzlichen/andere Gewinnrücklagen gebildet werden. Der Gewinnvortrag war im vorigen Jahr bereits Teil des Jahresüberschusses und damit auch der Rücklagenbildung unterworfen.

6) Über die Verwendung des Bilanzgewinns entscheidet die Hauptversammlung mit einfacher Mehrheit. § 58 (3) AktG

2) 5% vom bereinigten Jahresüberschuss sind 550 000 €. Gesetzliche Rücklage bisher 1,8 Mio. € zuzüglich Kapitalrücklage 2 Mio. € ergibt nur 3,8 Mio. €. Von den 5% (550 000 €) des bereinigten Jahresüberschusses reichen nun 200 000,00 € aus, um die geforderten 10% vom GK (4 Mio €) zu erfüllen. Deshalb werden hier lediglich 200 000 € in die gesetzliche Rücklage eingestellt.

4) Da Vorstand und Aufsichtsrat eine möglichst hohe Selbstfinanzierung anstreben, werden sie den höchstmöglichen Prozentsatz (50%) ansetzen § 58(2) AktG.

7) Der Bilanzgewinn verteilt sich auf 10 Mio. Aktien (GK : NW je Aktie bzw. 40 Mio. € : 4 €). Das entspricht 0,552 € je Aktie (5 520 000 € : 10 Mio). Gerundet auf 10 Cent ergibt sich eine Dividende je Aktie von 0,50 €. Es werden Dividenden in Höhe von 5 Mio. € ausgeschüttet (0,50 €* 10 Mio Aktien). Die restlichen 520 000 € stellen den Gewinnvortrag für das nächste Geschäftsjahr dar.

Aufgaben

1 Der Jahresüberschuss einer AG beträgt 540 000,00 €.
Außerdem werden folgende Bilanzpositionen ausgewiesen:

gezeichnetes Kapital	4 000 000,00 €
Kapitalrücklagen	80 000,00 €
gesetzliche Rücklage	200 000,00 €
andere Gewinnrücklagen	2 200 000,00 €
Verlustvortrag	60 000,00 €

a) Aus welchen Gründen werden gesetzliche Rücklagen gebildet?

b) Welcher Betrag muss nach obigem Zahlenbeispiel der gesetzlichen Rücklage zugewiesen werden?

c) Um welchen Betrag erhöhen sich die anderen Gewinnrücklagen, wenn Vorstand und Aufsichtsrat den Jahresabschluss feststellen und den Höchstbetrag den anderen Gewinnrücklagen zuführen, zu dem sie gesetzlich ermächtigt sind?

d) Wie beurteilen Sie die offene Selbstfinanzierung der AG insgesamt nach der Rücklagenzuweisung gemäß den Aufgaben a) und b)?

2 Die vorläufige und stark vereinfachte Bilanz der Datex AG weist zum 31.12.01 folgende Werte aus:

Aktiva	**vorläufige Bilanz (in T€)**		Passiva
Grundstücke, Gebäude	12 000	Gezeichnetes Kapital	7 000*
Maschinen	7 000	gesetzl. Rücklage	600
Geschäftsausstattung	300	andere Gewinnrücklagen	2 800
Roh-, Hilfs- und Betriebsstoffe	1 720	Gewinnvortrag	20
Fertigerzeugnisse	500	Jahresüberschuss	1 200
Forderungen	5 000	Rückstellungen	1 000
Bank	100	Darlehen	9 000
		Verbindlichkeiten	5 000
	26 620		**26 620**

In der Satzung heißt es: „Vorstand und Aufsichtsrat stellen den Jahresabschluss fest. Die Zuweisungen zu den anderen Gewinnrücklagen soll 50 % betragen."

* 3 500 000 Stückaktien

a) Ermitteln Sie unter diesen Bedingungen den Bilanzgewinn.

b) Wie hoch wäre das in der Bilanz ausgewiesene Eigenkapital, wenn die Hauptversammlung dem Vorschlag des Vorstands und Aufsichtsrats folgen würde, die höchstmögliche, auf volle Cent lautende Dividende aus dem Bilanzgewinn auszuschütten?

c) In welchen Fällen erfolgt die Feststellung des Jahresabschlusses durch die Hauptversammlung?

d) In der Bilanz ist keine Kapitalrücklage ausgewiesen. Erklären Sie, zu welchem Ausgabepreis die DATEX-AG die Aktien emittierte.

3 In der Hauptversammlung der Titan AG ist ein Beschluss über die Gewinnverwendung zu fassen.

Die vereinfachte Bilanz der Titan AG weist folgende Zahlen aus:

Aktiva	**Bilanz zum 31.12.01 (in T€)**		Passiva
Sachanlagen	32 000	Gezeichnetes Kapital	10 000
Finanzanlagen	8 000	Kapitalrücklage	6 000
Vorräte	3 000	Gewinnrücklagen	3 000
Forderungen	4 000	Bilanzgewinn	2 300
Wertpapiere	2 000	Rückstellungen	1 700
Bankguthaben	4 000	Verbindlichkeiten	30 000
	53 000		**53 000**

a) Die Hauptversammlung beschließt, den Bilanzgewinn an die Aktionäre auszuschütten. Es soll eine auf eine Dezimale abgerundete Dividende je Aktie ausgezahlt werden. Die Aktien haben einen Nennwert von 5,00 €.
Führen Sie die vollständige Gewinnverwendung durch.

b) In der Bilanz ist keine gesetzliche Rücklage ausgewiesen. Ist dies zulässig? Begründen Sie Ihre Antwort.

6.2 Finanzierung aus Abschreibungsgegenwerten

Strukturzusammenhang

bilanzielle Abschreibungen	kalkulatorische Abschreibungen
↓	↓
Aufwendungen	**Kosten**
↓	↓
mindern Gewinn im RK I (Unternehmensergebnis/ GuV-Rechnung)	mindern Betriebsergebnis im RK II <u>und</u> • gehen in die Preiskalkulation ein • fließen als „verdiente Abschreibungen" in das Unternehmen zurück Sie stehen dem Unternehmen zur Verfügung für • Schuldentilgung • vorübergehende Geldanlage • Ersatzbeschaffung

Kapitalfreisetzung und Scheingewinne

Kernwissen

Kapitalfreisetzung zur Kapitalerhaltung	
nominelle Kapitalerhaltung (nominelle Kapitalfreisetzung)	**substanzielle Kapitalerhaltung** (substanzielle Kapitalfreisetzung)
• <u>**Anschaffungskosten**</u> fließen nur in Höhe der bilanziellen Abschreibung zur Ersatzbeschaffung über die Umsatzerlöse in das Unternehmen zurück • **Nominelle Kapitalerhaltung**, nur die Anschaffungskosten (z.B. 100 000 €) zurückfließen und bei Preissteigerungen nicht ausreichen, die Ersatzinvestition zu finanzieren	• <u>**Wiederbeschaffungskosten**</u> fließen in Höhe der kalkulatorischen Abschreibung zur Ersatzbeschaffung über die Umsatzerlöse in das Unternehmen zurück • **Substanzielle Kapitalerhaltung**, weil die Substanz (das Anlagegut) wieder beschafft werden kann, selbst zu höheren Wiederbeschaffungspreisen

Scheingewinne
Kalkulatorische Abschreibung > bilanzielle Abschreibung
Möglich durch ...
• die Orientierung der kalkulatorischen Abschreibung am (höheren) Wiederbeschaffungswert als Abschreibungsbasis.
Folgen:
• substanzielle Kapitalerhaltung • Differenz kalkulatorische Abschreibung > bilanzielle Abschreibung führt zu höherem Gewinnausweis. • Höherer Gewinnausweis muss versteuert werden Gewinnsteuern mindern somit das zur Wiederbeschaffung verdiente, verfügbare Kapital

Aufgaben

1 Die Xeno-AG weist in ihrer Bilanz u.a. eine anfangs des Geschäftsjahres erworbene computergesteuerte Fertigungseinheit mit Anschaffungskosten von 4 800 000,00 € aus. Diese Anlage wurde bilanziell gemäß der geschätzten voraussichtlichen Nutzungsdauer über acht Jahre abgeschrieben. Die tatsächliche Nutzungsdauer beträgt zwölf Jahre. Die Wiederbeschaffungskosten werden auf 5 400 000,00 € geschätzt.

a) Stellen Sie den Verlauf der bilanziellen Restwerte, der kalkulatorischen Restwerte sowie die Kapitalfreisetzung und Kapitalneubildung während der Nutzungsdauer dar.

Verwenden Sie zur Lösung die folgende Tabelle:

Jahr	bilanzieller Restwert	kalkulatorischer Restwert	Kapitalfreisetzung	Kapitalneubildung (Scheingewinn)

b) Begründen Sie, mit welcher Abschreibung die nominelle Kapitalerhaltung erreicht wird. Welcher Betrag ist in diesem Fall dazu notwendig?

c) Begründen Sie, mit welcher Abschreibung die substanzielle Kapitalerhaltung erreicht wird. Welcher Betrag ist zu diesem Fall dazu notwendig?

2 Anschaffung einer Druckmaschine zu 900 000,00 €, tatsächliche Nutzungsdauer zehn Jahre, geschätzte Wiederbeschaffungskosten 1 000 000,00 €, Abschreibungsdauer lt. geplanter betriebsgewöhnlicher Nutzungsdauer: sechs Jahre

Jahre (jeweils am Ende d. J.)	**bilanzielle Abschreibungen**	**kalkulatorische Abschreibungen**	**Kapitalfreisetzung**	**Kapitalneubildung** (Scheingewinn)
1				
2				
3				
4				
5				
6				
7				
8				
9				
10				
Summe				

a) Ermitteln Sie die bilanzielle Abschreibung für jedes Jahr und für die gesamten Nutzungsjahre.

b) Ermitteln Sie die kalkulatorische Abschreibung für jedes Jahr und für die gesamten Nutzungsjahre.

c) In welcher Höhe wird jährlich und insgesamt Kapital freigesetzt?

d) Wozu kann das freigesetzte Kapital verwendet werden?

e) Warum veranlasst ein Scheingewinn nicht zur Freude über den Gewinn?

Begründen Sie Ihre Antwort mit zwei Beispielen.

3

Anschaffungskosten einer Maschine	100 000,00 €
Wiederbeschaffungskosten der Maschine	150 000,00 €
Gewinnsteuersatz des Unternehmens	25 %

a) Wie viel Euro sind während der Nutzungsdauer gewinnmindernd verbucht worden?

b) Um welche Abschreibung handelt es sich dabei?

c) Wie viel Euro sind über den Markt für eine Ersatzbeschaffung zurückgeflossen?

d) Um welche Abschreibung handelt es sich dabei?

e) Wie hoch ist der Scheingewinn?

f) Wie viel Euro stehen als „effektive Reinvestition“ zur Verfügung?

g) Wie viel Euro müsste man für den Wiederbeschaffungswert ansetzen, unter Berücksichtigung der Gewinnsteuerbelastung des Scheingewinns?

6.3 Außenfinanzierung in Form von Beteiligungsfinanzierung

Strukturzusammenhang

Beteiligungsfinanzierung bei der KG:

Komplementär

weitere Beteiligung an der KG begrenzt durch Höhe des Privatvermögens

Neuer Komplementär

Beteiligung scheitert oft am hohen Haftungsrisiko

Kommanditist

- Aufnahme mit festgelegter Kapitaleinlage
- Aufnahme wird im Handelsregister eingetragen
- keine öffentlich zugänglichen Informationen über das Unternehmen (kein Geschäftsbericht)
- kein organisierter Markt für Kauf und Verkauf von Kommanditbeteiligungen
- persönlicher Bezug zum Unternehmen bzw. Vollhafter sollte bestehen

Beteiligungsfinanzierung bei der AG:

Aktienanlage

- wendet sich an den gesamten Kapitalmarkt
- keine Handelsregistereintragung bei Kauf/Verkauf
- kein persönliches Verhältnis zur Gesellschaft erforderlich
- organisierter Kapitalmarkt vorhanden
- öffentliche Informationen über AG durch Geschäftsberichte und Pressekonferenzen
- ideal für die anonyme Geldanlage
- ideal für jeden Anlagebetrag
- ideal für flexible Anlage

6.3.1 Beteiligungsfinanzierung bei einer KG

Kernwissen

Komplementäre und Kommanditisten beteiligen sich am Unternehmen und bringen Geld von außerhalb des Unternehmens aus ihrem Privatvermögen ein.

Möglichkeiten der Beteiligungsfinanzierung bei der KG		
Gesellschafter	**Möglichkeit**	**Bedeutung**
Komplementär	zusätzliche Einlage aus Privatvermögen	nur begrenzt möglich, stellt kein zusätzliches Haftungskapital dar
Komplementär	Neuaufnahme eines weiteren Komplementärs	• für die reine Kapitalanlage uninteressant, da persönlich gehaftet werden muss • ein neuer Komplementär stellt auch für den alten Komplementär ein Risiko dar, weil der alte Komplementär auch für die Geschäfte des neuen Komplementärs unbeschränkt haftet
Kommanditist	zusätzliche Einlage aus Privatvermögen	• stellt zusätzliches Haftungskapital dar • Eintrag im Handelsregister muss geändert werden
Kommanditist	Neuaufnahme eines weiteren Kommanditisten	• für die reine Kapitalanlage relativ uninteressant, da kein organisierter Markt für Kauf/Verkauf der Beteiligung

Aufgaben

1 Die Karl Müller KG hat zwei Gesellschafter: Komplementär Karl Müller und Kommanditistin Petra Bayer. Petra Bayer ist die Schwester von Karl Müller. Für dringend notwendige Investitionen benötigt die Karl Müller KG 700 000,00 €, die als Eigenkapital in das Unternehmen eingebracht werden sollen.
Die Brüder von Karl Müller, Pascal und Benedikt, sind bereit, jeweils 100 000,00 € einzubringen. Allerdings schließen beide die Haftung mit dem Privatvermögen aus. Petra Bayer könnte ihre Einlage um 50 000,00 € erhöhen. Die Geschäfts-

bank der Karl Müller KG könnte den Bankkunden Max Reich vermitteln, der bereit wäre, ca. 500 000,00 € in die Karl Müller KG zu investieren und auch persönlich zu haften.

a) Warum sucht die Karl Müller KG zunächst neue Gesellschafter im Familien- und Bekanntenkreis?

b) Welche Vorteile kann für Benedikt Müller die Beteiligung bei der KG gegenüber der Aktienanlage haben?

c) Welche Nachteile kann für Benedikt Müller die Beteiligung bei der KG gegenüber der Aktienanlage haben?

d) Warum kann der bisherige Komplementär zur weiteren Kapitalaufbringung relativ wenig beitragen?

e) Welche Argumente sprechen für die Aufnahme des Komplementärs Max Reich?

f) Welche Argumente sprechen gegen die Aufnahme des Komplementärs Max Reich?

2 Die Saskia Roth KG besteht aus den Komplementärinnen Saskia und Daniela Roth. Ihr Vater, Helmut Roth, ist Kommanditist in der Saskia Roth KG. Für eine dringend notwendige Investition wird Kapital in Höhe von 1 Mio. € benötigt. Es sollen neue Gesellschafter aufgenommen werden, um das zusätzliche Kapital aufzubringen.

a) Welche Leistungen (Verpflichtungen) müsste ein weiterer Komplementär übernehmen?

b) Welche Leistungen (Verpflichtungen) müsste ein weiterer Kommanditist übernehmen?

c) Welche Leistungen (Verpflichtungen) müsste im Vergleich zu a) und b) ein Aktionär übernehmen, wenn er Aktien erwirbt?

d) Welche Vorteile hätte die Finanzierung der notwendigen Investition in der Form der Beteiligungsfinanzierung?

6.3.2 Beteiligungsfinanzierung bei einer AG als Kapitalerhöhung gegen Einlagen

Kernwissen

Der Aktionär beteiligt sich an der AG, indem er das Geld von außen in die AG einbringt.

Beachte:

Der Erwerb von Aktien stellt nur bei der Aktienausgabe (Aktienemission) eine Beteiligungsfinanzierung dar, weil dann die AG das Geld für die Aktien erhält. Werden an der Börse – unabhängig von der Aktienausgabe – Aktien gekauft, beteiligt sich der Aktionär zwar an der Aktiengesellschaft, das Geld für die Aktie erhält aber der Vorbesitzer der Aktie und nicht die AG. Folglich wird die AG durch diesen Vorgang nicht finanziert.

Kapitalerhöhung gegen Einlagen

Durch die Ausgabe weiterer Aktien fließt der AG Geld zu, das für Investitionszwecke zur Verfügung steht.
Die AG muss zunächst ihren Kapitalbedarf ermitteln; danach unter Berücksichtigung des bisherigen Börsenkurses den Ausgabekurs (Bezugskurs) und die Ausgabemenge der jungen Aktien festlegen.

Festlegung des Bezugskurses
Kompromiss aus konkurrierenden Zielen

- Attraktivität der Aktienausgabe → relativ niedriger Bezugskurs
- hoher Kapitalzufluss → relativ hoher Bezugskurs

Kompromiss als Faustregel der Praxis:
Bezugskurs der jungen Aktien (K_j) = ca. 70 % vom bisherigen Börsenkurs (K_a)

Beispiel:

Der Kapitalbedarf einer AG in Höhe von 5 000 000,00 € soll durch die Erhöhung des Grundkapitals (GK) von bisher 10 Mio. € auf 12,5 Mio. € gedeckt werden. Der Börsenkurs der alten Aktie ist 27,50 €, der Bezugskurs wird auf 20,00 € festgelegt, der Aktiennennwert beträgt 10,00 €.

a) *Liquiditätszuwachs:* 20,00 € · 250 000 Aktien = 5 000 000,00 €

b) *Eigenkapitalerhöhung:*

10,00 € Nennwert · 250 000 = 2 500 000,00 € Grundkapitalerhöhung
↗
20,00 € je Aktie
↘
10,00 € Agio · 250 000 = 2 500 000,00 € Erhöhung Kapitalrücklage

c) *Bezugsverhältnis (BZV)* $= \frac{\text{GK alt}}{\Delta \text{ GK}} = \frac{10\,000\,000{,}00\ €}{2\,500\,000{,}00\ €} = \frac{4}{1}$ oder $\frac{\text{Anzahl alte Aktien}}{\text{Anzahl junge Aktien}}$

d) *Mittelkurs nach Kapitalerhöhung:* $= \dfrac{27{,}50\,€ \cdot 1\,000\,000 + 20{,}00\,€ \cdot 250\,000}{1\,000\,000 + 250\,000} = 26{,}00\,€$

e) *Rechnerischer Wert des Bezugsrechts* $= \dfrac{K_a - K_1}{BZV + 1} = \dfrac{27{,}50\,€ - 20{,}00\,€}{4/1 + 1} = \dfrac{7{,}50\,€}{5{,}00} = 1{,}50\,€$

f) Aktionär Holzweg hat vor der Kapitalerhöhung 50 Aktien. Er möchte von seinem Bezugsrecht Gebrauch machen.

1. *Möglichkeit:*

Kauf von 12 jungen Aktien	12 · 20,00 €	= 240,00 €
– Verkauf 2 Bezugsrechte (BZR)	2 · 1,50 €	= 3,00 €
= Geldeinsatz des Aktionärs für 12 junge Aktien:		= **237,00 €**

2. *Möglichkeit:*

Kauf von 13 jungen Aktien	13 · 20,00 €	260,00 €
+ Kauf 2 BZR	2 · 1,50 €	= 3,00 €
= Geldeinsatz für den Erwerb von 13 jungen Aktien:		= **263,00 €**

Wichtige Formeln:

$$\text{Bezugsverhältnis} = \frac{\text{altes Grundkapital}}{\text{Grundkapitalerhöhung}} = \frac{\text{GK alt}}{\Delta\ \text{GK}}$$

$$\text{Rechnerischer Wert des Bezugsrechts} = \frac{K_a - K_j}{BZV + 1}$$

$$\text{Kurs nach der Kapitalerhöhung} = \frac{\text{Anzahl alte Aktien} \cdot K_a + \text{Anzahl junge Aktien} \cdot K_j}{\text{Anzahl alte Aktien} + \text{Anzahl junge Aktien}}$$

Aufgaben

1 In der ordentlichen Hauptversammlung der Chemie-AG, Essen, wurde auf Vorschlag des Vorstands beschlossen, das Grundkapital um 6 Mio. € auf 30 Mio. € zu erhöhen, um den Kapitalbedarf für zusätzliche Investitionen zu decken. Die jungen Aktien haben vollen Anteil an der Dividende des laufenden Jahres. Ein Bankenkonsortium unter Führung der Deutschen Bank AG hat die jungen Aktien übernommen und sich verpflichtet, diese zum Ausgabekurs von 7,00 € je 5,00 €-Aktie zum Bezug anzubieten.
Voraussichtliche Dividendenausschüttung wie im Vorjahr 0,70 € je Stück.

a) Ermitteln Sie
   - das Bezugsverhältnis,
   - den rechnerischen Wert des Bezugsrechts – der Kurs der alten Aktie ist zum Zeitpunkt der Kapitalerhöhung 20,00 € je 5,00 € Nennwert
   - den Zufluss an flüssigen Mitteln und die Höhe des Agios.
     Wie wird das Agio in der Bilanz ausgewiesen?

b) Nehmen Sie an, Sie hätten 20 Aktien der Chemie-AG im Besitz und wollten nun sechs junge Aktien erwerben.
   Wie würde die Abrechnung der Bank über den Kauf der notwendigen Bezugsrechte und den Kauf der neuen Aktien lauten, wenn das Bezugsrecht am Tage des Kaufs 0,15 € über dem rechnerischen Wert notierte? (Spesen bleiben unberücksichtigt).

c) Die Aktionärsvereinigung hatte für die Kapitalerhöhung einen anderen Vorschlag unterbreitet:
   Kapitalerhöhung im Verhältnis 3 : 1
   Ausgabekurs 6,00 € je 5,00 €-Aktie.
   - Warum wurde von Seiten der Kleinaktionäre dieser Vorschlag begrüßt? (Vergleichen Sie den Vorschlag mit dem Vorschlag des Vorstandes)
   - Nimmt der Vorschlag der Aktionärsvereinigung Rücksicht auf die Höhe des Kapitalbedarfs?
     Werden im Gegensatz zum Vorschlag des Vorstandes zusätzliche liquide Mittel notwendig, um die Dividende von 0,70 € auch in Zukunft ausschütten zu können? (rechnerischer Nachweis)

d) Die Geschäftsbanken weisen ihre Kunden darauf hin, dass beim Verkauf von „Bezugsrechtsspitzen" am Ende der Bezugsrechtsfrist der Verkaufserlös gewöhnlich unter dem rechnerischen (theoretischen) Wert des Bezugsrechts liegt. Worauf ist dies wohl zurückzuführen?

2 In der Hauptversammlung 2012 der Titan AG sind Beschlüsse über eine Kapitalerhöhung gegen Einlagen zu fassen.

Die vereinfachte Bilanz der Titan AG weist vor der geplanten Kapitalerhöhung folgende Zahlen aus:

Bilanz zum 31.12.11 (in T€)

Aktiva		Passiva	
Sachanlagen	32 000	Gezeichnetes Kapital	10 000
Finanzanlagen	8 000	Kapitalrücklagen	6 000
Vorräte	3 000	Gewinnrücklagen	3 000
Forderungen	4 000	Bilanzgewinn	2 300
Wertpapiere	2 000	Rückstellungen	1 700
Bankguthaben	4 000	Verbindlichkeiten	30 000
	53 000		**53 000**

a) Auf Beschluss der Hauptversammlung erhöht die Titan AG ihr Grundkapital zum 01.04.12 um 4 Mio. €. Der Börsenkurs der alten Aktien betrug vor der Kapitalerhöhung 12,00 € je 5,00 €-Aktie.
Die jungen Aktien haben einen Nennwert von 5,00 € und können zum Ausgabekurs von 10,25 €/Aktie bezogen werden.
Ermitteln Sie aufgrund des vorliegenden Sachverhalts den Ausgabekurs der alten Aktie und die Anzahl der Aktien nach der Kapitalerhöhung.

b) Ermitteln Sie den rechnerischen Wert des Bezugsrechts.

c) Reich besitzt alte Titan-Aktien im Nennwert von 2,1 Mio. €. Er will Satzungsänderungen in der Hauptversammlung der AG verhindern können, aber dafür so wenig wie möglich Kapital einsetzen.
Berechnen Sie gemäß dieser Zielsetzung die Anzahl der von Reich mindestens zu erwerbenden Aktien und den dafür erforderlichen Kapitaleinsatz, wenn Reich davon ausgeht, dass in den Hauptversammlungen der Titan AG 80 % des gezeichneten Kapitals vertreten sind. Der tatsächliche Wert des Bezugsrechts stimmt mit dem rechnerischen Wert überein.

3 Zur Erschließung und Verwertung eines ehemaligen Militärgeländes wurde die Baden-Technologiepark AG gegründet und mit einem Grundkapital von 120 Mio. € in das Handelsregister eingetragen. Das Grundkapital wurde auf 6 Mio. Aktien aufgeteilt. Am Grundkapital der AG sind die Baden-Bank AG mit 65 Mio. € und der Kommunalverband Schwaba mit 47 Mio. € beteiligt. Der Rest der Aktien wurde von den Initiatoren Hans und Jakob Schwarzwälder zu gleichen Teilen übernommen. Der Kapitalbedarf wurde zunächst mit 180 Mio. € veranschlagt.
Im dritten Wirtschaftsjahr wird offensichtlich, dass das Kapital der Gesellschaft nicht ausreicht. Die Finanzierungslücke von 19,2 Mio. € soll durch eine Kapitalerhöhung gegen Einlagen geschlossen werden. Dazu wird das Grundkapital um 10 % erhöht. Emissionskosten in Höhe von 600 000,00 € werden ebenfalls durch die Kapitalerhöhung gedeckt.

a) – Zu welchem Kurs mussten die jungen Aktien mindestens ausgegeben werden, um den Finanzbedarf zu decken?
– Ermitteln Sie den rechnerischen Kurs der Aktie nach der Kapialerhöhung. Die alte Aktie hatte vor der Kapitalerhöhung einen Wert von 40,15 €.

b) Die jungen Aktien sollten ursprünglich nach dem Willen der Brüder Schwarzwälder unter Ausschluss des Bezugsrechts ausgegeben werden.
– Begründen Sie, wer den Beschluss über den Bezugsrechtsausschluss hätte verhindern können. Gehen Sie von unveränderten Beteiligungsverhältnissen aus.
– Erklären Sie allgemein zwei Nachteile, die sich für Aktionäre ergeben, die vom Bezugsrecht ausgeschlossen sind.

4

Sachverhalt 1

Der Vorstand einer AG schlägt der Hauptversammlung zur Finanzierung von Erweiterungsinvestitionen eine Erhöhung des Grundkapitals um 60 Mio. € auf 660 Mio. € vor. Der Börsenkurs der alten Aktien beträgt 26,00 € für den fiktiven Nennwert von 1,00 €. Die jungen Aktien sollen zum Bezugskurs von 18,00 € ausgegeben werden. Bei einer geplanten Dividende von 0,90 € ist für die jungen Aktien eine volle Dividendenberechtigung für das vergangene Geschäftsjahr vorgesehen.
Die bereits vor der Emission vorhandenen Rücklagen gliedern sich in 60 Mio. € gesetzliche und 250 Mio. € andere Gewinnrücklagen.
Unter Annahme der Verwirklichung dieses Vorschlags sind folgende **Aufgaben** zu lösen:

a) Wie viel Euro fließen der AG zu, und wie hoch ist das Agio?

b) Wie viel liquide Mittel sind erforderlich, wenn die für das Geschäftsjahr geplante Dividende tatsächlich ausgeschüttet wird?

c) Wie hoch ist der rechnerische Wert des Bezugsrechts in Euro?

d) Wie hoch müsste der Bezugskurs für eine Aktie für den Fall sein, dass bei einem Bezugsverhältnis von 6 : 1 und dem oben angegebenen Grundkapital 1 200 Mio. € beschafft werden sollen?

Sachverhalt 2

In der Hauptversammlung kommt von einer Großaktionärsgruppe folgender Gegenvorschlag: Weil der Vorstandsvorschlag zu wenig Mittel einbringe, solle die Kapitalerhöhung mit einem Bezugsverhältnis von 8 : 3 und die Ausgabe der jungen Aktien zu 7,50 € erfolgen. Für das laufende Geschäftsjahr werden nur 0,80 € Dividende je Aktie vorgeschlagen; die jungen Aktien sollen dabei aber voll dividendenberechtigt sein.
Unter Annahme der Verwirklichung dieses Vorschlags sind folgende **Aufgaben** zu lösen:

e) Wie viel Euro zusätzlich bringt die Durchführung dieses Vorschlags gegenüber der Verwirklichung des Vorstandvorschlags gemäß Sachverhalt 1?

f) Wie viel liquide Mittel sind bei diesem Vorschlag für die geplante Dividendenausschüttung erforderlich?

g) Im Zusammenhang mit der Kapitalerhöhung will ein Aktionär, der 30 alte Aktien besitzt, Auskunft darüber, wie viel Bezugsrechte er nach dem in Sachverhalt 1 gemachten Vorschlag zum Erwerb von zehn jungen Aktien noch kaufen muss. Geben Sie diese Auskunft.

h) Wie viel junge Aktien kann ein anderer Aktionär, der 3 000 alte Aktien besitzt, nach dem in Sachverhalt 1 gemachten Vorschlag kaufen, wenn er noch insgesamt 10 000,00 € anlegen will?

6.4 Außenfinanzierung in Form der Kreditfinanzierung

Kernwissen

langfristig ↓	**Fremdfinanzierung** = ***Mittelzufluss*** *von Unternehmensfremden* ↓	kurzfristig ↓
• Darlehen (mittel- bis langfristiger Bankkredit)	• **wird benötigt**, wenn Eigenkapital für Investitionen nicht ausreicht • ist schneller und einfacher zu beschaffen als Eigenkapital • Zinsaufwand ist im Gegensatz zu Dividendenzahlungen gewinn- und steuermindernd • **erfordert** entsprechende Sicherheiten des Kreditnehmers	• Kontokorrentkredit

Darlehen *Kredit in bestimmter Höhe, Darlehensbetrag ist in gleicher Höhe zurückzuerstatten (§ 607 BGB)*	**Kontokorrentkredit** *Kredit in laufender Rechnung, der sich täglich mindern oder erhöhen kann*
Im Darlehensvertrag wird vereinbart: • fester Darlehensbetrag (Kreditsumme) • Auszahlungsbetrag • Damnum (Abgeld) • Zinssatz deutlich geringerer Zinssatz als beim Kontokorrentkredit, da genau kalkulierbar • Laufzeit: in der Regel mittel- bis langfristig • Tilgung (siehe Darlehensarten)	**Im Kontokorrentkreditvertrag wird vereinbart:** • festgelegtes Kreditlimit; täglich schwankender Kreditbetrag möglich • entfällt • entfällt • Zinssätze, (für Überziehung und Guthaben) deutlich höherer Zinssatz als beim Darlehen, da die Bank ständig unterschiedliche Beträge zur Verfügung stellen muss. • Laufzeit: in der Regel kurzfristig; aus dem formal kurzfristigen Kredit kann bei ordnungsgemäßer Kontoführung ein mittel- bis langfristiger Kredit werden • jederzeit rückzahlbar
↓ **Darlehen** dient der Finanzierung von exakt planbaren Vorgängen z.B. Anschaffungen (Investitionen)	↓ **Kontokorrentkredit** dient dem kurzfristigen Ausgleich von Zahlungsströmen (Gelddisposition), die sich nicht genau terminieren lassen

Darlehensarten	Entwicklung		
	Zinsanteil (Z)	Tilgungsanteil (T)	Gesamtzahlung (Z + T)
Abzahlungsdarlehen mit konstanten Tilgungsraten (Ratentilgungsdarlehen)	wird geringer	bleibt konstant	wird geringer
Annuitätendarlehen	wird geringer	steigt	bleibt konstant
Festdarlehen	bleibt konstant	keine lfd. Tilgung	bleibt konstant

Barwert = auf den aktuellen Zeitpunkt des Darlehens abgezinste Zahlung.

Formeln:

Effektivverzinsung Festdarlehen $= p_{eff} = \dfrac{\left(p + \dfrac{d}{n}\right) \cdot 100}{100 - d}$

p = Vomhundertsatz Zins
d = Vomhundertsatz Damnum
n = Laufzeit in Jahren

Annuitätenfaktor (AF)

$$AF = \frac{q^n (q - 1)}{(q^n - 1)}$$

q = (1 + p/100)
n = Laufzeit in Jahren

oder

$$AF = \frac{i (1 + i)^n}{(1 + i)^n - 1}$$

i = p/100
n = Laufzeit in Jahren

Annuität = Anfangsdarlehen · AF

Aufgaben

1 Eine Aktiengesellschaft sieht sich aus Wettbewerbsgründen gezwungen, einen Teil ihres Produktionsmittelbestandes dem neuesten Stand der Technik anzupassen.
Die Durchführung dieser Rationalisierungsmaßnahme erfordert schätzungsweise ein Kapital von 900 000,00 € bis 1 000 000,00 €.
Folgendes Angebot liegt vor:
Ein Kredit der Hausbank in Höhe von 950 000,00 € mit einer Laufzeit von fünf Jahren, Zinssatz 6 %.
Zinszahlung und Tilgung in gleichen Raten erfolgen jeweils am Jahresende.

a) Wie viel Euro beträgt die Zinsbelastung für den Bankkredit während der gesamten Kreditdauer?

b) Wie viel Euro müsste die AG für den Bankkredit in jedem Jahr aufbringen?

2 Die Commerzbank AG bietet einer Bauunternehmung ein Darlehen zum Nennbetrag von 10 Mio. € zu folgenden Bedingungen an:
Auszahlung 95 %, Zinssatz 5,5 %, Laufzeit fünf Jahre, Tilgung in gleichen jährlichen Raten.

a) Berechnen Sie den effektiven Zinssatz.

b) Ermitteln Sie die jährliche Liquiditätsbelastung.

c) Ermitteln Sie den jährlichen Aufwand.

3 Verlauf eines Kontokorrentkredits:

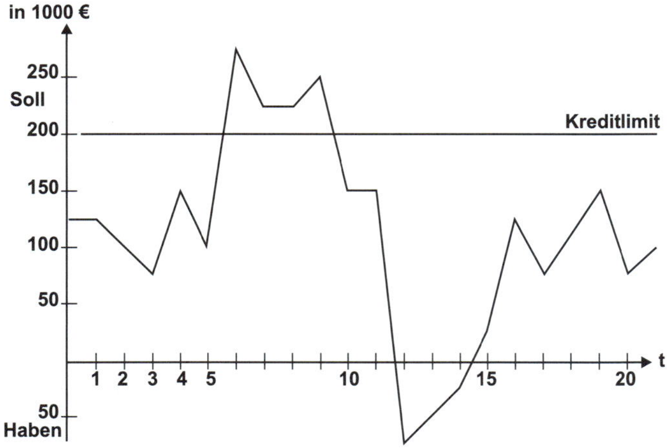

weitere Daten:
Sollzinssatz 9 %, Habenzinssatz 0,5 %, Überziehungsprovision 3 %

a) Geben Sie an, wie die Zinsen
- am 5. Tag berechnet werden
- am 6. Tag berechnet werden
- am 13. Tag berechnet werden

b) Die Zinssätze von Darlehen und Kontokorrentkrediten unterscheiden sich deutlich in ihrer Höhe. Wie ist dies zu erklären?

4 Die Anschaffung einer Lagerhalle erfordert 800 000,00 € verfügbares Kapital. Eine Bank bietet wahlweise an:

① Festdarlehen, Laufzeit acht Jahre, 100 % Auszahlung, Zinssatz 5,5 %,

② Annuitätendarlehen, 100 % Auszahlung, Laufzeit acht Jahre, Zinssatz 5,0 %,

③ Abzahlungsdarlehen, 100 % Auszahlung, Laufzeit acht Jahre, Zinssatz 5,0 %

a) Ermitteln Sie die effektive Zinsbelastung bei dem Festdarlehen.

b) Berechnen Sie den Barwert der Zinsen beim Festdarlehen.

c) Stellen Sie den Tilgungs- und Zinsplan für das Annuitätendarlehen auf, indem Sie eine Tabelle in folgender Form erstellen:

Zins- und Tilgungsplan Annuitätendarlehen						
Jahr	Zinsen	Tilgung	Restschuld „Jahresende“	Annuität	Barwert	
					Zinsen	Tilgung
1						
2						
3						
4						
5						
6						
7						
8						
Summe:						

d) Berechnen Sie den Barwert der Zinsen beim Annuitätendarlehen.

e) Berechnen Sie den Barwert der Tilgung beim Annuitätendarlehen.

f) Stellen Sie den Tilgungs- und Zinsplan für das Abzahlungsdarlehen auf, indem Sie eine Tabelle in folgender Form erstellen: (siehe nächste Seite)

Zins- und Tilgungsplan Abzahlungsdarlehen						
Jahr	Zinsen	Tilgung	Restschuld „Jahresende“	Liquiditäts-abfluss	Barwert	
					Zinsen	Tilgung
1						
2						
3						
4						
5						
6						
7						
8						
Summe:						

g) Berechnen Sie den Barwert der Zinsen beim Abzahlungsdarlehen.

h) Berechnen Sie den Barwert der Tilgung beim Abzahlungsdarlehen.

5 Die Anschaffung einer Druckmaschine erfordert 500 000,00 € verfügbares Kapital. Eine Bank bietet wahlweise an:

① Festdarlehen, Laufzeit fünf Jahre, 98 % Auszahlung, Zinssatz 6,5 %,

② Annuitätendarlehen, Laufzeit fünf Jahre, 100 % Auszahlung, Zinssatz 6,0 %, Annuitätenfaktor 0,2373964002

③ Abzahlungsdarlehen, Laufzeit fünf Jahre, 100 % Auszahlung, Zinssatz 6,0 %

a) Ermitteln Sie die effektive Zinsbelastung bei dem Festdarlehen.

b) Berechnen Sie die gesamte Zinsbelastung bei dem Festdarlehen.

c) Stellen Sie den Tilgungs- und Zinsplan für das Annuitätendarlehen auf, indem Sie nachfolgende Tabelle ausfüllen.

Zins- und Tilgungsplan Annuitätendarlehen						
Jahr	Zinsen	Tilgung	Restschuld „Jahresende“	Annuität	Barwert	
					Zinsen	Tilgung
1						
2						
3						
4						
5						
Summe:						

d) Berechnen Sie den Barwert der Zinsen beim Annuitätendarlehen.

e) Berechnen Sie den Barwert der Tilgung beim Annuitätendarlehen.

f) Stellen Sie den Tilgungs- und Zinsplan für das Abzahlungsdarlehen auf, indem Sie nachfolgende Tabelle ausfüllen.

Zins- und Tilgungsplan Abzahlungsdarlehen						
Jahr	Zinsen	Tilgung	Restschuld „Jahresende“	Liquiditäts-abfluss	Barwert	
					Zinsen	Tilgung
1						
2						
3						
4						
5						
Summe:						

g) Berechnen Sie den Barwert der Zinsen beim Abzahlungsdarlehen.

h) Berechnen Sie den Barwert der Tilgung beim Abzahlungsdarlehen.

6.5 Kreditsicherheiten

Kernwissen

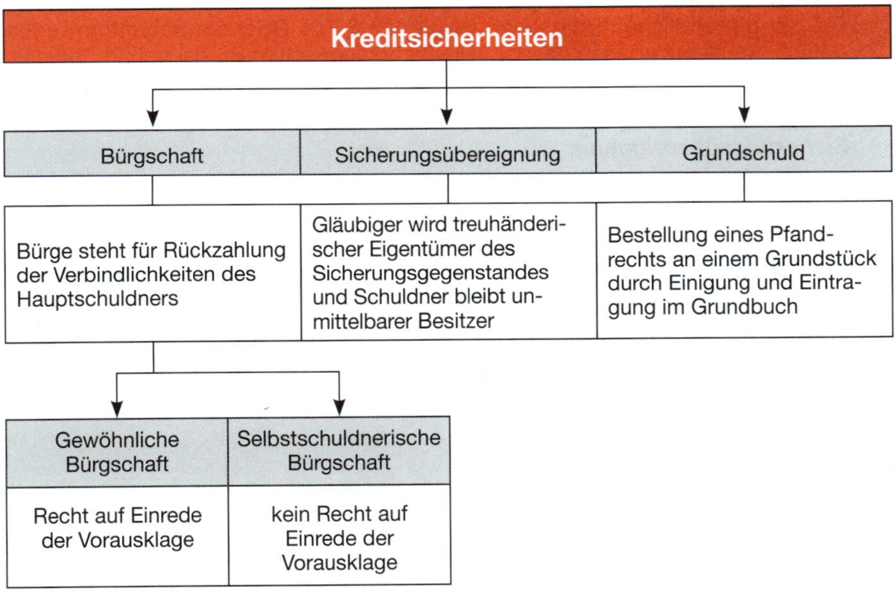

Einfacher Personalkredit

Die persönliche Kreditwürdigkeit des Kreditnehmers ist die einzige Kreditsicherheit.

Bürgschaft als verstärkter Personalkredit

Bürgschaftskredit:
Kreditgeber und Kreditnehmer schließen einen Kreditvertrag ab. Der Kredit wird durch weitere Personen gesichert (verstärkt), den Bürgen. Zwischen Kreditgeber und Bürgen wird ein Bürgschaftsvertrag abgeschlossen (§ 765 BGB).

Bürgschaftsarten:

- ***Gewöhnliche Bürgschaft***
  Der Bürge hat das Recht zur Einrede der Vorausklage (§ 771 BGB). Er muss also erst für den Kreditnehmer einspringen, wenn der Kreditgeber den Klageweg beschritten hat.

- ***Selbstschuldnerische Bürgschaft***
  Bürge verzichtet auf Einrede der Vorausklage. Kreditgeber kann sich dann bei Fälligkeit sofort an den Bürgen wenden. Bürgschaften der Kaufleute im Rahmen ihres Handelsgeschäftes sind stets selbstschuldnerisch (§ 349 HGB).

- ***Gesamtschuldnerische Bürgschaft***
  Mehrere Bürgen haften gemeinsam für die gleiche Schuld. Der Kreditgeber kann sich an jeden Bürgen wenden.

Formvorschriften:
Bei der gewöhnlichen Bürgschaft ist gemäß § 766 BGB die Schriftform erforderlich. Kaufleute können bei der selbstschuldnerischen Bürgschaft im Rahmen ihrer Handelsgeschäfte auch mündlich wirksam bürgen (§ 350 HGB).

Sicherungsübereignung als Realkredit

Sicherungsübereignung:
Kreditgeber erhält Eigentumsrechte an Kreditsicherheiten; der Kreditnehmer bleibt unmittelbarer Besitzer.

Geeignete Gegenstände:
Kraftfahrzeuge, Maschinen, Waren in einem Lager (Raumsicherungsvertrag), Betriebs- und Geschäftsausstattung.

Vorteile für Kreditnehmer:
Nutzung der sicherungsübereigneten Gegenstände ist weiterhin möglich; diese können eingesetzt werden, um Erlöse zu erzielen, die eine entsprechende Kredittilgung ermöglichen.

Vorteil für Kreditgeber:
Kreditsicherheit kann im Bedarfsfall verwertet werden.

Risiken für den Kreditgeber:
Mehrfachübereignung der Kreditsicherheit, zwischenzeitlicher Verkauf, Kreditsicherheit wurde unter Eigentumsvorbehalt geliefert, Beschädigungen, Wertverluste.

Grundschuld als Realkredit

Grundschuld:
Pfandrecht an einem Grundstück. Die Grundschuld wird in einer bestimmten Höhe in das Grundbuch eingetragen. Kommt der Kreditnehmer seinen Zahlungsverpflichtungen nicht nach, kann der Kreditgeber die Versteigerung des (bebauten oder unbebauten) Grundstücks bewirken und den fälligen Betrag einziehen.

Aufgepasst: Bei der Grundschuld kann der Haftungsbetrag höher sein als die eingetragene Grundschuld, was bei einer Hypothek nicht möglich wäre (siehe Aufgabe 3, Seite 151).

Grundschuldarten		
Buchgrundschuld	**Briefgrundschuld**	**Eigentümergrundschuld**
entsteht durch Einigung und Eintragung im Grundbuch	entsteht durch Einigung und Eintragung im Grundbuch; ein Grundschuldbrief wird ausgestellt	Rechte aus der Grundschuld stehen dem Grundstückseigentümer selbst zu
wird bei vollständiger Rückzahlung gelöscht	bei vollständiger Rückzahlung wird der Grundschuldbrief an den Kreditnehmer zurückgegeben	nach vollständiger Darlehensrückzahlung wird die Grundschuld in eine Eigentümergrundschuld umgewandelt
kann für erneuten Kredit nicht wieder verwendet werden	kann für erneuten Kredit verwendet werden, ohne Grundbuchkosten zu verursachen	kann für eine erneute Kreditaufnahme verwendet werden

Grundbuch:
- beim Amtsgericht geführtes öffentliches Register über Grundstücke
- genießt öffentlichen Glauben
- erfasst Eigentumsverhältnisse
- erfasst Lasten und Beschränkungen (z.B. Wegerecht)
- erfasst Grundpfandrechte, z.B. Grundschulden

Aufgaben

1 Ein Unternehmen benötigt 50 000,00 €, die es von seiner Hausbank beschaffen will. Der Hausbank werden zur Kreditwürdigkeitsprüfung folgende Bilanzzahlen vorgelegt:

Aktiva	Bilanz in €		Passiva
Grundstücke	150 000,00	Eigenkapital	378 000,00
Fuhrpark	40 000,00	Grundschuld	90 000,00
Maschinen	110 000,00	Verbindlichkeiten	132 000,00
Wertpapiere	30 000,00		
Rohstoffe	170 000,00		
Forderungen	70 000,00		
Kasse	2 000,00		
Bank	28 000,00		
	600 000,00		600 000,00

Es besteht auch die Möglichkeit, von einem Geschäftsfreund eine Bürgschaft zu bekommen.
Die Bank prüft die Sicherungsmöglichkeiten.

a) Wie werden Grundpfandrechte bestellt?

b) Welche Bedeutung hat die Rangordnung?

c) Wie kann auch nach Rückzahlung des Kredits die grundpfandrechtliche Sicherheit für künftige Inanspruchnahme erhalten bleiben?

d) Womit kann ein Grundstück außer den Grundpfandrechten noch belastet sein?

e) Welche Vermögensgegenstände aus der obigen Bilanz eignen sich vorwiegend zur Sicherungsübereignung?

f) Wie wird die Sicherungsübereignung durchgeführt?

g) Warum lässt sich aus den vorgelegten Bilanzzahlen allein nicht erkennen, in welchem Umfang die Vermögensgegenstände des Unternehmens zur Sicherung des benötigten Kredits dienen können?

h) Welche Möglichkeiten hat das Kreditinstitut außerdem noch, die persönliche und materielle Kreditwürdigkeit des Kreditsuchenden zu prüfen?

i) Welche Arten der Bürgschaft gibt es, welche verlangt die Bank? (Begründung)

j) Wie kommt die Bürgschaft zustande?

k) Was kann einen Unternehmer veranlassen, für einen anderen zu bürgen?

2 Die NEUTEX GmbH, Stuttgart, plant die Erweiterung ihrer Produktionsanlagen und benötigt dazu einen Investitionskredit in Höhe von 750 000,00 €. Als Sicherheit bietet sie ihrer Bank Grundpfandrechte an.
Auf das Grundvermögen der GmbH in Höhe von 1 200 000,00 € ist bereits im **I. Rang eine Eigentümergrundschuld** in Höhe von 250 000,00 € eingetragen, über die ein Grundschuldbrief auf den Inhaber ausgestellt wurde. Der Grundschuldbrief befindet sich in den Händen der NEUTEX GmbH.

a) Wie kann bei diesem Sachverhalt der Kredit für die Bank durch Grundpfandrechte möglichst vorteilhaft gesichert werden?

b) Außerdem will die NEUTEX GmbH Rohstoffvorratskäufe in Höhe von 150 000,00 € durch einen Kredit vorfinanzieren. Für die Sicherung dieses Kredits bietet die GmbH der Bank an:
eine Sicherungsübereignung von 4 Lkw (Anschaffungswert 600 000,00 €, Nutzungsdauer vier Jahre, drei Jahre bereits im Betrieb).
Beurteilen Sie die angebotene Sicherheit.

c) Nennen Sie drei Gefahren, die bei der in b) genannten Sicherungsart der Bank drohen!

3 Die Ehefrau des Unternehmers Uwe Herzog ließ auf ihr Privathaus eine Grundschuld in Höhe von 120 000,00 € für die Bankschulden ihres Ehemannes eintragen. Der Zinssatz der eingetragenen Grundschuld beträgt 18 %; der Darlehenszinssatz 6 %. Nachdem der Ehemann die Zinsen fünf Jahre ordnungsgemäß bezahlte, musste er Insolvenz anmelden. Seine Schulden gegenüber der Bank belaufen sich auf 400 000,00 €.
Wie viel Euro kann die Bank von der Ehefrau des Unternehmers verlangen?

4 Da eine geplante Kapitalerhöhung nicht ausreicht, um die notwendigen Produktionsanlagen im Wert von 8 Mio. € zu finanzieren, beabsichtigt eine AG, die fehlenden Finanzmittel über Bankdarlehen zu beschaffen.
Als Grundlage wird folgende vereinfachte Bilanz vorgelegt:

Aktiva	vereinfachte Bilanz (Mio. €)		Passiva
Grundstücke, Gebäude[4]	28,0	Gezeichnetes Kapital	20,0
Maschinen	20,0	Kapitalrücklage	1,5
Geschäftsausst.[1]	11,0	Gewinnrücklagen	
Vorräte[2]	10,0	gesetzliche Rücklage	2,0
Liquide Mittel	0,5	and. Gewinnrücklagen	4,5
		Rückstellungen	0,9
		Verbindlichk. gegenüber Banken (über 4 Jahre)[3]	39,6
		Verbindlichk. aus L/L	1,0
	69,5		69,5

Weitere Annahmen:
Nutzungsdauer der neuen Produktionsanlagen zehn Jahre; lineare Abschreibung.

a) Welche Kreditsicherungsmöglichkeiten könnten auf der Grundlage der gegebenen Daten dem Kreditinstitut angeboten werden?
Ermitteln Sie jeweils die maximal zu erhaltende Darlehenssumme.

b) Beschreiben Sie die typischen Merkmale der Sicherungsübereignung.

c) Berechnen Sie die Effektivzinssätze für die folgenden Kreditangebote über jeweils 2,7 Mio. €.
(Rechengenauigkeit zwei Dezimalstellen)

Angebot 1:
Laufzeit fünf Jahre, 2 % Bearbeitungsgebühr von der Darlehenssumme, 8 % p.a. Zinsen, jährl. Zinszahlung, Rückzahlung in einer Summe nach fünf Jahren.

Angebot 2:
Laufzeit sechs Jahre, Damnum 2 %, 1,5 % Bearbeitungsgebühr von der Darlehenssumme, jährliche Zinszahlungen, Rückzahlung in einer Summe nach sechs Jahren, 7 % p.a. Zinsen.

1 zur Sicherungsübereignung nicht geeignet
2 40 % der Vorräte eignen sich zur Besicherung, Beleihungssatz 50 %
3 das langfristige Darlehen ist durch eine Grundschuld (40 Mio. €) abgesichert
4 die bebauten Grundstücke haben einen Marktwert in Höhe von 80 Mio. €

6.6 Leasing als besondere Form der Fremdfinanzierung

Strukturzusammenhang

Wie wird eine notwendige Investition finanziert?

... mit Eigenkapital
(Eigenfinanzierung)

verfügbares Eigenkapital ist notwendig

... als Bankdarlehen
(Fremdfinanzierung)

Kreditsicherheiten sind notwendig

?

... als Leasing
(besondere Form der Fremdfinanzierung)

weder Eigenkapital noch Kreditsicherheiten sind notwendig

Kernwissen

Leasing bedeutet	→	Mietvertrag über unkündbare Grundmietzeit
Leasing verursacht Geldabfluss	→	in Höhe der Leasingraten
Leasing verursacht Aufwand	→	in Höhe der Leasingraten
Leasing erfordert	→	kein Eigenkapital
Leasing belastet	→	die Liquidität planbar und meistens gleichmäßig

6.6.1 Leasingmerkmale und Vertragsgestaltung

Kernwissen

Leasing stellt eine besondere Form der Fremdfinanzierung dar, weil die Finanzierung der Anschaffungskosten des Objekts vom Leasinggeber getragen wird.

Vorteile für Leasingnehmer:

- positiver Liquiditätseffekt, da die (hohen) Anschaffungskosten nicht bei ihm, sondern bei dem Leasinggeber anfallen
- keine Kreditsicherheiten benötigt
- bei entsprechendem Leasingvertrag erfolgt ständige Anpassung an technische Entwickung
- bei entsprechendem Leasingvertrag übernimmt der Leasinggeber die Wartungsarbeiten
- Konzentration auf das „Kerngeschäft“

Nachteil für Leasingnehmer:

Leasing ist eine relativ teure Finanzierung, da die Leasingraten im Normalfall Kaufpreis + Verwaltungskosten + Zinsen + Risikozuschlag + Gewinnzuschlag enthalten.

Leasingarten nach der Dauer der Leasingzeit

Operate-Leasing		Finance-Leasing
• kurzfristig kündbar	*Kündigung*	• unkündbare Grundmietzeit
• trägt der Leasinggeber	*Investitionsrisiko*	• trägt der Leasingnehmer
• mehrere	*Anzahl der Leasingnehmer*	• in der Regel nur ein Leasingnehmer
• Konsumgüterleasing (private Haushalte sind Leasingnehmer)	*Anwendungsbereich*	• Industrieleasing (Unternehmen sind Leasingnehmer)

Ausgestaltung des Finance-Leasing

„Full-pay-out"-Verträge (Vollamortisationsvertrag)	„Non-full-pay-out"-Verträge (Teilamortisationsvertrag)
Innerhalb der Grundmietzeit erhält der Leasinggeber die vollen Objektkosten einschließlich eines angemessenen Gewinns.	Innerhalb der Grundmietzeit erhält der Leasinggeber nur einen Teil der Objektkosten ersetzt. In diesem Fall hat der Leasinggeber das Verwertungsrisiko zu übernehmen (z.B. Verlängerung der Mietdauer, Weitervermietung an anderen Leasingnehmer, Verkauf an einen Dritten).

Leasingarten nach dem Leasinggeber

Direktes Leasing		Indirektes Leasing
Hersteller selbst	*Leasinggeber*	Leasinggesellschaft

6.6.2 Vergleich Leasing – Kreditfinanzierter Kauf

Kernwissen

Vergleich Leasing – Kreditfinanzierter Kauf

	Leasing	Kreditfinanzierter Kauf
Aufwand (= erfolgswirksam)	• Leasingraten	• Zinsen • Abschreibungen für Anschaffungsobjekt • Abschreibungen auf Damnum (Disagio)
Ausgabe (= liquiditätswirksam)	• Leasingraten	• Zinsen • Tilgung

Gegenüber dem Bankkredit hat Leasing folgende	
Vorteile	Nachteile
• beim Leasing ist kein Eigenkapital erforderlich • Leasing ist „bilanzneutral“, d.h., die Kennzahlen werden nicht belastet • beim Leasing ist die Liquiditätsbelastung gleichmäßiger als beim Bankkredit	• Leasing ist insgesamt betrachtet teurer als die bankfinanzierte Anschaffung • Anlagegut kann nach dem Ende des Leasingvertrages nicht mehr genutzt werden

Aufgaben

1 Abwicklung eines Leasinggeschäfts.

Leasinggesellschaft

Leasingnehmer

Hersteller

a) Begründen Sie, um welche Leasingart es sich nach dem Leasinggeber handelt.

b) Zwischen welchen Vertragsparteien wird ein ① Leasingvertrag abgeschlossen?
Zwischen welchen Vertragsparteien wird ein Kaufvertrag ② abgeschlossen?
Zeichnen Sie beide Vertragsabschlüsse in obiges Schema ein.

c) Wer bezahlt den Neupreis des Leasinggegenstandes ③ an den Hersteller?
Wer bezahlt an wen die Leasingraten ④?
Zeichnen Sie beide Vorgänge in obiges Schema ein.

2 Die Leichtmetallbau GmbH benötigt einen Stanzautomaten zum Anschaffungswert von 200 000,00 € und einer betriebsgewöhnlichen Nutzungsdauer von zehn Jahren.
Die Unternehmung hat infolge hoher Investitionen der letzten Jahre bei guter Rentabilität mit Liquiditätsengpässen zu kämpfen. Die Geschäftsleitung will unter der Zielsetzung geringster Liquiditätsbelastung zwischen folgenden Finanzierungsmöglichkeiten entscheiden:

- Leasing:
  Grundmietzeit fünf Jahre; während dieser Zeit beträgt die Mietrate, die jeweils zum Jahresende entrichtet wird, 40 000,00 €. Nach dieser Zeit kann die Maschine für weitere fünf Jahre zu einer Jahresmiete von 20 000,00 € gemietet werden. Die Aktivierung der Maschine erfolgt beim Leasinggeber.
- Bankdarlehen:
  Laufzeit fünf Jahre; Tilgung in gleichen Raten am Jahresende. Die am Jahresende zu entrichtenden Zinsen betragen 10 % der Restschuld.

Nach einem mittelfristigen Finanzplan geht die Unternehmensleitung davon aus, dass der finanzielle Engpass in drei Jahren überwunden sein wird.

a) Um welche Art des Leasings handelt es sich in diesem Fall?

b) Ermitteln Sie die liquiditätsmäßige Belastung der GmbH aus Kreditkauf und Leasing für die ersten drei Jahre insgesamt! Zu welcher Finanzierungsentscheidung kommen Sie aufgrund Ihres Ergebnisses?

c) Ermitteln Sie die Gewinnsteuerminderung unter Annahme eines konstanten Gewinnsteuersatzes von 30 % bei Kreditkauf und Leasing für die ersten drei Jahre insgesamt.

d) Wie lautet unter Berücksichtigung der Steuerminderung die endgültige Finanzierungsentscheidung gemäß der eingangs genannten Zielsetzung, wenn nur die ersten drei Jahre berücksichtigt werden? (Begründung)

e) Angenommen, die GmbH würde sich für die Finanzierungsmöglichkeit des Leasings entscheiden. Wer – Leasinggeber oder Leasingnehmer – trägt dann das Risiko einer Fehlinvestition? (Begründung)

3 Die Württembergische Holzpress AG in Lofenau im Schwarzwald will ihr Werk modernisieren. Geplant ist die Anschaffung einer modernen Mehrzweckmaschine. Für die Finanzierung dieser Maschine, Anschaffungswert 1 000 000,00 €, Nutzungsdauer acht Jahre, stellen sich zwei Alternativen:

Alternative I:
Angebot der Deutschen Leasing AG

Zeitspanne	degressives Leasingentgelt/Monat für die Grundzeit
1. – 12. Monat	28 000,00 €
13. – 24. Monat	26 000,00 €
25. – 36. Monat	25 000,00 €
37. – 48. Monat	20 000,00 €

Alternative II:
300 000,00 € werden durch Eigenkapital finanziert. Das in der Maschine gebundene Eigenkapital vermindert sich linear (gemäß der anteiligen AfA). Für den Rest von 700 000,00 € gewährt die Deutsche Bank AG einen Kredit.

Zinsfuß 10 %; Zinszahlung jährlich nachträglich. Tilgung in fünf gleichen Raten.

a) Nennen und erklären Sie die vorliegende Leasingart.

b) Wer trägt bei dieser Leasingart das Investitionsrisiko?
Ab dem 49. Monat fällt das Leasingentgelt auf monatlich 11 000,00 €. Worauf führen Sie diese starke Abnahme zurück? Begründen Sie Ihre Antwort?

c) Vergleichen Sie beide Finanzierungsmöglichkeiten hinsichtlich der Aufwendungen. Verwenden Sie zur Lösung folgendes Schema.
(Centbeträge sind auf volle € zu runden)

Jahr	Fremdkapital	Eigenkapital	Zinsen für FK	Abschreibung	Gesamtaufwendungen	
					Alternative I	Alternative II

d) Wie unterscheiden sich Alternative I und Alternative II hinsichtlich ihrer Auswirkung auf die Liquidität im ersten Jahr?

4 Die Teichmann AG beabsichtigt, ihr Angebot zu erweitern. Dazu ist ein Anbau an das Betriebsgebäude erforderlich. Weiter werden neue Produktionsanlagen und zur Rationalisierung des Rechnungswesens eine EDV-Anlage benötigt.
Die neuen Produktionsanlagen im Anschaffungswert von 117 600,00 € haben eine Nutzungsdauer von acht Jahren. Sie werden linear abgeschrieben. Für ihre volle Finanzierung liegen der AG zwei Angebote vor:

Kreditangebot der Hausbank

Auszahlungsprozentsatz	98 %
Zinssatz	10 %
Kreditlaufzeit	5 Jahre

Tilgung in 5 gleichen Jahresraten
Tilgung und Zinszahlung erfolgen jeweils am Jahresende.

Angebot einer Leasinggesellschaft

Monatliche Leasingrate	2 550,00 €
Grundmietzeit	5 Jahre
Eine angebotene Kaufoption in Höhe von	3 %

der Anschaffungskosten wird am Ende des 5. Jahres ausgeübt.

a) Beurteilen Sie die beiden Angebote für die einzelnen Jahre **und** die ersten fünf Jahre insgesamt nach folgenden Gesichtspunkten:

– Auswirkung auf die Liquidität

– Erfolgswirksamkeit ohne Berücksichtigung von Steuern. Im Falle des Kaufs sind die Anlagen und das Disagio linear abzuschreiben.

Hinweis:
Verwenden Sie zur Lösung der Aufgabe die nachfolgenden Tabellen.

Auswirkungen auf die Liquidität

Jahr	Kreditkauf				Leasing
	Kredit €	Tilgung €	Zinsen €	Liquiditätsabfluss €	€
1					
2					
3					
4					
5					
Summe					
Kaufoption					
Summe					

Erfolgswirksamkeit ohne Berücksichtigung der Steuern

Jahr	Kreditkauf				Leasing
	Zinsen €	Disagio €	Abschreibungen €	Aufwand €	€
1					
2					
3					
4					
5					
Summe					

b) Nennen Sie zwei weitere Gründe, weshalb die AG das Angebot der Leasinggesellschaft dem Bankkredit vorziehen könnte.

5 Die Sonex AG möchte eine Siliciumverarbeitungsanlage im Werte von 1 Mio. € zuzüglich 19 % Umsatzsteuer beschaffen. Die AG prüft, ob diese Anlage geleast oder kreditfinanziert werden soll. Folgende Angebote liegen vor:

Angebot einer Leasinggesellschaft:
Monatliche Leasingrate während einer vierjährigen Grundmietzeit 2,5 % des Kaufpreises; nach Verlängerungsoption ermäßigt sich das Entgelt auf monatlich 11 000,00 €.

Angebot der Hausbank:
Darlehen von 1 Mio. €, Zinsfuß 9 %, Tilgung in acht gleichen Raten, beginnend am Ende des ersten Jahres der Laufzeit, Auszahlungssatz 100 %.

a) Vergleichen Sie für die gesamte Nutzungsdauer in einer Tabelle Aufwand und liquiditätsmäßige Belastung für beide Angebote. Die Nutzungsdauer der Anlage beträgt acht Jahre, die Abschreibung erfolgt linear.

b) Beurteilen Sie diese Alternativen hinsichtlich ihrer Auswirkungen auf Liquidität sowie Erfolgswirksamkeit ohne Berücksichtigung von Steuern für die
- Grundmietzeit,
- Verlängerungszeit,
- gesamte Leasingzeit.

6.7 Sachinvestitionen und Investitionsrechnung

Kernwissen

In der Investitionsrechnung werden kalkulatorische Abschreibungen und kalkulatorische Zinsen wie folgt berechnet:

$$\text{kalkulatorische Abschreibungen (Jahr)} = \frac{\text{Anschaffungswert} - \text{Restwert}^1}{\text{Nutzungsdauer}}$$

$$\text{kalkulatorische Zinsen (Jahr)} = \frac{\text{Anschaffungswert} + \text{Restwert}^1}{2} \cdot i$$

Sachinvestition		
Erweiterungsinvestition	**Rationalisierungsinvestition**	**Ersatzinvestition**
Welches Investitionsgut soll **zusätzlich** angeschafft werden, um die Produktionskapazität zu erweitern?	Soll für das **noch nutzbare Gut** jetzt ein technisch verbessertes Gut angeschafft werden, mit dem Ziel, die Produktionskosten zu senken?	Soll das **alte Gut** durch ein neues, gleichartiges Gut ersetzt werden, mit dem Ziel, die Produktionskapazität zu erhalten?

1 wird zu Beginn der Nutzungsdauer geschätzt, bei keiner Angabe einfach „0“ einsetzen

6.7.1 Kostenvergleichsrechnung

Auswahlentscheidung mithilfe Kostenvergleich pro Periode

Betriebskosten	Kapitalkosten
z.B. • Personalkosten • Materialkosten • Energiekosten	z.B. • kalkulatorische Abschreibungen • kalkulatorische Zinsen
fixe und variable Kosten	fixe Kosten

kalkulatorische Zinsen = entgangene Zinsen
kalkulatorische Abschreibungen = Kapitalverzehr

Kostenvergleichsrechnung bei alternativen Investitionsgütern
(Frage: Welches Anlagegut soll angeschafft werden?)

Alternative A	Alternative B
Betriebskosten + Kapitalkosten der Neuinvestition = Kosten Alternative A	Betriebskosten + Kapitalkosten der Neuinvestition = Kosten Alternative B
Welches Anlagegut verursacht weniger Kosten/Periode oder Stück?	

Kostenvergleichsrechnung bei Rationalisierungsinvestition
(Frage: Soll die alte Anlage jetzt durch eine neue ersetzt werden?)

Alte Anlage	Rationalisierungsinvestition
Betriebskosten + Kapitalkosten **der alten Anlage** = Kosten der alten Anlage	Betriebskosten + Kapitalkosten der **Neuinvestition** = Kosten Rationalisierungsinvestition
Welches Anlagegut verursacht weniger Kosten/Periode oder Kosten/Stück?	

Verringerung des Liquidationserlöses (Jahr) der **alten** Anlage = $\frac{L_{AV} - L_{EV}}{V}$

Kalkulatorische Zinsen (Jahr) der **alten** Anlage = $\frac{L_{AV} - L_{EV}}{V} \cdot i$

L_{AV} = Liquidationserlös am Anfang der Vergleichsperiode
L_{EV} = Liquidationserlös am Ende der Vergleichsperiode
V = Restnutzungsdauer bzw. Vergleichsperiode

Differenzinvestition
Sind Anschaffungskosten oder/und Nutzungsdauer der alternativen Investitionsobjekte unterschiedlich hoch, können sie vergleichbar gemacht werden, um falsche Beurteilungen zu vermeiden. Dies geschieht mithilfe der Differenzinvestition.

Aufgaben

1 Wegen der steigenden Nachfrage soll eine weitere Pressmaschine angeschafft werden. Es liegen die Daten für zwei unterschiedliche Pressmaschinen vor:

	Investitionsgüter (Alternativinvestition)	
	Typ X 5 000	Typ X 6 000
Anschaffungskosten	300 000,00 €	350 000,00 €
Nutzungsdauer	7 Jahre	8 Jahre
kalk. Zinssatz	6 %	6 %
geplante Auslastung	50 000 Stück/Jahr	50 000 Stück/Jahr
Kosten jeweils ohne Zinsen und Abschreibungen		
• variable Kosten bei geplanter Auslastung	600 000,00 €	580 000,00 €
• fixe Betriebskosten/Jahr	100 000,00 €	120 000,00 €

a) Ermitteln Sie die Kapitalkosten für jeden Maschinentyp.

b) Ermitteln Sie die jährlichen Gesamtkosten für jeden Maschinentyp bei einer geschätzten Jahresproduktion von 50 000 Stück.

c) Berechnen und interpretieren Sie die kritische Übergangsmenge.

2 Es soll eine weitere Maschine angeschafft werden. Folgende Daten liegen vor:

	Investitionsgüter (Alternativinvestition)	
	D 3 200	D 3 500
Anschaffungskosten	280 000,00 €	330 000,00 €
Nutzungsdauer	7 Jahre	7 Jahre
kalk. Zinssatz	5 %	5 %
geplante Auslastung	90 000 Stück/Jahr	90 000 Stück/Jahr
Kosten jeweils ohne Zinsen und Abschreibungen		
• variable Kosten bei geplanter Auslastung	80 000,00 €	62 000,00 €
• fixe Betriebskosten/Jahr	21 000,00 €	26 000,00 €

a) Ermitteln Sie die Kapitalkosten für jeden Maschinentyp.

b) Ermitteln Sie die jährlichen Gesamtkosten für jeden Maschinentyp.

c) Berechnen und interpretieren Sie die kritische Übergangsmenge.

3 Eine im Betrieb noch genutzte alte Maschine, die voll abgeschrieben ist, soll eventuell durch eine neue Maschine ersetzt werden. Begründen Sie, ob bei folgenden Daten der Ersatz des alten Investitionsgutes zu empfehlen ist.

	Investitionsgüter (Ersatzinvestition)	
	Alte Anlage	Neue Anlage
Anschaffungskosten	420 000,00 €	520 000,00 €
Nutzungsdauer	10 Jahre	10 Jahre
kalk. Zinssatz	5,5 %	5,5 %
geplante Auslastung	150 000 Stück/Jahr	150 000 Stück/Jahr
restliche Nutzungsdauer	3 Jahre	–
Restwerterlös Ende 7. Jahr Ende 10. Jahr	 100 000,00 € 25 000,00 €	 – –
Kosten jeweils ohne Zinsen und Abschreibungen		
• variable Kosten bei geplanter Auslastung	340 000,00 €	250 000,00 €
• fixe Betriebskosten/Jahr	140 000,00 €	160 000,00 €

4 Eine im Betrieb noch genutzte alte Maschine soll eventuell durch eine neue Maschine ersetzt werden. Begründen Sie, ob bei folgenden Daten der Ersatz des alten Investitionsgutes zu empfehlen ist.

	Investitionsgüter (Ersatzinvestition)	
	Alte Anlage	Neue Anlage
Anschaffungskosten	820 000,00 €	990 000,00 €
Nutzungsdauer	10	11
kalk. Zinssatz	6,5 %	6,5 %
geplante Auslastung	200 000 Stück/Jahr	200 000 Stück/Jahr
restliche Nutzungsdauer	4 Jahre	–
Restwerterlös Ende 6. Jahr Ende 10. Jahr	 250 000,00 € 40 000,00 €	 – –
Kosten jeweils ohne Zinsen und Abschreibungen		
• variable Kosten bei geplanter Auslastung	265 000,00 €	240 000,00 €
• fixe Betriebskosten/Jahr	190 000,00 €	170 000,00 €

6.7.2 Amortisationsrechnung

Frage: In welchem Zeitraum fließt das für die Investition eingesetzte Kapital (Investitionausgaben) durch Gewinne und Abschreibungen wieder zurück?

Kernwissen

Amortisationsrechnung bedeutet:
Die Alternative mit dem schnellsten Kapitalrückfluss (kürzere Amortisationszeit) ist die vorteilhaftere Investition.

Formel bei Alternativentscheidung:

Amortisationszeit (Jahre) t

$$= \frac{\text{Investiertes Kapital}}{\text{Ø Rückfluss}} = \frac{\text{Anschaffungswert – Restwert neue Anlage}}{\text{Gewinn + kalk. Abschreibung}^{1)}}$$

1) + kalkulatorische Zinsen; wenn der Rückfluss kalk. Zinsen größer ist als der Zinsaufwand wird die Differenz (kalk. Zinsen – Zinsaufwand) addiert.

Formel bei Rationalisierungsinvestition:

Amortisationszeit (Jahre) t

$$= \frac{\text{zusätzlicher Kapitaleinsatz}}{\text{ersparte Kosten + zusätzl. kalk. Abschr.}} = \frac{\text{Anschaffungskosten (neu) – Restwert (alt)}}{\text{Kostenersparnis (alt vs. neu) + zusätzl. kalk. Abschreibungen}}$$

$$t = \frac{AK_{neu} - RW_{alt}}{K_{alt-neu} + \text{kalk. Ab.}_{neu-alt}}$$

Aufgaben

1 Ein Verlag plant die zusätzliche Anschaffung einer Druckmaschine, um die Kapazität zu erweitern. Es liegen folgende Daten vor:

	Maschine Speed 55	Maschine Speed 58
Anschaffungskosten	400 000,00 €	460 000,00 €
Nutzungsdauer	8 Jahre	10 Jahre
Durchschnittl. Gewinn	65 000,00 €	70 000,00 €

a) Ermitteln Sie die Amortisationszeit der beiden Anlagen.

b) Ermitteln Sie die Amortisationszeit der Maschine „Speed 58“, wenn der durchschnittliche Gewinn wie bei „Speed 55“, 65 000,00 € beträgt.

c) Warum hat die Aussage über die Vorteilhaftigkeit, insbesondere bei Teilaufgabe b) zu wenig Aussagekraft?

2 Eine in Gebrauch befindliche Druckmaschine mit einer Restlaufzeit von drei Jahren und einem aktuellen Restwert von 60 000,00 € soll gegebenenfalls durch eine neue Maschine ersetzt werden, die folgende Daten aufweist:

Anschaffungskosten	280 000,00 €
Nutzungsdauer	7 Jahre
Kosten der alten Maschine/Jahr	350 000,00 €
Kosten der neuen Maschine/Jahr	300 000,00 €

a) Ermitteln Sie die Amortisationszeit der Rationalisierungsinvestition.

b) Beurteilen Sie, ob die Rationalisierungsinvestition durchgeführt werden soll.

3 Die Getränke AG benötigt eine weitere Abfüllanlage. Es liegt folgendes Zahlenmaterial vor:

	Abfüllanlage TTL	Abfüllanlage XXL
Anschaffungskosten	820 000,00 €	1 080 000,00 €
Nutzungsdauer	12 Jahre	16 Jahre
Restwert	0 €	60 000,00 €
Gewinn/Jahr	85 000,00 €	96 000,00 €

a) Begründen Sie, welches Verfahren der Amortisationsrechnung in diesem Fall anzuwenden ist.

b) Ermitteln Sie die Amortisationszeit der beiden Anlagen.

4 Im Mineralwasserbereich der Getränke AG befindet sich eine Abfüllanlage mit einer Restnutzungsdauer von vier Jahren. Die Anschaffungskosten der Ersatzinvestition betragen 540 000,00 €, der Restwert der neuen Anlage 40 000,00 €, die Nutzungsdauer zehn Jahre. Die jährliche Kostenersparnis kann mit 104 000,00 € veranschlagt werden. Der aktuelle Restwert der alten Anlage beträgt 40 000,00 €.

a) Ermitteln Sie die Amortisationszeit der Rationalisierungsinvestition.

b) Beurteilen Sie, ob die Rationalisierungsinvestition durchgeführt werden soll.

6.7.3 Kapitalwertmethode als dynamische Investitionsrechnung

Kernwissen

Kapitalwertmethode	
Einnahmen	**Ausgaben**
z.B. • Verkaufserlöse • Liquidationserlöse	z.B. • Anschaffungskosten • Reparaturkosten • Personalkosten • Materialkosten
werden auf Investitionsbeginn abgezinst	werden auf Investitionsbeginn abgezinst

Kapitalwert =
abgezinste Überschüsse + abgezinster Liquidationserlös (RW) – Anschaffungskosten

F

Kapitalwert (C_o)

$$C_O = -I_O + \sum_{t=1}^{n} (E_t - A_t) \cdot \frac{1}{(1+i)^t} + RW \cdot \frac{1}{(1+i)^t}$$

oder:

Barwert Einnahmen
\+ Barwert Liquidationserlös (Restwert)
– Barwert Anschaffungskosten
– Barwert Ausgaben
= Kapitalwert C_O

$q = 1 + i$

Barwertformel (Ko)

$$K_o = \frac{K_n}{(1 + p/100)^n} = \frac{K_n}{(1+i)^n} = K_n \cdot \frac{1}{q^n}$$

Abzinsungsfaktor

$$\frac{1}{(1+i)^t} \quad \text{oder} \quad \frac{1}{q^n}$$

Mögliche Kapitalwertergebnisse:

$C_O = 0$ ➔ Die Summe der Barwerte entspricht den Anschaffungskosten und der gewünschten Mindestverzinsung. Die Investition lohnt sich.

$C_O > 0$ ➔ Die Summe der Barwerte deckt die Anschaffungskosten und die gewünschte Mindestverzinsung. Darüber hinaus ist ein „Zahlungsüberschuss" vorhanden, der die Investition sehr lohnend macht. Die Investition lohnt sich.

$C_O < 0$ ➔ Die Summe der Barwerte deckt nicht die Anschaffungskosten und die gewünschte Mindestverzinsung. Die Investition ist nachteilig.

Aufgaben

1 Die Anschaffungskosten eines Investitionsgutes betragen 430 000,00 €. Das Investitionsgut wird sechs Jahre genutzt, die jährlichen Einnahmen belaufen sich auf 950 000,00 €, die jährlichen Ausgaben 840 000,00 €, Kalkulationszinssatz 6 %.

a) Wie hoch ist der Kapitalwert C_0?

b) Begründen Sie Ihre Entscheidung für oder gegen das Investitionsgut.

2 Die Anschaffungskosten eines Investitionsgutes betragen 260 000,00 €. Das Investitionsgut wird sechs Jahre genutzt, die jährlichen Einnahmen belaufen sich auf 750 000,00 €, die jährlichen Ausgaben 660 000,00 €, Kalkulationszinssatz 6 %. Der Liquidationserlös entspricht dem Restbuchwert der Anlage: 25 000,00 €.

a) Wie hoch ist der Kapitalwert C_0?

b) Begründen Sie Ihre Entscheidung für oder gegen das Investitionsgut.

3 Ein Fahrzeugteilezulieferer beabsichtigt, eine neue Fertigungsanlage anzuschaffen. Es stehen zwei Investitionsalternativen zur Wahl. Die Nutzungsdauer beträgt jeweils fünf Jahre. Die Verzinsung des investierten Kapitals soll 7 % betragen.

	Typ Roma	**Typ Napoli**	**Typ Roma oder Typ Napoli**
Jahr	Ausgaben	Ausgaben	Einnahmen
1	800 000,00 €	720 000,00 €	1 300 000,00 €
2	850 000,00 €	750 000,00 €	1 400 000,00 €
3	900 000,00 €	800 000,00 €	1 500 000,00 €
4	960 000,00 €	820 000,00 €	1 550 000,00 €
5	1 020 000,00 €	850 000,00 €	1 600 000,00 €

a) Berechnen Sie die Kapitalwerte dieser Investitionsalternativen, wenn die Anschaffungskosten für den Typ Roma 2 500 000,00 € und für den Typ Napoli 2 200 000,00 € betragen.

b) Begründen Sie, welche Alternative vorzuziehen ist.

4 Mithilfe der Kapitalwertmethode soll geprüft werden, ob sich die Anschaffung einer weiteren Maschine lohnt. Anschaffungskosten der weiteren Maschine: 300 000 €. Erwartete Kapitalverzinsung: 8 %. Nutzungsdauer: fünf Jahre.

Jahr	Einnahmen	Ausgaben
1	750 000,00 €	720 000,00 €
2	770 000,00 €	730 000,00 €
3	850 000,00 €	790 000,00 €
4	830 000,00 €	780 000,00 €
5	810 000,00 €	780 000,00 €

a) Prüfen Sie mit der Kapitalwertmethode, ob sich die Investition lohnt.

b) Beurteilen Sie den Aussagewert des errechneten Kapitalwerts.

c) Beschreiben Sie den Zusammenhang zwischen Kapitalwert und Kalkulationszinssatz.

5 Bei einem Kalkulationszinssatz von 8 % stehen zwei Investitionsalternativen gegenüber:

	Maschine A	Maschine B
Anschaffungskosten	180 000,00 €	270 000,00 €
Einzahlungsüberschuss Jahr 1	60 000,00 €	60 000,00 €
Einzahlungsüberschuss Jahr 2	60 000,00 €	90 000,00 €
Einzahlungsüberschuss Jahr 3	60 000,00 €	120 000,00 €
Einzahlungsüberschuss Jahr 4	60 000,00 €	90 000,00 €
Einzahlungsüberschuss Jahr 5	45 000,00 €	45 000,00 €
Liquidationserlös	–	15 000,00 €

Teilergebnisse bitte auf volle Euro runden.

a) Berechnen Sie die Kapitalwerte der beiden Investitionen.

b) Die Differenz der Anschaffungskosten könnte ebenfalls für fünf Jahre investiert werden. Welchen Kapitalwert hat die Differenzinvestition bei folgenden Einzahlungsüberschüssen:
Jahr 1: 15 000,00 €; Jahr 2: 18 000,00 €; Jahr 3: 30 000,00 €;
Jahr 4: 45 000,00 €; Jahr 5: 45 000,00 €.

c) Welche Investitionsentscheidung sollte unter Berücksichtigung der Differenzinvestition getroffen werden?

d) Begründen Sie, ob sich die Investitionsentscheidung ändert, wenn der Differenzbetrag zum Kalkulationszinssatz angelegt werden könnte?

e) Welchen Betrag muss der Kapitalwert der Differenzinvestition erreichen, damit die Maschine A vorteilhafter ist?

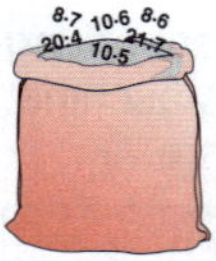

Zusammenfassende Aufgaben zu Finanzierung und Investition

1 Die Merkura Maschinenbau AG möchte im Laufe der nächsten zwei Jahre Investitionen mit einem Volumen von insgesamt etwa 430 Mio. € vornehmen. Die erforderlichen Mittel will der Vorstand des Unternehmens wie folgt beschaffen:

- Zunächst soll im Jahr der Investition eine möglichst hohe offene Selbstfinanzierung betrieben werden.
- Daneben soll auf der kurz bevorstehenden Hauptversammlung das gezeichnete Kapital erhöht werden.
- Der verbleibende Rest des Investitionsvolumens muss durch die Aufnahme zusätzlicher Kredite beschafft werden.

Folgende vereinfachte Bilanz des Jahres 01 ist bei den Entscheidungen im Jahr 02 zugrunde zu legen:

Bilanz zum 31.12.01 in Mio. €

Aktiva		Passiva	
Anlagevermögen	1 166	Gezeichnetes Kapital	400
Umlaufvermögen	340	Kapitalrücklage	20
		Gewinnrücklagen:	
		– gesetzliche Rücklage	18
		– andere Gewinnrücklagen	581
		Jahresüberschuss	120
		Verlustvortrag	– 3
		Rückstellungen	180
		Verbindlichkeiten	190
	1 506		**1 506**

Die Merkura Maschinenbau AG hat seit ihrer Gründung 80 Mio. Stückaktien ausgegeben.

a) Die geplante Investition soll unter Berücksichtigung einer Stückdividende von 0,30 € so weit wie möglich aus dem Gewinn des Jahres 01 finanziert werden.

1. Zeigen Sie in einer übersichtlichen Darstellung unter Berücksichtigung aktienrechtlicher Bestimmungen die Ermittlung und die Verwendung des Bilanzgewinns sowie den maximalen Betrag der offenen Selbstfinanzierung der AG im Jahr 01.
2. Geben Sie an, welche Organe der AG für die notwendigen Entscheidungen jeweils zuständig sind.

b) Die Aktien der Mekura Maschinenbau AG notieren zur Zeit an der Börse mit 15,95 €. Der Vorstand beschließt die Kapitalerhöhung im Verhältnis 5 : 1 im Laufe des Jahres durchzuführen.

   1. Berechnen Sie, zu welchem Kurs die jungen Aktien ausgegeben werden müssen, wenn der Kapitalbedarf von 188 Mio. € genau gedeckt werden soll.
   2. Ermitteln Sie den rechnerischen Wert des Bezugsrechts und den Mittelkurs der Aktien.
   3. Zeigen Sie mit rechnerischem Nachweis die Höhe der Eigenkapitalpositionen nach der Kapitalerhöhung.

c) Über den erforderlichen Restbetrag gewährt die Hausbank einen Kredit zu folgenden Konditionen:

   - Kreditbetrag 200 Mio. €
   - Auszahlung 100 %
   - Zinssatz 7 % p.a.
   - Laufzeit 5 Jahre

   1. Das Darlehen kann als Abzahlungs- oder Annuitätendarlehen bewilligt werden. Der Abzahlungskredit wird jeweils am Jahresende in fünf gleichen Teilbeträgen getilgt. Beim Annuitätendarlehen beträgt die Annuität 48 778 138,89 €
      Vergleichen Sie in einer Tabelle für beide Darlehensarten die Auswirkung auf die Liquidität und den Erfolg in diesem Zeitraum.
   2. Bestimmen Sie die Barwerte für die gesamte Darlehenslaufzeit für beide Darlehensarten.
   3. Interpretieren Sie die unterschiedlichen Barwerte bei Aufgabe c) 2.
      Treffen Sie eine begründete Entscheidung für eine der beiden Kreditarten.
   4. Vergleichen Sie Kreditfinanzierung und Beteiligungsfinanzierung hinsichtlich ihrer Wirkung auf

      - Liquidität und
      - Aufwand.

2 In der Hauptversammlung der Elektromotoren AG Stuttgart wurden neben einer beschlossenen Erhöhung des Grundkapitals auch noch andere Maßnahmen zur Kapitalbeschaffung für die zukünftigen Anlageinvestitionen der Unternehmung diskutiert.
Die AG beantragte daraufhin bei der Deutschen Bank AG ein Darlehen. Nach eingehender Prüfung des Kreditantrags erfolgte die Kreditzusage.

a) Welche Bedeutung haben Liquidität und Rentabilität der AG für den Kreditgeber?

b) Da es sich um einen langfristigen Kredit handelt, geht die Bank auf das Angebot der AG, eine Sicherungsübereignung durchzuführen, nicht ein. Welche Argumente kann der Kreditsachbearbeiter für diese Ablehnung anführen?

c) Wie wirkt sich ein Damnum auf die Erfolgsrechnung der Unternehmung aus?

d) Im Kreditvertrag ist ein Festdarlehen vereinbart.
Welche Vor- und Nachteile bietet ein Annuitätendarlehen gegenüber dem Festdarlehen für die Vertragspartner?

e) – Welchen Einfluss hat die Fremdfinanzierung auf die Kostenrechnung einer Unternehmung unter der Voraussetzung, dass lediglich der tatsächliche Zinsaufwand in die Kalkulation eingeht?
– Untersuchen Sie die Auswirkungen auf die Nutzenschwelle und erläutern Sie die sich daraus ergebenden Probleme (linearer Kostenverlauf vorausgesetzt)!

3 Die Schwarzwälder Mineralbrunnen AG (kurz MinAG) verkauft ihre Mineralwässer, Heilwässer und Süßgetränke vorwiegend in Baden-Württemberg. Der Hauptversammlung soll eine Dividende von 0,17 € je Aktie (fiktiver Nennwert 1,00 €) vorgeschlagen werden.

Aktiva — Vereinfachte (zusammengefasste) Bilanz zum 31. 12. 2011 in T€ — Passiva

Aktiva		Passiva	
A. Anlagevermögen		**A. Eigenkapital**	
Immaterielle Vermögensgegenstände	36 800	Gezeichnetes Kapital	50 000
Sachanlagen	258 100	Kapitalrücklage	24 460
Finanzanlagen	15 500	Gesetzliche Rücklage	3 000
		Andere Gewinnrücklagen	36 320
		Bilanzgewinn	8 620
	310 400		122 400
B. Umlaufvermögen		**B. Rückstellungen**	
Vorräte	9 950	Pensionsrückstellungen	15 300
Forderungen aus Lieferungen und Leistungen	11 170	Sonstige Rückstellungen	96 500
			111 800
Sonstige Vermögensgegenstände	9 110	**C. Verbindlichkeiten**	
Wertpapiere	6 000	Verbindlichkeiten gegenüber Kreditinstituten*	90 050
Flüssige Mittel	17 800	Verbindlichkeiten aus Lieferungen	16 460
	54 030	Verbindlichkeiten aus der Annahme gezogener Wechsel	14 500
C. Rechnungsabgrenzungsposten	410	Sonstige Verbindlichkeiten	9 630
			130 640
	364 840		364 840

*davon 12 500 T€ mit einer Restlaufzeit von über 5 Jahren

a) Ermitteln Sie anhand der Bilanz unter Berücksichtigung der vorgeschlagenen Gewinnverwendung

- den Betrag der Eigenfinanzierung sowie
- den Betrag der offenen Selbstfinanzierung.

b) Der Vorstand der MinAG möchte in Ostdeutschland einen Brunnenbetrieb für 57 Mio. € kaufen und sanieren. Der Vorstand möchte durch eine Erhöhung des gezeichneten Kapitals um 7 Mio. € die Finanzierung sicherstellen. Der Aktienkurs liegt derzeit bei 12,20 €. Die finanziellen Mittel sollen durch Ausgabe junger Aktien (Volleinzahlung) beschafft werden. Die Emissionskosten bei der Ausgabe von Aktien betragen 2,8 Mio. €.
Begründen Sie rechnerisch, ob der Erwerb durch die Kapitalerhöhung finanziert werden kann.

c) Um die eigenen Quellen im Schwarzwald voll nutzen zu können, soll das Absatzgebiet erweitert und eine zusätzliche Abfüllanlage einschließlich der dazugehörigen Einrichtungen für 18,7 Mio. € beschafft werden. Dieser Betrag soll je zur Hälfte durch Selbstfinanzierung und durch einen Bankkredit aufgebracht werden.
Welcher Gewinn vor Ertragsteuern ist für die offene Selbstfinanzierung notwendig, wenn vom unversteuerten Gewinn 36 % Gewinnsteuern zu zahlen sind?

7 Jahresabschluss

7.1 Rechnungslegungsgrundsätze und Bestandteile des Jahresabschlusses[1]

Strukturzusammenhang

Der **Kaufmann** ist verpflichtet seinen **Jahresabschluss** (JA) nach **Handelsrecht** gemäß GoB aufzustellen, soweit die Grenzwerte nach § 241a HGB überschritten sind. Große und mittlere Kapitalgesellschaften[2] müssen den JA veröffentlichen **(Publikationspflicht)**.
Durch das BilMoG wurde das Bilanzrecht nach HGB grundlegend reformiert.
Wesentliche Ziele des HGB:

- Umsetzung der EU-Richtlinien, aber das HGB-Bilanzrecht im Kern beibehalten
- Erhöhung der
  - Aussagekraft,
  - Verlässlichkeit,
  - Vergleichbarkeit von Jahresabschlüssen
- Vereinfachung der Rechnungslegung (Deregulierung) und Kostensenkung für kleine und mittelständische Unternehmen
- Stärkung des deutschen Bilanzrechts als dauerhafte und vollwertige Alternative gegenüber den IFRS.

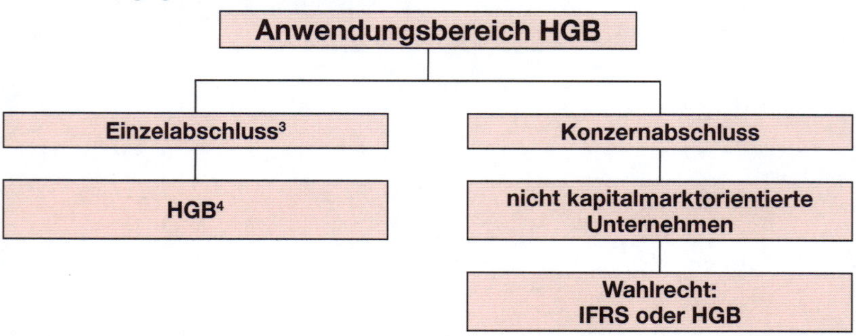

1 Für Geschäftsjahre, die nach dem 01.01.2010 beginnen, ist das Bilanzmodernisierungsgesetz (BilMoG), d.h. das „Änderungsgesetz“ im HGB verbindlich anzuwenden.
2 vgl. § 267 HGB (Größenklassen)
3 nach aktuellem Lehrplan ist nur der Einzeljahresabschluss zu behandeln.
4 Ab 2016 ist das Bilanzrichtlinie-Umsetzungsgesetz (BilRUG) anzuwenden.
Wesentliche Neuerungen:
- Neudefinition der Umsatzerlöse § 277 (1) HGB
- Wegfall des Ausweises außerordentlicher Aufwendungen und Erträge (§ 275 HGB; neue GuV-Gliederung)

Im Jahresabschluss nach HGB kann der **Gewinnausweis** legal gestaltet[1] werden, bei Einhaltung der

Bewertungsprinzipien **und Nutzung der** **Bewertungswahlrechte**

Bewertungsprinzipien ↓

- Anschaffungs- oder Herstellungskostenprinzip
- Vorsichtsprinzip
- Niederstwertprinzip
- Höchstwertprinzip
- Realisationsprinzip
- Imparitätsprinzip

Bewertungswahlrechte ↓

- erstmalige Bilanzierung zu AHK (Zugangsbewertung)

↓ Bewertung im JA

↓ Wahlrechte

Vermögen: Niederstwertprinzip

Schulden: Höchstwertprinzip

↓ Bildung stiller Reserven (verdeckte Selbstfinanzierung)

Rechnungslegungsgrundsätze nach HGB:

- Gläubigerschutz (Einhaltung der Bewertungsprinzipien)
- Informationsfunktion (Ansatz- und Bewertungsstetigkeit beachten)

Der externe Bilanzadressat (Bilanzanalytiker) verschafft sich durch die Analyse des JAs einen Einblick in die Vermögens-, Finanz- und Ertragslage der Publikumsgesellschaft. Er ermittelt, beurteilt und interpretiert dabei:

- die vermuteten stillen Reserven
- die Bilanzkennzahlen
- die Erfolgskennzahlen

1 Das BilMoG schränkt die Bilanzierungs- und Bewertungswahlrechte stark ein. Das Vorsichtsprinzip gilt nur noch nachrangig. Der **Informationsnutzen** für den Bilanzadressaten ist nach BilMoG oberstes Prinzip. Bilanzpolitik und Bilanzverschleierungen sind nach BilMoG nur noch in geringem Maße möglich.

Kernwissen

Jahresabschluss der großen AG			
Bestandteile[1] des Jahresabschlusses			Ergänzung
↙	↓	↘	
Bilanz §§ 266-274a HGB Gegenüberstellung von Vermögen und Schulden zum **Bilanzstichtag** (Gewinnermittlungsfunktion der Bilanz)	**GuV-Rechnung** §§ 275-278 HGB durch Gegenüberstellung von Erträgen und Aufwendungen wird das **Jahresergebnis** ermittelt und die **Erfolgsquellen** offen gelegt	**Anhang** §§ 284-288 HGB • einzelne Posten der Bilanz bzw. GuV werden **erläutert** • **Bewertungsmethoden** werden angegeben • Risikoeinschätzung bei Haftungsverhältnissen • Erklärung der Unternehmensführung	**Lagebericht** § 289 HGB • Darstellung des Geschäftsverlaufs • Lage der AG • Nachtragsbericht • Risikomanagement • Prognosebericht • Bericht über Forschung und Entwicklung

Grundlagen für

- die Rechenschaftslegung und Information über die wirtschaftliche Lage des
- Unternehmens
- den Einblick in die Vermögens-, Finanz- und Ertragslage des Unternehmens
- die Gewinnermittlung und -verwendung
- die Besteuerung[2] des Unternehmens und die Gewinnausschüttung

Mögliche Adressaten des Jahresabschlusses

- Unternehmensführung, um Rückschlüsse auf eigene Geschäftspolitik zu haben
- Gesellschafter, um Kapitalanlage beurteilen zu können
- Arbeitnehmer, um Sicherheit der Arbeitsplätze einzuschätzen
- Gläubiger, um Sicherheit der Kredite zu beurteilen
- Finanzamt, um die Besteuerungsgrundlagen[1)] zu ermitteln
- Öffentlichkeit, um Entwicklungstendenzen zu erkennen

1 Kapitalmarktorientierte Kapitalgesellschaften haben den Jahresabschluss um eine Kapitalflussrechnung und einen Eigenkapitalspiegel zu erweitern.

2 wobei steuerrechtliche Vorschriften zu berücksichtigen sind

Aufgaben

1 Die Badische Brau AG, Mannheim, die nicht an der Börse notiert wird, hat 2016 eine Bilanzsumme von 94,3 Mio. € und 503 Mitarbeiter. Folgende Zahlen der Bestands- und Ergebnisrechnung liegen auszugsweise vor:

Gezeichnetes Kapital	25,0 Mio. €
Anlagevermögen	84,0 Mio. €
Umsatzerlöse	220,0 Mio. €

a) Kapitalgesellschaften haben ihren Jahresabschluss zu veröffentlichen. Beschreiben Sie, welche Vorschriften die Badische Brau AG dabei zu beachten hat.

b) Der Jahresabschluss ist durch einen Lagebericht zu ergänzen! Erläutern Sie, welche Informationen dem Lagebericht zu entnehmen sind, und nennen Sie den Unterschied gegenüber dem Jahresabschluss.

c) Erklären Sie, welche Bedeutung die Feststellung des Bilanzgewinns durch Vorstand und Aufsichtsrat für die Hauptversammlung der AG hat.

7.2 Ziele des Jahresabschlusses

Kernwissen

7.2.1 Ziele der handelsrechtlichen Bewertung

Sicherung des Unternehmensbestands durch Substanz- und Kapitalerhaltung:
- Schutz der Gläubiger
- Schutz der Aktionäre (Gesellschafter)
- Schutz der Finanzbehörden
- Schutz der Öffentlichkeit
- Schutz der Belegschaft (Sicherung der Arbeitsplätze)

7.2.2 Ziele und Bestandteile des Jahresabschlusses nach HGB im Vergleich zu IAS[1] / IFRS[2]

Strukturzusammenhang

Die zunehmende Internationalisierung (= Globalisierung) der Unternehmenstätigkeiten und der Wunsch der multinational agierenden Konzerne, sich internationale Kapitalmärkte zur Aufnahme von Eigen- und Fremdkapital zu erschließen, erfordert:

- vergleichbare Konzernabschlüsse (Aufstellung, Inhalte, Prüfung des JAs)
- vergleichbare Informationen für die Anlageentscheidung des Investors

↓

Pflicht und Wahlrecht zum Abschluss nach HGB bzw. IFRS:

	Einzelabschluss	Konzernabschluss
kapitalmarktorientierte[3] Unternehmen	• HGB-Jahresabschluss Pflicht • IFRS-Abschluss zusätzlich freiwillig für Informationszwecke	IFRS-Konzernabschluss Pflicht
nicht kapitalmarktorientierte Unternehmen	• HGB-Jahresabschluss Pflicht • IFRS-Abschluss zusätzlich freiwillig für Informationszwecke	Wahlrecht IFRS-Konzernabschluss oder HGB-Konzernabschluss

1 IAS = **I**nternational **A**counting **S**tandards
2 IFRS = **I**nternational **F**inancial **R**eporting **S**tandards
3 Kapitalmarktorientierte Unternehmen weisen Eigenkapitaltitel (Aktien) oder Fremdkapitaltitel (Anleihen) auf, die an einem organisierten Markt (Börse) gehandelt werden.

Kernwissen

Der Jahresabschluss nach IAS / IFRS informiert über		
Vermögens- und Finanzlage	Ertragslage	Veränderung der Vermögens- und Finanzlage
• Liquidität	• Ertragskraft • Rentabilität • Performance	• Mittelzuflüsse • Mittelabflüsse aus Betriebs-, Investitions- und Finanzierungstätigkeit lückenlos erfassen
↓ Bilanz	↓ GuV	↓ Kapitalflussrechnung

Der Jahresabschluss nach IFRS soll potenziellen Investoren unter Beachtung der Grundsätze

- true and fair view
- fair presentation

zeitnah entscheidungsrelevante Informationen liefern.

Wesentliche Abweichungen zwischen HGB und IAS/IFRS

Die Tabelle stellt die wesentlichen Unterschiede des Umfangs des Jahresabschlusses nach HGB und IAS/IFRS dar.

Bestandteil	HGB	IAS/IFRS
wesentliche Zielsetzungen	Ermittlung des ausschüttungsfähigen Gewinns	Vermittlung von entscheidungserheblichen Informationen
wichtigstes Prinzip	Vorsichtsprinzip	Periodengerechte Gewinnermittlung
Größenklassen	klein, mittel, groß Bedeutung für Rechungslegung, Prüfung und Offenlegung	keine Unterschiede bei den Größenklassen
Bestandteile des Jahresabschlusses	• Bilanz, GuV, bei Kapitalgesellschaften Anhang (sowie Lagebericht); • Kapitalflussrechnung und Segmentberichterstattung (bei Börsennotierung) nur bei Konzernen	• Bilanz, GuV, Eigenkapitalrechnung, Kapitalflussrechnung, Notes • Bei Börsennotierung: Segmentberichterstattung und Ergebnis pro Aktie
Eigenkapitalspiegel	nicht vorgesehen	zwingender Bestandteil des Jahresabschlusses

Bestandteil	HGB	IAS/IFRS
Gliederung Bilanz	detailliertes Schema für Kapitalgesellschaften, § 266 HGB	nur wenige Vorgaben zur Gliederung der Bilanz
Gliederung der GuV	• Gliederung vorgeschrieben • entweder nach Gesamtkostenverfahren oder Umsatzkostenverfahren	• nur wenige Vorgaben zur Gliederung der GuV • Umsatzkosten- oder Gesamtkostenverfahren zulässig
Außerordentliches Ergebnis	Ausweis im Schema des § 275 HGB	nicht zulässig
Stille Reserven	zulässig	eher nicht zulässig

7.2.3 Ziele des Jahresabschlusses nach HGB im Vergleich zur Steuerbilanz

Die Steuerbilanz wird aus der Handelsbilanz abgeleitet (Maßgeblichkeitsprinzip). In der Steuerbilanz gibt es kaum Bilanzierungs- und Bewertungswahlrechte, deshalb sind (ausgehend von der Handelsbilanz) die entsprechenden steuerrechtlichen Korrekturen vorzunehmen.

Ziel: *Periodengerechte Ermittlung des Steuerbilanzgewinns der Kapitalgesellschaft durch Darstellung der objektiven wirtschaftlichen Leistungsfähigkeit des Unternehmens (gerechte Besteuerung und Gleichmäßigkeit der Besteuerung). Der Steuerbilanzgewinn ist Ausgangsgröße für die Ermittlung der Bemessungsgrundlagen zur Festsetzung der Körperschaftssteuer und der Gewerbesteuer (Gewinnsteuern der AG).*

Vereinfachtes Berechnungsschema zur Ermittlung des zu versteuernden Einkommens einer AG:

	Jahresüberschuss/Jahresfehlbetrag
+/–	Korrekturen nach einkommensteuerlichen Vorschriften
=	Gewinn/Verlust laut Steuerbilanz
+/–	Korrekturen nach körperschaftsteuerlichen Vorschriften
=	**zu versteuerndes Einkommen**

Unterschiedliche bilanzpolitische Zielsetzungen (Zielkonflikte) nach

Handelsbilanz	Steuerbilanz
z.B. Maximierung des Eigenkapitals, des Jahresüberschusses und des Ausschüttungsvolumens	z.B. Minimierung der steuerlichen Bemessungsgrundlage für KSt und GewSt

Aufgaben

1 Welche Unternehmen sind seit dem 01.01.2005 verpflichtet, einen Jahresabschluss nach IFRS vorzulegen?

2 Nennen Sie Gründe (Ziele), die für eine weltweite Einführung der IFRS sprechen.

3 Nennen Sie die wesentliche Zielsetzung und das wichtigste Prinzip nach IFRS.

4 Stellen Sie stichwortartig die wesentlichen Ziele der Handelsbilanz und der Steuerbilanz in einer Tabelle gegenüber.

7.3 Bewertung nach HGB

Kernwissen

Wann wird handelsrechtlich bewertet?

- zu Beginn des Handelsgewerbes (Eröffnungsbilanz, Bewertung aller Vermögensgegenstände und Schulden)
- beim Zugang von Vermögensgegenständen und Schulden während des Geschäftsjahres **(Zugangsbewertung)**
- Erstellung von Bilanz und GuV zur Gewinnermittlung und für Publizitätszwecke am Ende des Geschäftsjahres **(Folgebewertung)**
- beim Kauf oder Verkauf des gesamten Unternehmens

Welche Bewertungsziele können verfolgt werden?

Bewertungsziel	Wie wird das Ziel erreicht?
Verhinderung von Gewinnausweis, • um etwaigen Gewinnabfluss zu verhindern (verdeckte Selbstfinanzierung). • um Begehrlichkeiten der Mitarbeiter, des Staates usw. nicht zu wecken.	Möglichst geringer Gewinnausweis; der Gewinn wird reduziert, wenn das Vermögen unterbewertet, die Schulden jedoch überbewertet werden. Unterbewertung des Vermögens, z.B. durch hohe Abschreibungen, sofortige Aufwandsverrechnung statt Aktivierung.

Bewertungsziel	Wie wird das Ziel erreicht?
Unternehmen muss Erfolg präsentieren und einen entsprechenden **Gewinn ausweisen,** um evtl. geplante Kapitalerhöhung gegen Einlagen durchzuführen, erwartete Dividendenkontinuität zu gewährleisten oder die Bonität (Kreditwürdigkeit) zu verbessern.	Möglichst hoher Gewinnausweis; der Gewinn wird höher ausgewiesen, wenn das Vermögen überbewertet und die Schulden unterbewertet werden. Dieses Ziel kann mit einer möglichst geringen Abschreibung, durch höchstmögliche Aktivierung von Vermögensgegenständen erreicht werden.

Welche handelsrechtlichen Bewertungsvorschriften sind zu beachten?

Grundsäzlich: **Anschaffungs- oder Herstellungskostenprinzip**

	Aktiva	**Bilanz** Passiva	
gemildertes Niederstwertprinzip	**Anlagevermögen** • selbst geschaffene imm. VG[1] • Unbebaute Grundstücke • Bebaute Grundstücke • Maschinen • Betriebs- und Geschäftsausstattung • Finanzanlagen	**Eigenkapital** • Gezeichnetes Kapital • Kapitalrücklage • Gewinnrücklagen	
strenges Niederstwertprinzip	**Umlaufvermögen** • Vorräte FE, UE • (Wertpapiere des UV)	**Fremdkapital** • Rückstellungen[2] • Verbindlichkeiten	**Höchstwertprinzip**

aus Gründen kaufmännischer Vorsicht ***(Vorsichtsprinzip)*** wird das Vermögen eher zu niedrig als zu hoch bewertet

aus Gründen kaufmännischer Vorsicht ***(Vorsichtsprinzip)*** werden die Schulden eher zu hoch als zu niedrig bewertet.

Gemildertes Niederstwertprinzip (AV):

Wird unter Berücksichtigung planmäßiger Abschreibungen ein höherer Bilanzansatz (fortgeführte AHK) errechnet als der Börsen- oder Marktwert am Abschlussstichtag beträgt, muss der errechnete Bilanzansatz beibehalten werden, sofern die Wertminderung nicht dauerhaft ist. Ist die Wertminderung jedoch voraussichtlich **dauernd, muss** der niedrigere Wert angesetzt werden. Wenn der Grund für die außerplanmäßige Abschreibung entfallen ist, besteht Zuschreibungspflicht (Wertaufholungsgebot nach § 253 Abs. 5 HGB).

1 VG = Vermögensgegenstände
2 Bildung und Bewertung von Rückstellungen nicht mehr prüfungsrelevant

Strenges Niederstwertprinzip (UV):
Von mehreren möglichen Werten (AHK, Börsen- oder Marktpreis bzw. beizulegender Wert), ist der niedrigere anzusetzen, selbst bei nur vorübergehender Wertminderung. Zuschreibungspflicht bei Wegfall der Wertminderung (Wertaufholungsgebot).

Höchstwertprinzip:
Bei Schulden ist von mehreren möglichen Werten grundsätzlich der höhere (AK, Wert der Valutaverbindlichkeit am Bilanzstichtag, Erfüllungsbetrag) anzusetzen. Sofern die Restlaufzeit der Fremdwährungsverbindlichkeit am Bilanzstichtag nicht mehr als ein Jahr beträgt, ist die Schuld mit dem Devisenkassamittelkurs am Bilanzstichtag umzurechnen. Nach § 256a Abs. 2 HGB sind dabei nicht realisierte Gewinne bereits auszuweisen.

Wie werden die Anschaffungs- und Herstellungskosten (AHK) ermittelt?

Anschaffungskosten (AK)	Herstellungskosten (HK)
werden beim **Kauf** von Vermögensgegenständen ermittelt	werden bei **selbst hergestellten** Vermögensgegenständen ermittelt
§ 255 (1) HGB	§ 255 (2) HGB
(immer ohne USt!)	(immer ohne USt!)
Anschaffungspreis – **Anschaffungspreisminderungen** wie Rabatt, Skonto oder andere Preisminderungen + **Anschaffungsnebenkosten** (einmalige, eng mit der Anschaffung zusammenhängende Kosten) z.B. Transportkosten, Zulassungskosten, Grunderwerbsteuer, Notariatskosten	Materialeinzelkosten + Fertigungseinzelkosten + Sondereinzelkosten Mat. + Fert. + Materialgemeinkosten + Fertigungsgemeinkosten (Materialeinzelkosten bis Fertigungsgemeinkosten: ①) + Verwaltungsgemeinkosten (Materialeinzelkosten bis Verwaltungsgemeinkosten: ②) ① = **Wertuntergrenze** der Herstellungskosten ② = **Wertobergrenze** der Herstellungskosten
= **Anschaffungskosten**	• es kann jeder vertretbare Wert zwischen Unter- und Obergrenze gewählt werden. • *hoher Herstellungskostenansatz (= hoher Vermögensansatz) bedeutet relativ hohen Gewinnausweis bei Bilanzierung der HK.* • *geringer Herstellungskostenansatz (= geringer Vermögensansatz) bedeutet relativ geringen Gewinnausweis bei Bilanzierung der HK.*

- Für selbst **geschaffene immaterielle Vermögensgegenstände des Anlagevermögens** besteht ein Aktivierungswahlrecht.
- Die **Entwicklungskosten** dürfen nur aktiviert werden, sofern der Vermögensgegenstand die „Produktreife" erreicht hat, die seine Veräußerung, Anwendung oder Nutzungsüberlassung ermöglicht.
- Die Zugangsbewertung erfolgt stets zu den Anschaffungs- oder Herstellungskosten (Obergrenze der Bewertung), die gleichmäßig auf die voraussichtliche Nutzungsdauer verteilt, d. h. planmäßig abgeschrieben werden.
- Beim Kauf von Finanzanlagen (Beteiligung, WP des AV) sind die AK zu aktivieren (Zugangsbewertung).

Welche Abschreibungsvarianten gibt es nach HGB? Anlagevermögen		
↙	↓	↘
unbewegliches, nicht abnutzbares AV (z.B. Grundstücke Finanzanlagen) ↓	unbewegliches, abnutzbares AV (z.B. Gebäude, selbst geschaffene immaterielle VG) ↓	bewegliches, abnutzbares AV (z.B. Maschinen, BGA, Fuhrpark) ↓
• keine planmäßigen Abschreibungen erlaubt § 253 (3) HGB. • bei dauernder Wertminderung außerplanmäßige Abschreibung.	• lineare, zeitanteilige Abschreibung. • nach HGB soll die tatsächliche Wertminderung (betriebsbedingte) erfasst werden	Je nach Bilanzierungsziel ↓ • lineare, degressive, progressive Abschreibung (d.h. jede betriebswirtschaftlich begründbare Abschreibungsmethode), • als zeitanteilige Abschreibung

Bei voraussichtlich **dauernder Wertminderung** sind neben der planmäßigen Abschreibung **außerplanmäßige Abschreibungen** auf den am Bilanzstichtag „beizulegenden Wert" vorzunehmen (§ 253 (3) HGB).
Bei **Wegfall** der dauernden Wertminderung muss wieder zugeschrieben werden (**Wertaufholungsgebot** nach § 253 (5) HGB).

Für die Steuerbilanz gelten die Vorschriften des § 7 EStG. Da das „umgekehrte Maßgeblichkeitsprinzip" weggefallen ist, sind die in der Steuerbilanz beanspruchten Abschreibungen für die Handelsbilanz nicht mehr verbindlich. Sie dürfen jedoch i.d.R. übernommen werden, sofern keine steuerliche „Sonderabschreibung" beansprucht wird.

Wie ist das Vermögen zu bewerten?

Vermögensgegenstand	Zugangs- und Folgebewertung	Abschreibungen
Selbst geschaffene immaterielle Vermögensgegenstände des Anlagevermögens	Herstellungskosten (Aktivierungswahlrecht); Entwicklungskosten dürfen nur aktiviert werden, sofern VG „Produktreife“ erreicht hat. – **planmäßige Abschreibung** = Bilanzansatz	• nur linear und zeitanteilig • bei dauernder Wertminderung außerplanmäßige Abschreibung Pflicht
Unbebaute Grundstücke	Anschaffungskosten – **außerplanmäßige Abschreibung** bei dauernder Wertminderung = Bilanzansatz	• planmäßige Abschreibung verboten • bei dauernder Wertminderung planmäßige Abschreibung Pflicht • bei Wegfall der dauernden Wertminderung Zuschreibung bis AK
Bebaute Grundstücke (unbewegliches Anlagevermögen)	Anschaffungs- oder Herstellungskosten – **Abschreibungen für den Gebäudeanteil** = Bilanzansatz (GrSt. u. Geb.)	• nur linear und zeitanteilig möglich (evtl. zusätzlich außerplanmäßige Abschreibung)
Maschinen, Betriebs- und Geschäftsausstattung (bewegliches, abnutzbares Anlagevermögen)	Anschaffungs- oder Herstellungskosten – **Abschreibungen** = Bilanzansatz	• linear, degressiv, progressiv – soweit betriebswirtschaftlich begründet, • stets zeitanteilig • bei dauernder Wertminderung zusätzlich außerplanmäßige Abschreibung

Vermögens-gegenstand	Zugangs- und Folge-bewertung	Abschreibungen
Finanzanlagen (Beteiligungen, Wert-papiere des AV, langfr. Darlehen)	Anschaffungskosten – **außerplanmäßige Abschreibung** bei dauernder Wertminderung ――――――― = Bilanzansatz	• planmäßige Abschreibung verboten • bei dauernder Wertminderung muss abgeschrieben werden (str. NWP) • bei vorübergehender Wertminderung Wahlrecht (gemild. NWP) • Wertaufholungsgebot bis AK
Umlaufvermögen (Vorräte, Wertpapiere des UV)	Anschaffungs- oder Herstellungskosten bzw. niedrigerer Börsen- oder Marktpreis bzw. niedrigerer beizulegender Wert am Bilanzstichtag	Beim Umlaufvermögen ist stets der niedrigere von mehreren möglichen Werten anzusetzen (strenges Niederstwertprinzip).

Wie sind die Schulden zu bewerten?

Verbindlichkeiten ... (§ 253 Abs. 1 HGB)	... sind zu ihrem **Erfüllungsbetrag** am Bilanzstichtag anzusetzen. Ausnahme: Valutaverbindlichkeiten (siehe unten).
Disagio (Damnum) ... (§ 250 Abs. 3 HGB)	... kann als Aufwand über Laufzeit verteilt werden oder im 1. Jahr in voller Höhe als Aufwand gebucht werden.
Fremdwährungsverbindlichkeiten ... (Valutaverbindlichkeiten) (§ 256a HGB beachten)	... werden am Tag ihrer Entstehung und Zahlung mit dem Geldkurs (Ankauf) in € umgerechnet. Am Bilanzstichtag wird zum Devisenkassamittelkurs umgerechnet.
• **Restlaufzeit > 1 Jahr**	• Höchstwertprinzip; es ist der höhere €-Betrag anzusetzen; entweder Zugangswert oder Wert am Bilanzstichtag.
• **Restlaufzeit ≤ 1 Jahr**	• Ansatz zum Wert am Bilanzstichtag. Wenn der Wert am Bilanzstichtag kleiner ist als der Zugangswert, müssen noch nicht realisierte Gewinne ausgewiesen werden.

Aufgaben

1 Am Ende des Geschäftsjahres 01 waren bei einer AG 400 000 Liter Exportbier zu bewerten. Folgende Angaben aus dem Rechnungswesen liegen vor:

Fertigungsmaterial für 100 000 Liter:	22 500,00 €
Fertigungslöhne für 100 000 Liter:	11 250,00 €
Materialgemeinkostenzuschlag:	10 %
Fertigungsgemeinkostenzuschlag:	200 %
Verwaltungsgemeinkostenzuschlag:	20 %
Vertriebsgemeinkostenzuschlag:	25 %

a) Berechnen Sie den Bilanzansatz, wenn ein möglichst hoher Gewinn ausgewiesen werden soll.

b) Ermitteln Sie, um welchen Betrag sich der Jahresüberschuss verändert, wenn nach Handelsrecht der niedrigste Bilanzansatz gewählt wird.

2 Bei der Erstellung der Handelsbilanz des Jahres 01 treten folgende Bewertungsprobleme auf. Gehen Sie in allen Fällen davon aus, dass der niedrigste Gewinn in 01 ausgewiesen werden soll.

a) Kauf von fünf PC für die Verwaltung, netto 1 200,00 €/Stück, Nutzungsdauer vier Jahre, Beschaffungstermin 11.09.01. Ermitteln Sie den Bilanzansatz zum 31.12.01, wenn der PC im ersten Nutzungsjahr 40 % seines Wertes verliert.

b) Kauf einer Lagerhalle im Oktober 01. Diese ist für einen Umbau vorgesehen. Die Halle wird sofort betrieblich genutzt.

Kaufpreis	600 000 €
Grunderwerbsteuer	5 %

Nebenkosten:
- Beratungshonorar des Architekten (vor Kauf) 6 000,00 €, netto
- städtische Straßen- und Kanalanschlussgebühren 8 500,00 €, netto
- weitere Nebenkosten (einschl. Notarkosten) 18 500,00 €, netto
- Umsatzsteuersatz 19 %

Der Wert des Grundstücks beträgt 1/5 der Anschaffungskosten, die betriebsgewöhnliche Nutzungsdauer der Halle 25 Jahre.
Errechnen Sie den Bilanzansatz am 31.12.01.

c) Das Lager für Fertigerzeugnisse weist am 31.12.01 für den Typ „WE 10 S“ 25 Stück aus.

Aus der KLR liegen folgende Zahlen je Stück vor:

Fertigungsmaterial	1 100,00 €
Materialgemeinkosten	15%
Fertigungslöhne	560,00 €
Fertigungsgemeinkosten	150 %
Verwaltungsgemeinkosten	20 %
Vertriebsgemeinkosten	15 %

d) Ein Teil der Elektronik für den Typ „WE 10 S" wird aus den USA bezogen. Eine Rechnung in Höhe von 45 500,00 USD ist noch zu begleichen; fällig am 01.02.02. Kurs bei Rechnungsstellung am 10.12.01 1,00 € = 1,3351 (Geld), 1,3411 (Brief) USD; Kurs am 31.12.01 1,00 € = 1,3611 (Geld), 1,3771 (Brief) USD. Devisenkassamittelkurs am 31.12.01 1,00 € = 1,3710.
Begründen Sie, mit welchem Wert die Verbindlichkeiten in der Bilanz auszuweisen sind.

3 Bei der Nordbadischen Maschinen AG wird der Jahresabschluss zum 31.12.01 erstellt.

Anweisungen des Vorstands dazu:

- Es ist eine Handelsbilanz zu erstellen!
- Es soll ein möglichst **niedriger** Jahresüberschuss ausgewiesen werden.

Für folgende Positionen sind noch Bilanzansätze zu ermitteln:

a) **Bebaute Grundstücke**
Zur Vergrößerung der Lagerkapazität wurde am 2.5.01 das bebaute Nachbargrundstück mit einer Fläche von 2 400 qm für 480 000,00 € gekauft. Das erworbene Gebäude ist noch nicht fertiggestellt.
An Nebenkosten fielen an: Grunderwerbsteuer 24 000,00 €, Notariatskosten, Maklergebühren und Kosten für den Grundbucheintrag insgesamt netto 16 400,00 €.
Der Verkaufswert vergleichbarer Grundstücke liegt bei 50,00 € je qm. Nach dem Kauf vorgenommene Ausbauten erforderten netto 40 500,00 €. Die Finanzierungsaufwendungen für Kauf und Ausbau im Jahr 01 beliefen sich auf 17 000,00 €. Das Gebäude war am 1.9.01 bezugsfertig. Die geschätzte Nutzungsdauer beträgt 40 Jahre. Es wird linear abgeschrieben.

b) **Kauf von Rohstoffen in USA**
Rechnung der Firma Carlo Bronson, Boston, über 85 000,00 USD für Rohstoffe vom 23.12.01 Zahlungsbedingung: „Bei Zahlung innerhalb 14 Tagen ab Rechnungsdatum 3 % Skonto, 30 Tage netto".

Kurse für USD	1 € = USD
23.12.01	1,3422 (Geld), 1,3482 (Brief)
31.12.01	1,3710 (Geld), 1,3770 (Brief)
31.12.01	1,3740 (Devisenkassamittelkurs)

1. Mit welchem Betrag muss die Rechnung der Firma Bronson am 23.12.01 gebucht werden? Rechnerischer Nachweis für Rohstoffe und Valuta Verbindlichkeiten.
2. Ermitteln Sie die Bilanzansätze zum 31.12.01 aller unter b) angeführten Positionen. Die gekauften Rohstoffe sind noch vollständig als Vorräte im Lager. Begründen Sie Ihre Berechnungen.

c) **Auf dem Konto Verbindlichkeiten gegenüber Kreditinstituten sind noch folgende Vorgänge zu berücksichtigen:**
- Bankdarlehen über 900 000,00 €, Auszahlung zu 96 % am 01.07.01, Fälligkeit: 30.06.11 zum Nominalwert.
- Kontokorrentkredit: Das Kreditlimit wurde von 400 000,00 € auf 600 000,00 € am 24.08.01 erhöht. Sollstand am 31.12.01: 450 000,00 €.
  Begründen Sie mit welchem Betrag die Schulden am 31.12.01 zu passivieren sind.

d) **Wertpapiere des Umlaufvermögens**
Die AG hat am 10.06.01 500 x-Aktien zum Kurs von 21,50 € angeschafft und im Umlaufvermögen aktiviert. Am 31.12.01 beträgt der Aktienkurs 19,80 €. Begründen Sie mit welchem Wert die Aktien am 31.12.01 auszuweisen sind. (Ohne Spesen).

e) **Gewinnermittlung und -verwendung**
Folgende Zahlen aus der Buchhaltung der Nordbadischen Maschinenfabrik stehen für 01 zur Verfügung:

	T€
Sachanlagen	54 000
Finanzanlagen	3 000
Roh-, Hilfs- und Betriebsstoffe (Bestand)	14 000
Unfertige und fertige Erzeugnisse	16 000
Forderungen	11 000
Flüssige Mittel	4 000
Umsatzerlöse	92 000
Bestandsmehrungen Fertigerzeugnisse	500
Aktivierte Eigenleistungen	100
Sonstige Erträge	1 900
Gezeichnetes Kapital	50 000
Gesetzliche Rücklage	5 000
Andere Gewinnrücklagen	20 200
Rückstellungen	1 500
Anleihen (langfristiges Fremdkapital)	19 500
Bankschulden	3 600
Verbindlichkeiten aus Lieferungen und Leistungen	11 000
Verlustvortrag	200
Verbrauch von Roh-, Hilfs- und Betriebsstoffen	31 000
Personalaufwendungen	28 000
Sonstiger Aufwand	26 900

Bestandsminderung unfertiger Erzeugnisse	100
Bilanzielle Abschreibungen	3 500
Kalkulatorische Abschreibungen	4 200

Errechnen Sie aus den gegebenen Zahlen den Jahresüberschuss 01.
(Der Lösungsweg muss ersichtlich sein.)

f) Dieser Jahresabschluss wird durch die Hauptversammlung festgestellt.
Die Satzung der AG sieht für diesen Fall eine Einstellung in die anderen Gewinnrücklagen aus dem Jahresüberschuss im größtmöglichen Umfange vor. Es gibt keine weiteren Satzungsbestimmungen zu den Rücklagen.
Errechnen Sie den Bilanzgewinn.
Die Hauptversammlung beschließt, eine maximal mögliche Dividende (auf volle 10 Cent) auszuschütten. Berechnen Sie den Gewinnvortrag. Der fiktive Aktiennennwert beträgt 5,00 €.

g) Geben Sie an, ob und auf welche Positionen der GuV-Rechnung der AG sich die folgenden Vorfälle auswirken.
(Angabe der Nummern von § 275 (2) HGB genügt.)
- Erlöse aus dem Verkauf von Rohstoffabfällen
- Dividendenerträge aus Wertpapieren des Anlagevermögens
- Einstellung von Agio in die Kapitalrücklage
- Verlust von Anlagen durch einen Großbrand.

4 Die Medica AG möchte bei der Aufstellung ihres Jahresabschlusses zum 31.12.02 alle Bilanzierungs- und Bewertungswahlrechte so nutzen, dass ein möglichst hoher Jahresüberschuss ausgewiesen wird. Begründen Sie jeweils stichwortartig den von Ihnen gewählten Bilanzansatz.

a) Die Medica AG hat das Medikament „Vitafit“ entwickelt und ab 01.03.02 dafür die Marktzulassung erhalten, sodass in 02 die Produktion aufgenommen wird.
Bis zur Produktreife und Marktzulassung sind in der Forschungs- und Entwicklungsabteilung hierfür folgende Kosten angefallen:

Grundlagenforschung Arzneimittel	3,20 Mio. €
Forschungslabor Vitafit	1,40 Mio. €
Testmaterial Vitafit	0,20 Mio. €
Materialgemeinkosten Vitafit	200 %
Löhne Entwicklungsteam Vitafit	0,60 Mio. €
Fertigungsgemeinkosten Vitafit	180 %
Verwaltungsgemeinkosten Forschungslabor Vitafit	0,18 Mio. €

b) Die AG hat in 01 ein unbebautes Grundstück mit 2 000 qm für 220 000,00 € erworben, um darauf ein viergeschossiges Verwaltungsgebäude zu errichten. Laut Bauvoranfrage vor dem Kauf wurde eine viergeschossige Bebauung in Aussicht gestellt. Nach zahlreichen Nachbareinsprüchen hat das Baurechtsamt nur die Genehmigung für zwei Stockwerke erteilt. Laut Gutachterausschuss betragen zum 31.12.02 die Grundstückspreise für dieses Gelände aufgrund der Baubeschränkung nur noch 90,00 € pro qm.

c) Die AG hat im März 02 eine Beteiligung an der Medikamenten-Vertriebs-GmbH für 500 000,00 € erworben, um dadurch ihren Medikamentenabsatz zu optimieren. Am 31.12.02 beträgt der aktuelle Verkehrswert dieser Beteiligung – nachdem der Internethandel hohe Zuwachsraten erreicht hat – nur noch nachhaltig 450 000,00 €.

d) Der Vorstand der AG hat im April 02 zur kurzfristigen Geldanlage 10 000 Aktien erworben und mit den Anschaffungskosten von 650 000,00 € im Umlaufvermögen der AG aktiviert. Am 31.12.02 betrug der Börsenkurs dieser Aktien 52,00 €.

7.4 Bilanzkennzahlen

Kernwissen

Die umfangreiche und feindifferenzierte Bilanz (§ 266 HGB) wird im Hinblick auf die Bilanzauswertung stark zusammengefasst:

Bilanzkennzahlen der Kapitalstruktur

Strukturbilanz

Aktiva	Passiva
I. Anlagevermögen	I. Eigenkapital
II. Umlaufvermögen	II. Fremdkapital
1. Vorräte	1. Langfristiges Fremdkapital
2. Forderungen	2. Kurzfristiges Fremdkapital
3. Sonstiges Umlaufvermögen	
4. Geldmittel	

Die **Strukturbilanz** gibt nur zusammengefasste (verdichtete) Bilanzwerte zur Berechnung von Bilanzkennzahlen an:

Eigenkapitalquote
(Eigenkapitalanteil)

$$= \frac{\text{Eigenkapital (EK)} \cdot 100}{\text{Gesamtkapital (GK)}} \text{ in \% bzw. } \frac{EK}{GK}$$

Ziel:[1] Möglichst hoch > 30 %, je nach Branche zur Stabilität und Sicherheit; Zielkonflikt mit Leverage-Effekt.

Fremdkapitalquote
(Fremdkapitalanteil, Anspannungsgrad)

$$= \frac{\text{Fremdkapital (FK)} \cdot 100}{\text{Gesamtkapital (GK)}} \text{ in \% bzw. } \frac{FK}{GK}$$

1 Zielvorgaben sind nur Faustregeln; abhängig von Branche, Rechtsform und Konjunktur usw.

Verschuldungsgrad $= \dfrac{\text{Fremdkapital (FK)} \cdot 100}{\text{Eigenkapital (EK)}}$ in % bzw. $\dfrac{\text{FK}}{\text{EK}}$

Ziel: Möglichst niedrig, um Zinslast zu mindern. $\dfrac{\text{FK}}{\text{EK}} = \dfrac{1}{1}$ gilt als solide; Leverage-Effekt beachten.

Bilanzkennzahlen der Anlagendeckung (Investierung)

Deckungsgrad I $= \dfrac{\text{Eigenkapital (EK)} \cdot 100}{\text{Anlagevermögen (AV)}}$ in % bzw. $\dfrac{\text{EK}}{\text{AV}}$
(Investierung I)

Ziel: Gemäß der engen Fassung der „goldenen Bilanzregel" 100 % zur Sicherung der unabhängigen Betriebsbereitschaft.

Deckungsgrad II $= \dfrac{\text{(Eigenkapital + langfristiges Fremdkapital)} \cdot 100}{\text{Anlagevermögen (AV)}}$ in %
(Investierung II)

Ziel: ≥ 100 %, Fristenkongruenz und Leverage-Effekt beachten.

Bilanzkennzahlen der Liquidität

Liquidität 1. Grades $= \dfrac{\text{flüssige Mittel} \cdot 100}{\text{kurzfristiges Fremdkapital}^{1}}$
(Barliquidität)

Ziel: Barliquidität ca. 20 % des kurzfristigen Fremdkapitals.

Liquidität 2. Grades $= \dfrac{\text{(flüssige Mittel + kurzfristige Forderungen)} \cdot 100}{\text{kurzfristiges Fremdkapital}^{1}}$
(einzugsbedingte Liquidität)

Ziel: ≥ 100 %, um stets liquide zu sein.

Aufgaben

1 Die Süddeutsche Energie-Versorgungs-AG zeigt für 02 und 01 folgende Bilanzwerte (Beträge in T€):

1 kurzfristiges Fremdkapital = kurzfristige Verbindlichkeiten + kurzfristige Rückstellungen + kurzfristige sonstige Verbindlichkeiten. Beschlossene, aber noch nicht ausgeschüttete Dividenden sind ebenfalls kurzfristige Verbindlichkeiten.

Aktiva	02	01	Passiva	02	01
A. Anlagevermögen			**A. Eigenkapital**		
Sachanlagen			I. Gezeichnetes Kapital	46 000	46 000
1. Grundstücke	7 400	7 200	II. Gewinnrücklagen		
2. Gebäude	14 100	13 100	1. gesetzliche Rücklage	4 600	4 600
3. Maschinen	25 000	24 000	2. and. Gewinnrücklagen	1 300	1 100
4. Betriebs- und Geschäftsausstattung	5 500	5 200	III. Bilanzgewinn	3 000	
B. Umlaufvermögen			**B. Rückstellungen**		
1. Vorräte	1 800	1 700	1. Steuerrückstellungen	400	300
2. Forderungen	2 400	1 800	2. sonst. Rückstellungen	100	100
3. Kasse, Postbank, Guthaben bei Kreditinstituten	2 200	1 900	**C. Verbindlichkeiten**		
			1. gegenüber Kreditinstituten	600	500
			2. aus Lieferungen und Leistungen	2 400	2 300
	58 400	**54 900**		**58 400**	**54 900**

zum 31.12.

Erläuterungen zu den einzelnen Bilanzpositionen:

- Die Forderungen (Pos. B. 2.) haben eine **Restlaufzeit bis zu einem Jahr** (Angabe nach § 268 Abs. 4 HGB).
- Die Rückstellungen (Pos. B. 1. und B. 2.) sind kurzfristig, die Verbindlichkeiten (Pos. C. 2.) haben eine **Restlaufzeit bis zu einem Jahr** (§ 268 Abs. 5 HGB).
- Für das Berichtsjahr (02) ist eine Dividendenausschüttung von 0,30 € je 5,00 €-Aktie vorgesehen.
- Der Börsenkurs dieser AG beträgt am 31.12.02, dem Bilanzstichtag 7,25 €.
- Vorstand und Aufsichtsrat stellen den Jahresabschluss fest.

a) Haben Vorstand und Aufsichtsrat das ihnen zustehende Recht für die Zuweisung zu den anderen Gewinnrücklagen 02 voll ausgenutzt? Begründen Sie Ihre Aussage.

b) Berechnen Sie den Bilanzkurs zum 31.12.02 (nach geplanter Dividendenausschüttung).
   - Welche vermuteten stillen Rücklagen lassen sich aus dem Börsenkurs zum Bilanzstichtag 31.12.02 errechnen?

c) Stellen Sie die Strukturbilanz (aufbereitete Bilanz) auf.[1]

d) Berechnen Sie Kennzahlen der Kapitalstruktur (Eigenkapitalquote, Verschuldungsgrad, Anteil des lang- und kurzfristigen Fremdkapitals).

e) Berechnen Sie die Deckungsgrade (Investierungen) I und II.

f) Ermitteln Sie die Liquiditätsgrade 1 und 2.

g) Wie beurteilen Sie aufgrund der Ergebnisse d), e), f) die finanzielle Sicherheit und Stabilität des Unternehmens, soweit diese aus den Kennzahlen erkennbar sind?

1 Laut Lehrplan wird die Strukturbilanz vorgegeben.

h) Welche Aussagen können Sie zur Vermögensstruktur des Unternehmens treffen?
i) Welche Auswirkungen haben bereits vorhandene stille Rücklagen bei der Beurteilung der Eigenkapitalquote und der Rentabilität?

7.5 Erfolgskennzahlen

Kernwissen

Eigenkapitalrentabilität (R_{EK})

$$R_{EK} = \frac{\text{Jahresüberschuss (JÜ)} \cdot 100}{\text{Eigenkapital[1]}} \text{ in \%}$$

Gesamtkapitalrentabilität (R_{GK})

$$R_{GK} = \frac{\text{(JÜ + Fremdkapitalzinsen)} \cdot 100}{\text{Gesamtkapital[1]}} \text{ in \%}$$

Umsatzrentabilität (R_U)

$$R_U = \frac{\text{Jahresüberschuss} \cdot 100}{\text{Umsatzerlöse}} \text{ in \%}$$

Return on Investment (RoI) = R_{EK} (RoI)

$$R_{EK}\text{ (RoI)} = \frac{\text{Jahresüberschuss} \cdot 100}{\text{Umsatzerlöse}} \cdot \frac{\text{Umsatzerlöse}}{\text{EK}}$$

RoI = Umsatzrentabilität · EK-Umschlagshäufigkeit

Auswirkung der Finanzierungsart auf die Eigenkapitalrentabilität:

- Zusätzliches Fremdkapital verbessert unter der Bedingung „Fremdkapitalzinssatz < Gesamtkapitalrentabilität“ die Rentabilität des Eigenkapitals.
- Die Hebelwirkung des gestiegenen Verschuldungsgrades auf die Eigenkapitalrentabilität wird als **Leverage-Effekt** bezeichnet.

1 Die Rechnung wird genauer, wenn ein Mittelwert aus Jahresanfang und Jahresende verwendet wird. Aus Vereinfachungsgründen werden jedoch häufig die Werte am Jahresende genommen.

Statt des Jahresüberschusses wird häufig der aussagefähigere **Cashflow** herangezogen, um die **Innenfinanzierungskraft** eines Unternehmens zu beurteilen. Dem externen Analytiker bleibt nichts anderes übrig, als den Cashflow aus dem Jahresüberschuss zu berechnen:

Ausgangssituation	→	Umbewertung
Jahresüberschuss = Erträge – Aufwendungen ↓ Probleme: • Erträge stellen nicht immer gleichzeitig Einnahmen (= zugeflossenes Geld) dar • Aufwendungen stellen nicht immer gleichzeitig Ausgaben (= abgeflossenes Geld) dar		***Jahresüberschuss*** + ***ausgabelose Aufwendungen*** • Abschreibungen des laufenden Geschäftsjahres auf das Anlagevermögen • Einstellungen des laufenden Geschäftsjahres in langfristige Rückstellungen – ***einnahmelose Erträge:*** Herabsetzung bzw. Auflösung langfristiger Rückstellungen = ***Brutto-Cashflow***[1] – Dividendenausschüttung = **Netto-Cashflow**

Cashflow je Aktie $= \dfrac{\text{Cashflow}^2}{\text{Anzahl der Aktien}}$

Cashflow-Umsatzrate $= \dfrac{\text{Cashflow} \cdot 100}{\text{Umsatzerlös}}$ in %

Der Jahresüberschuss ist im internationalen Vergleich eine unzureichende Kennziffer, da er von den nationalen Steuer- und Zinssätzen beeinflusst ist, deshalb wird der **EBIT** (**E**arnings **B**efore **I**nterests and **T**axes) berechnet:

Jahresüberschuss
\+ Ertragsteuern
\+ Zinsergebnis (Zinsaufwendungen – Zinserträge)
= EBIT
\+ Abschreibungen auf AV
= EBITDA*

*EBITDA = **E**arning **B**efore **I**nterests, **T**axes, **D**epreciation and **A**mortisation.

1 als vereinfachter Brutto-Cashflow
2 ausgehend vom Brutto-Cashflow

Aufgaben

1 Die Büromaschinen AG plant, die börsennotierte Computec AG zu übernehmen.

Aus dem Geschäftsbericht liegen über die Computec AG folgende Zahlenwerte vor:

Aktiva	zusammengefasste Bilanz (in Mio. €)*			Passiva
Sachanlagen	10,0	Gezeichnetes Kapital		2,0
Vorräte	3,0	Kapitalrücklage		1,0
Forderungen	4,0	Gewinnrücklagen		2,0
liquide Mittel	1,0	Rückstellungen:	langfristige	1,5
		Rückstellungen:	kurzfristige	0,5
		Verbindlichkeiten:	langfristige	1,5
		Verbindlichkeiten:	kurzfristige	9,5
	18,0			**18,0**

* nach vollständiger Gewinnverwendung

Die Umsatzerlöse der Computec AG betrugen 30 Mio. €. Der Jahresüberschuss wurde mit 1,2 Mio. € ausgewiesen; es wurde keine Dividende ausgeschüttet. In das Anlagevermögen wurden 4 Mio. € investiert, die Abschreibungen auf das Anlagevermögen betrugen 3 Mio. €, die kumulierten Abschreibungen gemäß Anlagenspiegel[1] 6 Mio. €. Die langfristigen Rückstellungen haben sich um 0,8 Mio. € erhöht.

a) Berechnen und interpretieren Sie zwei Kennzahlen zur Liquiditätslage der Computec AG. Beurteilen Sie kritisch deren Aussagekraft.

b) Berechnen Sie
- die Eigenkapitalrentabilität und die Umsatzrentabilität sowie
- den Cashflow

Beurteilen Sie die Ertragslage insgesamt.

c) Welche Aussage können Sie als externer Beurteiler über den Altersaufbau des Sachanlagenbestandes machen?

d) Beurteilen Sie die Finanzierung der Computec AG anhand je einer horizontalen und vertikalen Bilanzkennzahl.

1 Anlagenspiegel nicht prüfungsrelevant

2 Die Läpple AG, Heidenheim, wurde im Jahr 1 gegründet. Im Jahr 2 wurde die bisher einzige Kapitalerhöhung durchgeführt. Die Aktienkurse sind seit mehreren Monaten rückläufig, der DAX ist innerhalb von 9 Monaten um 35 % gesunken. Deshalb beantragt der Vorstand der Läpple AG bei seiner Hausbank ein Annuitätendarlehen.
Die Läpple AG legt ihrer Hausbank die Jahresabschlüsse nach HGB der bisherigen drei Geschäftsjahre vor. (siehe Anlage). Sie möchte Erweiterungsinvestitionen durchführen, um die Fertigungskapazitäten zu erhöhen.
Der fiktive Nennwert je Aktie beträgt 5,00 €.

a) Die Hausbank möchte anhand von Kennzahlen über die Kreditvergabe des vierten Jahres entscheiden.

1. Bestimmen Sie die Umsatzrentabilität der Geschäftsjahre 1 bis 3 und bewerten Sie die Ergebnisse hinsichtlich der Kreditvergabe.
2. Berechnen Sie den ROI für die Jahre 2 und 3 auf Basis des Gesamtkapitals. (Gesamtkapital am Jahresanfang).
3. Ein Konkurrent der Läpple AG, hat bei einer geringeren Umsatzrentabilität einen höheren Return on Investment als die Läpple AG.
Erklären Sie, wie dies zustande kommen kann.
4. Berechnen Sie den Brutto-Cashflow in vereinfachter Form für die Jahre 2 und 3.
5. Welche Bedeutung hat der Brutto-Cashflow generell?

b) Bei der Analyse der Bilanz und der Gewinn- und Verlustrechnung interessiert sich der Kreditsachbearbeiter für die Abschreibungs- und Bewertungsmethoden der Läpple AG. Wie kann er sich ein Bild über die gesuchten Informationen machen?

c) Erläutern Sie anhand einer selbstgewählten Vermögensposition, warum für die Hausbank Informationen über Abschreibungsmethoden wichtig sind.

d) Weisen Sie anhand der Daten für das Geschäftsjahr 2 nach, wie hoch die Investitionen in das Sachanlagevermögen im Jahr 2 insgesamt waren. Unterstellen Sie, dass im Bereich der Sachanlagen keine weiteren Zu- oder Abgänge erfolgt sind.

e) Ermitteln Sie für die Jahre 2 und 3 den EBIT. Warum wird im internationalen Vergleich häufig der EBIT statt dem Jahresüberschuss herangezogen?

f) Begründen Sie, warum die Läpple AG keine gesetzliche Rücklage ausweist.

g) Bereits im Jahr 2 wurde eine Erweiterungsinvestition durchgeführt, die teilweise durch eine Kapitalerhöhung gegen Einlagen finanziert wurde. Berechnen Sie den Mittelzufluss der Kapitalerhöhung gegen Einlagen im Jahr 2.

h) Zu welchem Kurs wurden die Aktien ursprünglich ausgegeben und zu welchem Ausgabekurs erfolgte die Kapitalerhöhung im Jahr 2?

Anlage 1

Vereinfachte Bilanz der Läpple AG jeweils zum 31.12. der drei Geschäftsjahre; Zahlen in Tsd. €

Aktiva	**Jahr 3**	**Jahr 2**	**Jahr 1**	**Passiva**	**Jahr 3**	**Jahr 2**	**Jahr 1**
A. Anlagevermögen Sachanlagen				A. Eigenkapital			
1. Bauten und Grundstücke	9 600	9 900	8 200	I. Gezeichnetes Kapital	4 800	4 800	4 000
2. Technische Anlagen	8 900	8 700	8 200	II. Kapitalrücklage	7 600	7 600	6 000
3. Andere Anlagen	1 350	1 400	1 600	III. Andere Gewinnrücklagen	4 245	3 620	3 200
				IV. Gewinnvortrag, Vorjahr	1	–	20
				V. Jahresüberschuss	1 400	1 250	840
B. Umlaufvermögen				B. Rückstellungen			
I. Vorräte				1. Langfristige Rückstellungen	1 200	1 140	1 090
1. RHB-Stoffe	1 250	900	1 300	2. Kurzfristige Rückstellungen	55	44	72
2. Fertigerzeugnisse	1 180	1 240	1 310				
II. Forderungen							
1. Ford. LuL.	500	250	619				
2. Sonstige Ford.	237	63	140				
III. Bank, Kasse	294	106	314				
				C. Verbindlichkeiten			
				1. Langfristige Bankverbindlichk.	2 600	2 700	5 100
				2. Kurzfristige Bankverbinlichk.	400	500	450
				3. Verbindlichk. LuL.	970	870	872
				4. Sonstige Verbindlichkeiten	40	35	39
	23 311	**22 559**	**21 683**		**23 311**	**22 559**	**21 683**

Anlage 2

Gewinn- und Verlustrechnungen der Läpple AG für die drei Geschäftsjahre; Zahlen in Tsd. €

Position	Jahr 3	Jahr 2	Jahr 1
Umsatzerlöse	15 410	14 225	13 282
Bestandserhöhungen	–	–	50
Bestandsminderungen	60	70	–
Materialaufwand	3 200	2 650	2 500
Personalaufwand	8 400	8 010	7 900
Abschreibungen auf Sachanlagen	1 800	1 700	1 600
Zinserträge	70	40	30
Zinsen und ähnliche Aufwendungen	200	210	270
Steuern vom Einkommen und vom Ertrag	420	375	252
Jahresüberschuss	1 400	1 250	840

Fachbegriffe zum Jahresabschluss nach HGB:

Anhang	*Bestandteil des Jahresabschlusses einer Kapitalgesellschaft, in dem Bilanz und GuV erläutert werden.*
Lagebericht	*Ergänzung zum Jahresabschluss; beurteilt die Lage des Unternehmens (Gesamtwürdigung).*
Vorsichtsprinzip	*Der Kaufmann muss nach HGB „vorsichtig“ bewerten; er darf sich nicht reicher rechnen.*
Niederstwertprinzip	*Gilt für* **Aktivseite; Vermögen** *soll vorsichtig bewertet werden, d. h. es soll eher zu niedrig als zu hoch bewertet werden.*
Gemildertes Niederstwertprinzip	*Gilt für* **Anlagevermögen**. *Es besteht ein Wahlrecht zwischen fortgeführten AHK und niedrigerem Börsen- oder Marktpreis. Bei* **dauerhafter** *Wertminderung muss stets der niedrigere Wert angesetzt werden.*
Strenges Niederstwertprinzip	*Gilt für* **Umlaufvermögen**. *Von zwei möglichen Werten ist stets der niedrigere anzusetzen (AHK, Börsen- oder Marktpreis bzw. beizulegender Wert), selbst bei nur vorübergehender Wertminderung.*
Höchstwertprinzip	*Gilt für* **Passivseite**. *Von zwei möglichen Werten ist stets der höhere anzusetzen (AK oder Erfüllungsbetrag der Schulden).*
Realisationsprinzip	*Gewinne dürfen nur angesetzt werden, wenn sie bis zum Bilanzstichtag* **realisiert** *sind. (Ausnahmen z.B.: Ansatz des Devisenkassamittelkurses bei Restlaufzeit der Valutaverbindlichkeit am Bilanzstichtag bis zu einem Jahr => vorzeitige Gewinnrealisierung).*

Imparitätsprinzip	*noch nicht realisierte Gewinne dürfen nicht ausgewiesen werden; noch nicht realisierte Verluste müssen ausgewiesen werden*
Anschaffungskosten (Anschaffungswertprinzip)	*Vermögens- und Schuldposten sind* **grundsätzlich** *mit ihrem* **Anschaffungswert** *zu bilanzieren (Zugangsbewertung). Wertansatz beim Kauf von Vermögen:* *Anschaffungspreis* *+ Anschaffungsnebenkosten* *– Anschaffungspreisminderungen* *= Anschaffungskosten (AK)*
Herstellungskosten	*Bewertungsansatz bei selbsterstelltem Vermögen*
Rückstellungen	*stellen Fremdkapital dar; müssen beispielsweise für ungewisse Verbindlichkeiten und drohende Verluste aus schwebenden Geschäften gebildet werden*
Rücklagen	*stellen Eigenkapital dar; dienen der Verhinderung von Gewinnausschüttungen (Selbstfinanzierung)*
offene Rücklagen	*sind in der Bilanz zu erkennen, werden als gesetzliche oder andere Gewinnrücklagen ausgewiesen (Verwendung des JÜ)*
stille Rücklagen (stille Reserven)	*sind in der Bilanz nicht zu erkennen; entstehen durch Unterbewertung des Vermögens und/oder Überbewertung der Schulden. Bewirken bei Bildung Ergebnisminderung und Steuerstundung. Zum Beispiel überhöht gebildete Rückstellung (Differenzbetrag zwischen passivierter Rückstellung und tatsächlich benötigter Rückstellung)*
Cashflow	*stellt die Innenfinanzierungskraft (Finanzüberschuss) eines Unternehmens dar*
Liquidität	*Zahlungsfähigkeit*

EBIT	Jahresüberschuss + Ertragsteuern + Zinsergebnis = EBIT
RoI	= *Umsatzrentabilität • EK-Umschlagshäufigkeit*
Leverage-Effekt	*sofern R_{GK} > Zinsfuß für FK ⇒ R_{EK} steigt bei Aufnahme von weiterem FK*
Kurzfristiges Fremdkapital	*Summe aus kurzfristigen Verbindlichkeiten und kurzfristigen Rückstellungen. Die kurzfristigen Verbindlichkeiten sind betragsmäßig und ursächlich genau bestimmt. Die Zahlungsverpflichtung aus kurzfristigen Rückstellungen sind betragsmäßig und ursächlich nicht genau bestimmbar.*

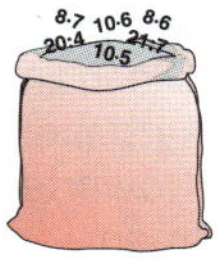

Zusammenfassende Aufgaben zum Jahresabschluss

1 Die Kolbenmeier AG, ein bekannter Autozulieferer, befindet sich in einer schwierigen Lage. In der Bilanz und der Erfolgsrechnung zum 31.12.03 sollte das volle Ausmaß der Probleme des Unternehmens nicht erkennbar sein. Ein Jahresüberschuss von 9 Mio. € wurde ausgewiesen.

Im Anhang finden sich folgende Erläuterungen:

Auszug 1
„Das Sachanlagevermögen wurde zu Anschaffungskosten, vermindert um planmäßige Abschreibungen, bewertet. Die in den nächsten Jahren geplanten Investitionen und die angespannte Preissituation auf den Absatzmärkten waren der Anlass, im Abschluss von der degressiven zur linearen Abschreibungsmethode überzugehen. Der Abschreibungsbetrag wäre bei degressiver Abschreibungsmethode um 10 960 T€ höher gewesen."

Auszug 2
Das Disagio in Höhe von 5 000,00 € für den Bankkredit wurde in 03 in voller Höhe als Aufwand verrechnet.

a) Beurteilen Sie die einzelnen – in den Auszügen dargestellten – Maßnahmen im Hinblick auf das angestrebte Bilanzierungsziel. Zeigen Sie die Auswirkungen auf den Jahresabschluss.

b) Warum ist die Geschäftsleitung hier unterschiedlich verfahren?

c) Welche Auswirkungen ergeben sich aus den Maßnahmen nach Auszug 1 auf den Cashflow und auf die Umsatzrentabilität?

d) Beurteilen Sie die Eignung der beiden Kennzahlen (c) zur Unternehmensanalyse.

e) Nennen Sie zwei weitere Möglichkeiten, die dem Vorstand beim Anlagevermögen noch zur Verfügung standen, um einen möglichst hohen Gewinn auszuweisen.

f) Am 02.05.01 erwarb die AG eine Maschinenhalle für 2 600 000,00 € (Gesamtkaufpreis bebautes Grundstück). Die Grundstücksfläche betrug 3 000 m².
An Kosten fielen an:

Grunderwerbsteuer	5 %
Notariats- + Maklergebühren	78 000,00 € netto
Grundstückswert	50,00 € je m²
Nutzungsdauer	25 Jahre

Ermitteln Sie den Bilanzansatz zum 31.12.03.

g) Zur Rationalisierung kaufte die AG am 01.06.03 eine neue automatische Spezialdrehbank zum Preis von 165 000,00 €. Nutzungsdauer: acht Jahre. Die Tran. portkosten betrugen 2 408,00 €, die Kosten der Fundamentierungsarbeiten 17 897,00 € und der Montagearbeiten 3 645,00 €. Alle Werte sind Nettowerte. 3 % Skonto vom Listenpreis der Maschine wurden in Anspruch genommen.

1. Ermitteln Sie die Anschaffungskosten des Automaten.
2. Errechnen Sie den Bilanzansatz unter Berücksichtigung der Bewertungsgrundsätze aus Auszug 1.
3. Hat die AG durch diese Bewertungsentscheidung auf eine stille Reserve verzichtet? Rechnerischer Nachweis und Begründung. Gehen Sie auf das Wesen der stillen Reserven ein.

h) Zum Jahresende liegen noch unfertige Erzeugnisse auf Lager, für die in der Kostenrechnung folgende Zahlen vorliegen:

Einzelkosten	
Fertigungsmaterial	3 200 T€
Fertigungslöhne	
– Gießerei	450 T€
– Dreherei	945 T€
– Montage	1 395 T€
Sondereinzelkosten (Konstruktion)	240 T€
Gemeinkostenzuschläge	
Fertigungsgemeinkosten	
– Gießerei	120 %
– Dreherei	140 %
– Montage	40 %
Materialgemeinkosten für alle Stoffe	35 %
Verwaltungsgemeinkosten	50 %
Vertriebsgemeinkosten	5 %

1. Berechnen Sie den Bilanzansatz (beachten Sie die Zielsetzung).
2. Erklären Sie anhand der Auswirkungen auf Bilanz und GuV-Rechnung, inwiefern der von Ihnen gewählte Bewertungsansatz dem vorgegebenen Ziel dient.
3. Welchen Bewertungsspielraum hatte die AG, wenn sie den niedrigsten Gewinn hätte ausweisen wollen?

2 Die SICU-TEC AG in Albstadt plant die Übernahme eines Konkurrenzunternehmens, das ebenfalls Anbieter von elektronischen Sicherheitstürsystemen ist. Der Vorstand der SICU-TEC AG rechnet mit einem Kaufpreis von ca. 23 Mio. €. Der Umsatz der SICU-TEC AG liegt bei 725 Mio. €.
Als Folge eines konsequenten Kostenmanagements und der erfolgreichen Fortsetzung von Rationalisierungsmaßnahmen wird mit einem starken Ergebnisanstieg gerechnet. Der vorläufige Jahresabschluss der SICU-TEC AG weist in einer zusammengefassten Bilanz (Werte nach Ablauf des III. Quartals) die folgenden Werte aus:

AKTIVA	vorläufige Bilanz zum 30.9. d.J. (in T€)		PASSIVA
A. Anlagevermögen		A. Eigenkapital	
I. Sachanlagen	41 800	I. Gez. Kapital	53 000
II. Finanzanlagen	11 500	II. Kapitalrücklage	7 000
B. Umlaufvermögen		III. Gewinnrücklagen	31 000
I. Vorräte	49 400	IV. vorl. Jahresüberschuss (1. – 3. Quartal)	14 500
II. Forderungen	32 500	B. Rückstellungen	
III. Schecks, Kasse, Bank	23 000	1. Pensionsrückst.	12 000
C. Rechnungsabg.posten	300	2. Steuer- und sonst. Rückstellungen	6 000
		C. Verbindlichkeiten	
		1. Darlehen	20 000
		2. Verb. a. L. u. L.	15 000
	158 500		158 500

Vorstand und Aufsichtsrat stellen den Jahresabschluss fest. Der fiktive Nennwert der Aktien beträgt 5,00 €.

a) Neben Kostenvorteilen will die Unternehmensleitung durch den Zukauf auch andere Ziele verwirklichen.
   - Erläutern Sie mit zwei Beispielen, dass die Übernahme zu Kostenvorteilen führt.
   - Zählen Sie vier weitere Ziele auf, die durch diesen Schritt gleichzeitig erreicht werden können.

b) Die SICU-TEC AG hat ihr Ergebnis durch Ausnutzung von Bewertungsspielräumen möglichst niedrig gehalten.
   - Zeigen Sie an einem Beispiel aus dem Sachanlagevermögen, wie dies grundsätzlich erreicht werden konnte.
   - Erörtern Sie, ob diese Bewertungsmaßnahmen zur Finanzierung der Übernahme beitragen können.

c) Im Umlaufvermögen gibt es nach Meinung des Vorstandes grundsätzlich keine Bewertungsspielräume. Begründen Sie diese Aussage.

d) Im IV. Quartal des Geschäftsjahres wurden verschiedene Reparaturarbeiten an Handwerker vergeben. Eine werterhaltende Dachsanierung in Höhe von 107 100,00 € (einschl. 19 % USt) konnte wegen der schlechten Witterung nicht mehr durchgeführt werden. Sie soll in den ersten drei Monaten des neuen Geschäftsjahres nachgeholt werden.
   - Geben Sie Wert und Position dieses Vorganges in der Bilanz an, und begründen Sie die Zulässigkeit des Ansatzes.
   - Wie wirkt sich dies auf den Erfolg des laufenden Geschäftsjahres aus?

e) Aufgrund der niedrigen Zinsen soll zur Finanzierung der Übernahme noch im laufenden Geschäftsjahr am 1. Dezember ein Darlehen im Nennwert von 10 Mio. € aufgenommen werden.
   Ausstattungsmerkmale: Ausgabekurs 98 %, Rückzahlungskurs 102 %, Nominalzins 6 % p.a., Rückzahlung nach zehn Jahren in einer Summe, Sicherung durch Grundpfandrechte.
   - Welche gesetzlichen Vorgaben sind bei der Bilanzierung des Darlehens in der Handelsbilanz zu beachten?
   - Welchen Mittelzufluss verbucht die SICU-TEC AG?
   - Mit welchem Betrag wird der Erfolg der Unternehmung im ersten Kreditjahr nach Handelsrecht belastet?

f) Im Jahresabschluss wird ein Jahresüberschuss von 22,4 Mio. € ausgewiesen.
   - Erarbeiten Sie für den Vorstand einen Gewinnverwendungsvorschlag, der soweit wie möglich die Finanzierung der Übernahme erleichtert und eine Stückdividende von 1,00 € berücksichtigt.
     Begründen Sie Ihre Vorgehensweise.
   - Begründen Sie, ob die Finanzierung der Übernahme gesichert ist.

8 Unternehmerische Ziele und ausgewählte Controllinginstrumente als Gegenstand der Unternehmensführung

Strukturzusammenhang

Unternehmensziele

↙ ↘

Unternehmensziele der Eigentümer (Shareholder)

- maximieren des Vermögens der Aktionäre
- Bei unternehmerischen Entscheidungen werden ausschließlich die Ansprüche der Eigentümer (Shareholder) und deren Interesse an der Steigerung von Einkommen und Vermögen berücksichtigt.

eher **kurzfristige** Orientierung

Unternehmensziele verschiedener Anspruchsgruppen (Stakeholder)

- Das langfristige Überleben des Unternehmens wird angestrebt.
- Belange aller Anspruchsgruppen (Stakeholder) sind angemessen zu berücksichtigen. Interessengegensätze der verschiedenen Anspruchsgruppen sind in Einklang zu bringen.

eher **langfristige** Orientierung

Kernwissen

Balanced Scorecard als Führungsinstrument

Neben der Finanzperspektive werden weitere Perspektiven betrachtet:

Finanzperspektive	→	Shareholder-Interesse
Kundenperspektive	→	Stakeholder-Interesse
Mitarbeiterperspektive	→	Stakeholder-Interesse
Betriebsinterne Perspektive (Interne Prozessperspektive)	→	Stakeholder-Interesse

Steuerungsinstrumente der Unternehmensführung

↙ ↘

Operatives Controlling	Strategisches Controlling
• dient der kurzfristigen Erfolgssteuerung • benutzt Kennzahlensysteme	• dient der langfristigen Erfolgssteuerung • arbeitet mit Szenario-Technik und Portfoliokonzept

8.1 Shareholder-Value-Ansatz und Stakeholderkonzept

Kernwissen

Shareholder-Value-Ansatz	Stakeholder-Konzept
Jegliches unternehmerische Handeln ist auf die finanziellen Interessen der Eigentümer (Aktionäre) ausgerichtet.	Alle Anspruchsgruppen werden in der Zieldefinition berücksichtigt.
Begründung	**Begründung**
Konsequente Ausrichtung am Shareholder-Value bringt Vorteile für **alle** Anspruchsgruppen innerhalb des Unternehmens und für die Gesellschaft.	Langfristiger Erfolg und Überleben des Unternehmens können nur durch gleichzeitige Berücksichtigung • der Eigentümeransprüche, • der Kundenansprüche, • der Mitarbeiteransprüche, • der gesellschaftlichen Ansprüche gesichert werden.

↓

führt zu einer deutlichen Relativierung des Shareholder-Value-Ansatzes

8.2 Balanced Scorecard

Kernwissen

8.3 Operatives Controlling

Kernwissen

Cashflow bedeutet *Finanzüberschuss;* also der Überschuss der Einnahmen über die Ausgaben

	Jahresüberschuss
+	Abschreibungen des Geschäftsjahres
+	Einstellung des Geschäftsjahres in langfristige Rückstellungen
=	**Brutto-Cashflow in vereinfachter Form**
–	Dividendenausschüttung
=	**Netto-Cashflow**

Finanzperspektive

- Eigenkapitalrentabilität → $R_{EK} = \frac{JÜ \cdot 100}{EK}$
- Umsatzrentabilität → $R_U = \frac{JÜ \cdot 100}{UE}$
- Return on Investment (RoI) → $RoI = \frac{JÜ \cdot 100}{UE} = \frac{UE}{EK}$
- Brutto-Cashflow (in vereinfachter Form) → JÜ + Abs. GJ + Erhöhung der langfr. Rückst. des GJ
- EBIT → Jahresüberschuss *lt. GuV-Rechnung*
  + Ertragssteuern
  + Finanzergebnis
  (+ *Zinsaufwendungen)*
  (– *Zinserträge)*
- Verschuldungsgrad → FK : EK

Kundenperspektive

Kundenzufriedenheit
Marktdurchdringung
Kundenbindungsindex

Interne Prozessperspektive

Qualitätssteigerung
Produktionserhöhung
Produktentwicklungszeit

Mitarbeiterperspektive

Mitarbeiterbindung
Mitarbeiterzufriedenheit
Mitarbeiter als Unternehmer
Weiterbildungstage

8.4 Strategisches Controlling

Kernwissen

Strategien für die vier Geschäftsfelder:

Geschäftsfeld	Produktzyklusphase	Empfehlenswerte Strategie
Question Marks (Babies)	Nachwuchsprodukt in der Einführungsphase	**Vorsichtig aufbauen!** Bei geringem bis mäßigem Verlustrisiko investieren. Bei großem Verlustrisiko zurückziehen (Flop-Gefahr).
Stars	Wachstumsprodukt	**Erhalten!** Finanzmittel einsetzen, um mindestens mit dem Marktwachstum mitwachsen zu können.
Cash Cow	Cash-Lieferant in der Sättigungsphase	**Ernten!** Marktanteil halten, ohne wesentliche Investitionen zu tätigen. Nur soviel investieren, dass die Produkte möglichst lange als Cash-Lieferant erhalten bleiben. Den hohen Cashflow für Babies und Stars verwenden.
Dogs (Poor Dogs)	Cash-Falle in der Degenerationsphase	**Abbauen!** Dogs nur solange halten, wie sie einen positiven Cashflow bzw. Synergieeffekte bringen.

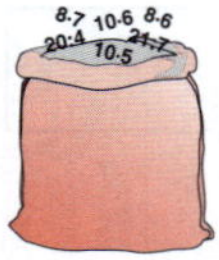

Zusammenfassende Aufgaben Unternehmensführung und Controlling

1 Die Siemsal AG stellt hauptsächlich Küchengeräte her. Der Gesamtmarkt der Küchengeräte wächst durchschnittlich 4 %. Der durchschnittliche Marktanteil der wichtigsten vier Mitbewerber beträgt jeweils ca. 10 %. Für die Hauptgeschäftsfelder der Siemsal AG wurde eine Marktwachstums-Marktanteils-Matrix erstellt:

	Dunstabzugshaube	**Dampfgarer**	**Backofen**	**Mikrowelle**
Jährliches Marktwachstum in %	8	9	3	2
Marktanteil Siemsal AG in %	7	14	19	4
Anteil des Marketingaufwands der einzelnen Produktgruppe am gesamten Marketingbudget	19	32	9	40
Umsatzrendite der Produktgruppe im abgelaufenen Geschäftsjahr	0,7	3,3	14,9	– 2,4

a) Beschreiben Sie allgemein die Produkteinteilung der „Boston-Consulting-Matrix“ mit Stars, Cash-Cows, Dogs und Question-Marks.

b) Ordnen Sie die Produkte der Siemsal AG den Feldern der Boston-Consulting-Matrix verbal zu und begründen Sie die vorgenommene Zuordnung.

c) Stellen Sie die vorgenommene Zuordnung grafisch dar.

d) Beurteilen Sie die Verteilung des Marketing-Budgets und entwickeln Sie daraus eine Empfehlung an die Geschäftsleitung.

e) Erläutern Sie mögliche Gründe, warum die Geschäftsleitung trotz der schlechten Zahlen die „Dogs“ weiter am Markt anbietet.

2 Der Controller der FAG Fahrzeug AG möchte die finanzielle Perspektive aus den Daten des letzten Geschäftsjahres analysieren. Hierzu ermittelte er folgende Daten aus der vereinfachten G&V-Rechnung:

	Berichtsjahr in Mio. €	Vorjahr in Mio. €
Umsatzerlöse (hier = Gesamtleistung)	**6 300**	**5 444**
Materialaufwand	3 200	2 896
Personalaufwand	800	718
Abschreibungen Anlagevermögen	330	330
sonstige betr. Aufwendungen *(davon Einstellungen in langfristige Rückstellungen)*	720 (40)	763 (25)
Ergebnis aus betrieblicher Tätigkeit	**1 250**	**737**
Erträge aus Finanzanlagen	500	135
Zinsaufwendungen	25	–
Steuern vom Einkommen und Ertrag	400	322
Ergebnis nach Steuern	**1 325**	**550**
sonstige Steuern	25	22
Jahresüberschuss	**1 300**	**528**

Bilanzdaten:

Eigenkapital	3 500	2 500
Fremdkapital	3 600	2 550
Personalentwicklung	8 600 Mitarbeiter	7 850 Mitarbeiter
Bestellvorgänge von Kunden	100 000	90 800
darin enthaltene Bestellmengen von Altkunden	45 000	39 000
Anzahl der Kündigungen durch Mitarbeiter	80	85

Beurteilen Sie die finanzielle Perspektive, in dem Sie

a) Rentabilitäten,

b) Return on Investment,

c) Cashflow,

d) EBIT

e) und Verschuldungsgrad des Vorjahres mit dem Berichtsjahr vergleichen und analysieren.

Beurteilen Sie weiterhin

f) die Kundenperspektive,

g) die Prozessperspektive,

h) und die Mitarbeiterperspektive.

3 Um den gegenwärtigen Zustand eines Unternehmens zu bestimmen – vor allem im Bezug auf wichtige Konkurrenten – soll die „SWOT-Analyse“ angewandt werden:

a) Für welche englische bzw. deutsche Bezeichnung steht die Abkürzung „SWOT“?

	Englische Bezeichnung	**Deutsche Bezeichnung**
S		
W		
O		
T		

b) Analysieren Sie das folgende Schaubild und bewerten Sie den gegenwärtigen Zustand im Vergleich zum Branchenführer.

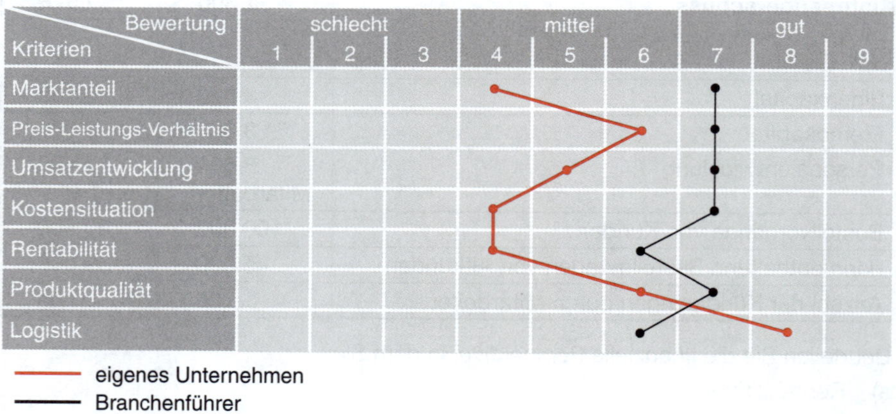

4 Nachstehende Grafik zeigt den Produktlebenszyklus einer Cappuccinomaschine.

Lebenszyklus einer Cappuccinomaschine

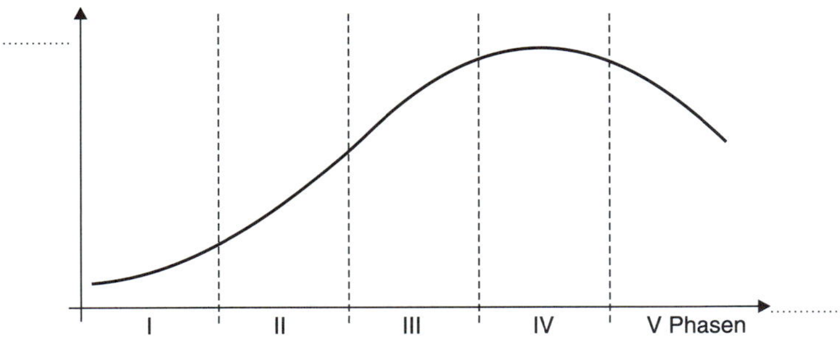

a) Tragen Sie die Achsenbezeichnungen in die Grafik ein.

b) Bezeichnen Sie die in der Grafik dargestellten Phasen I bis IV.

c) Beschreiben Sie den jeweiligen Parameter in der speziellen Phase:

	Einführungsphase	Reifephase	Abstieg Degenerationsphase
Bezeichnung der Konsumenten			
Absatz			
Gewinn			

d) Zeichnen Sie den Produktlebenszyklus in die Grafik ein. Wenden Sie danach das Portfolio-Modell auf den Produktlebenszyklus an, indem Sie „question marks/ babies“, „cash cows“, „poor dogs“ und „stars“ einzeichnen.

Lebenszyklus einer Cappuccinomaschine

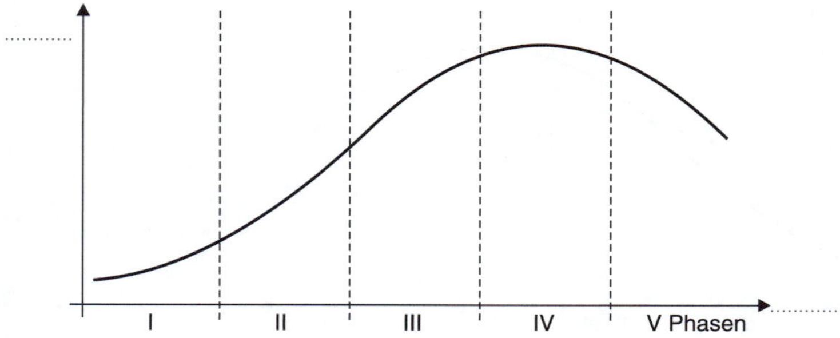

1 Verhalten der Marktteilnehmer unter Wettbewerbsbedingungen

Strukturzusammenhang

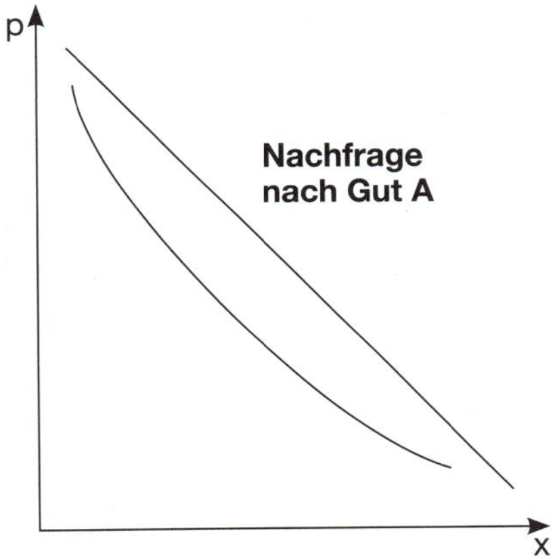

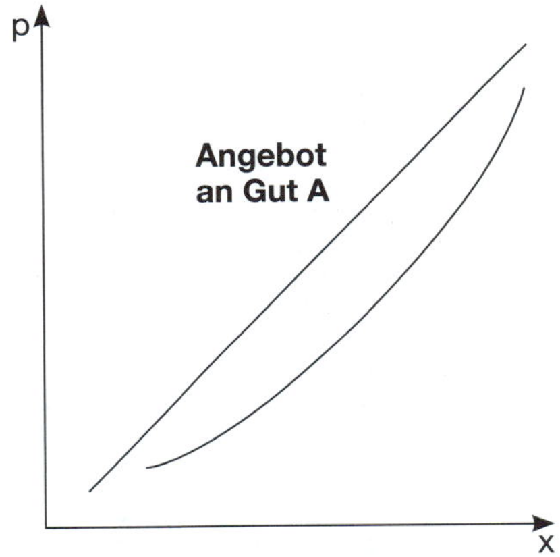

Die nachgefragte Menge (x) ist von **vielen** Bestimmungsfaktoren abhängig.

Die angebotene Menge (x) ist von **vielen** Bestimmungsfaktoren abhängig.

Variiert man nur den Preis (p) und lässt alle anderen Bestimmungsfaktoren unverändert (konstant), dann gilt die sogenannte Ceteris-Paribus*-Bedingung.

↓

Die Reaktion der Nachfrage auf **Preisänderungen** wird mit der **Preiselastizität** ausgedrückt (Elastische bzw. unelastische Nachfrage).

*<u>**Ceteris-paribus**</u> (c.p.) bedeutet so viel wie *„unter sonst gleichen Bedingungen"*. Dies besagt, dass die Wirkungen **einer** verursachenden Größe unter der Annahme untersucht werden, dass alle anderen Einflussfaktoren konstant bleiben.

1.1 Abhängigkeit der Nachfrage

Kernwissen

Bestimmungsfaktoren der Nachfrage nach Gut A

- Preis für Gut A
- Preis für andere Güter
- Bedürfnisstruktur (Snob-Effekt; Mitläufer-Effekt)
- Einkommen
- Vermögen
- Zukunftserwartungen
- Anzahl der Nachfrager

Arten der Nachfrage

Bei der Betrachtung der Nachfrage muss unterschieden werden zwischen:

- **Individueller Nachfrage**
  (Nachfrage **eines** Wirtschaftssubjekts nach einem Gut)

- **Marktnachfrage**
  (Nachfrage **aller** Wirtschaftssubjekte nach einem Gut; entsteht durch die **Aggregation** aller individuellen Nachfragekurven)

Ursachen für Nachfrageveränderungen und deren Auswirkung in der Grafik

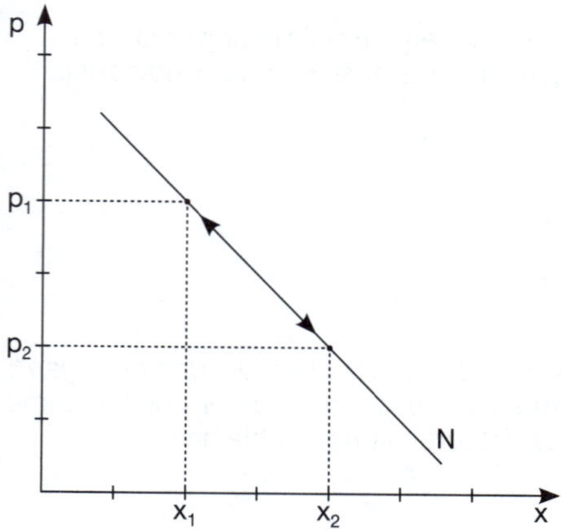

Bewegung auf der Kurve – Ausschließlich der Preis verändert sich (c.p.)

Ursache für Nachfrageveränderungen nach Gut A	Wirkung	Veränderung in der Grafik
Preis für Gut A steigt (vom p_2 nach p_1)	Nachfrage nach Gut A sinkt (von x_2 nach x_1)	Neue Preis-Mengen-Kombination **auf** der bestehenden Nachfragekurve (Bewegung auf der Kurve)
Preis für Gut A sinkt (vom P_1 nach P_2)	Nachfrage nach Gut A steigt (von x_1 nach x_2)	Neue Preis-Mengen-Kombination **auf** der bestehenden Nachfragekurve (Bewegung auf der Kurve)

Bleiben **andere Bestimmungsfaktoren nicht konstant**, wird die Nachfragekurve verschoben.

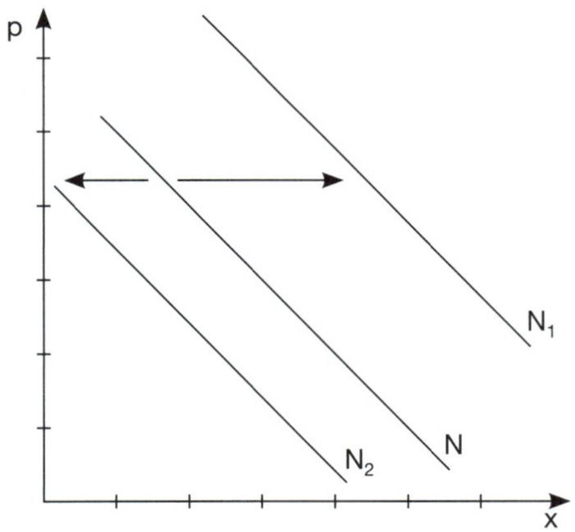

Ursache für Nachfrageveränderungen nach Gut A	Wirkung	Veränderung in der Grafik
z.B. **Einkommen** steigt	Nachfrage nach Gut A steigt (typisch bei superioren Gütern)	**Verschiebung** der Nachfragekurve nach rechts (von N nach N_1), da zu jedem Preis mehr nachgefragt wird als bisher.
z.B. **Zukunftserwartungen** sind pessimistisch	Gut A wird weniger nachgefragt, da aus Angst vor zukünftiger Entwicklung mehr gespart wird.	**Verschiebung** der Nachfragekurve nach links (von N nach N_2), da zu jedem Preis weniger nachgefragt wird als bisher.

Aufgaben

1 Drei Nachfrager fragen eine vergleichbare Ware nach. Berechnen Sie die gesamtwirtschaftliche Nachfrage **(Marktnachfrage)**.

Preis je Stück in €	Nachfrager A	Nachfrager B	Nachfrager C
0,00	5	8	10
1,00	4	6	8
2,00	3	4	6
3,00	2	2	4
4,00	1	0	2
5,00	0	0	1

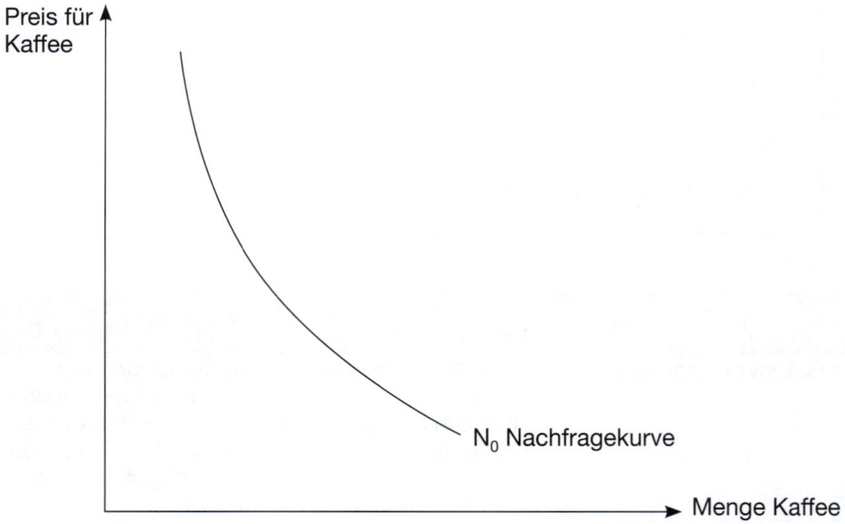

a) Beschreiben Sie die dargestellte Nachfragekurve.

b) Wie wirken sich nachstehende Sachverhalte auf die Nachfragekurve nach Kaffee aus? Begründen Sie Ihre Meinung.

1. Der Preis für Kaffee fällt.
2. Der Preis für Kaffee steigt.
3. Aus gesundheitlichen Gründen bevorzugen einige Kaffeetrinker nunmehr Tee.
4. Die Bevölkerung wächst ständig.
5. Der Preis für Zigaretten steigt.
6. Der Preis für hochwertigen Tee sinkt.
7. Das verfügbare Einkommen sinkt.
8. Die Bevölkerungszahlen sind rückläufig.
9. Der Preis für hochwertigen Tee steigt.
10. Das verfügbare Einkommen nimmt zu.

c) Übertragen Sie das vorgegebene Koordinatensystem und N_0 in Ihre Unterlagen.

1. Zeichen Sie die zunehmende Marktnachfrage (N1) ein.
2. Zeichnen Sie die abnehmende Marktnachfrage (N2) ein.

1.2 Nachfrageelastizität

Kernwissen

Direkte Preiselastizität der Nachfrage

Preisänderung **Gut A** → Auswirkung auf Nachfrage nach **Gut A**

Unter der **direkten Preiselastizität** der Nachfrage versteht man die relative Mengenänderung der Nachfrage nach Gut A als Reaktion auf die relative Preisänderung des Gutes A. Reagiert beispielsweise die Nachfrage auf eine Preissenkung von 10 % mit einem 20 %igen Anstieg, liegt eine elastische Nachfrage vor, da die relative Mengenänderung größer ist als die relative Preisänderung.

$$El_{dir} = \frac{\text{relative Mengenänderung}}{\text{relative Preisänderung}} = \frac{\frac{\Delta x \cdot 100}{x}}{\frac{\Delta p \cdot 100}{p}}$$

Δx = Mengenänderung $\quad$ Δp = Preisänderung

x = Ausgangsmenge $\quad$ p = Ausgangspreis

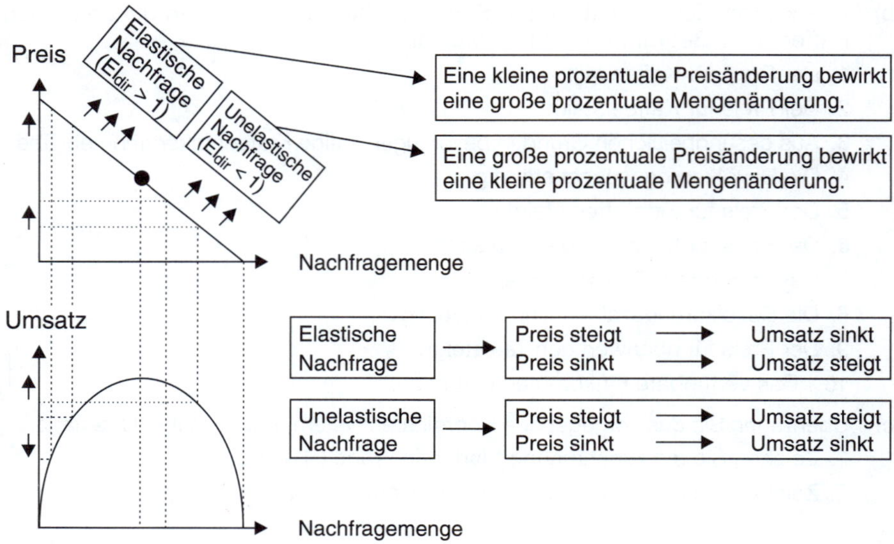

Im Normalfall ist die direkte Preiselastizität der Nachfrage immer negativ, da bei steigendem Preis (+) die nachgefragte Menge sinkt (–), und bei fallendem Preis (–) die nachgefragte Menge steigt (+). Deshalb spielt das Vorzeichen keine Rolle. Das Ergebnis wird absolut betrachtet. Dabei ist wichtig, ob die Preisänderung oder die Mengenreaktion stärker ausfällt.

$El_{dir} > 1$ eine kleine prozentuale Preisänderung bewirkt eine große prozentuale Mengenänderung (elastische Nachfrage).

Auswirkung auf den Umsatz
- bei Preiserhöhung: Umsatzrückgang, da die relative Mengenabnahm stärker ist als die relative Preiserhöhung.
- bei Preissenkung: Umsatzsteigerung, da die relative Mengenzunahme stärker ist als die relative Preissenkung.

$El_{dir} < 1$ eine große prozentuale Preisänderung bewirkt eine kleine prozentuale Mengenänderung (unelastische Nachfrage).

Auswirkung auf den Umsatz
- bei Preiserhöhung: Umsatzsteigerung, da die relative Mengenabnahme geringer ist als die relative Preiserhöhung.
- bei Preissenkung: Umsatzrückgang, da die relative Mengenzunahme geringer ist als die relative Preissenkung.

Indirekte Preiselastizität der Nachfrage (Kreuzpreiselastizität)

Preisänderung **Gut B** → Auswirkung auf Nachfrage nach **Gut A**

Unter der **indirekten Preiselastizität** der Nachfrage versteht man die relative Mengenänderung der Nachfrage nach Gut A als Reaktion auf die relative Preisänderung des Gutes B.

$$El_{indir} = \frac{\text{relative Mengenänderung Gut A}}{\text{relative Preisänderung Gut B}} = \frac{\frac{\Delta x_A \cdot 100}{x_A}}{\frac{\Delta p_B \cdot 100}{p_B}}$$

Δx_A = Mengenänderung Gut A
x_A = Ausgangsmenge Gut A

Δp_B = Preisänderung Gut B
p_B = Ausgangspreis Gut B

Bei der indirekten Preiselastizität der Nachfrage ist das Vorzeichen der Elastizitätskennziffer bedeutend.

Negative indirekte Preiselastizität

↓

Preis für Gut B sinkt von $p_1 = 4$ auf $p_2 = 2$.
Nachfrage nach Gut A reagiert von $x_1 = 8$ auf $x_2 = 10$.

↓

$$El_{indir} = \frac{+25\%}{-50\%} = -0{,}5$$

↓

Gut A und Gut B werden stärker nachgefragt.

↓

Elastizitätskennziffer **negativ**.

↓

Gut A und Gut B sind **Komplementärgüter** (sich ergänzende, nur gleichzeitig nutzbare Güter).

Positive indirekte Preiselastizität

↓

Preis für Gut B sinkt von $p_1 = 4$ auf $p_2 = 2$.
Nachfrage nach Gut A reagiert von $x_1 = 8$ auf $x_2 = 6$.

↓

$$El_{indir} = \frac{-25\%}{-50\%} = +0{,}5$$

↓

Gut B wird stärker nachgefragt (bei sinkendem Preis);
Gut A wird weniger nachgefragt.

↓

Elastizitätskennziffer **positiv**.

↓

Gut A und Gut B sind **Substitutionsgüter** (ersetzbare Güter).

Aufgaben

1 Der Preis für ein Gut wird von 8,00 € auf 9,00 € erhöht. Daraufhin geht der Absatz von 300 auf 285 Stück zurück.

a) Berechnen Sie, die direkte Preiselastizität der Nachfrage.

b) Begründen Sie, ob die Nachfrage auf diese Preisänderung elastisch oder unelastisch reagiert.

c) Welche Bedeutung hat die Kenntnis dieser Elastizität für die Umsatzentwicklung in obigem Fall?

2 Die direkte Preiselastizität der Nachfrage nach Gut A beträgt – 1,5.

a) Begründen Sie, wie sich die Nachfrage nach diesem Gut bei steigendem Preis verhält.

b) Beim Preis von 10,00 € werden 200 Stück von Gut A verkauft. Wie groß ist die Änderung der nachgefragten Menge bei einem Preis von 13,00 €? Wie verändert sich der Umsatz?

c) Wie groß ist die Änderung der nachgefragten Menge, wenn der Preis auf 8,00 € sinkt? Wie verändert sich der Umsatz?

3 Der Kaffeepreis steigt um 25 %. Daraufhin nimmt die Nachfrage nach Tee um 10 % zu.

a) Welche Elastizitätskennziffer ist sinnvollerweise zu berechnen?

b) Berechnen und interpretieren Sie die entsprechende Elastizitätskennziffer.

4 Die Benzinpreise steigen von 1,20 € auf 1,56 €. Daraufhin nimmt die Nachfrage nach Kraftfahrzeugen von 5 Mio. auf 4,625 Mio. ab. Berechnen und interpretieren Sie die Elastizitätskennziffer.

1.3 Abhängigkeit des Angebots

Strukturzusammenhang

Das Güterangebot geht von den Unternehmen aus. Die Angebotstheorie unterstellt, dass ein Unternehmen stets die unter den jeweiligen Preis- und Kostenverhältnissen optimale Produktionsmenge anbietet.

Wirtschaftsplan des Unternehmens

Beschaffungsbereich

Faktorpreise	Faktormengen
q_1	r_1 ....
q_2	r_2 ....
.	.
.	.
.	.
q_n	r_n ....

Kosten
$K = q_1 \cdot r_1 + q_2 \cdot r_2 ... + q_n \cdot r_n$

Input →

Produktionsbereich

Kombination der Produktionsfaktoren

Produktionsfunktion
$x = f(r_1, r_2 ... r_n)$

Output →

Absatzbereich

Verkaufspreise	Verkaufsmengen
p_1	x_1 ....
p_2	x_2 ....
.	.
.	.
.	.
p_n	x_n ....

Erlöse
$E = p \cdot x$

Gewinn = Erlös – Kosten

Kostenfunktion
$K = f(x)$

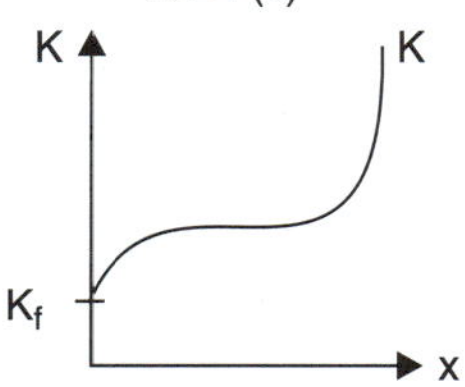

Gewinnmaximale Menge

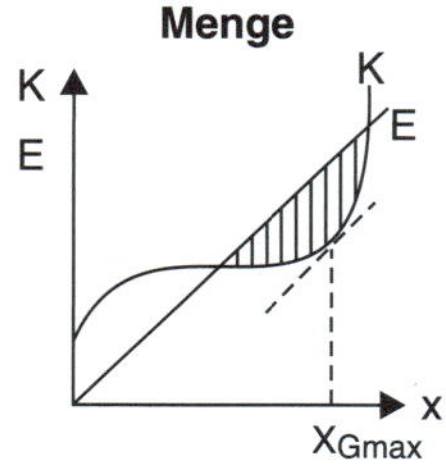

Erlösfunktion
$E = f(x)$

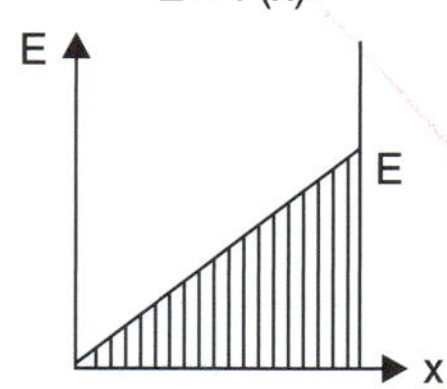

Preis und angebotene Menge bei linearem Erlös- und S-förmigem Kostenverlauf

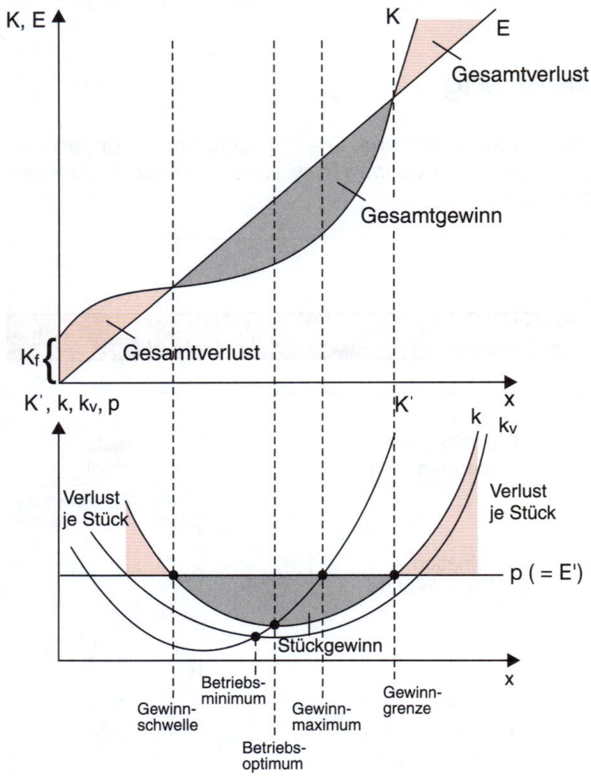

Erläuterungen:

- Angebotskurve (langfristig): aufsteigender Ast von K‘, beginnend im Betriebsoptimum
- Angebotskurve (kurzfristig): aufsteigender Ast von K‘, beginnend im Betriebsminimum
- Betriebsoptimum: Minimum der Stückkosten (K‘ = k): langfristige Preisuntergrenze
- Betriebsminimum: Minimum der variablen Stückkosten (K‘ = kv): kurzfristige Preisuntergrenze
- Gewinnmaximum: E – K → Max. (K‘ = p)

Preis- und angebotene Menge bei linearem Erlös- und linearem Kostenverlauf

Gesamtbetrachtung:

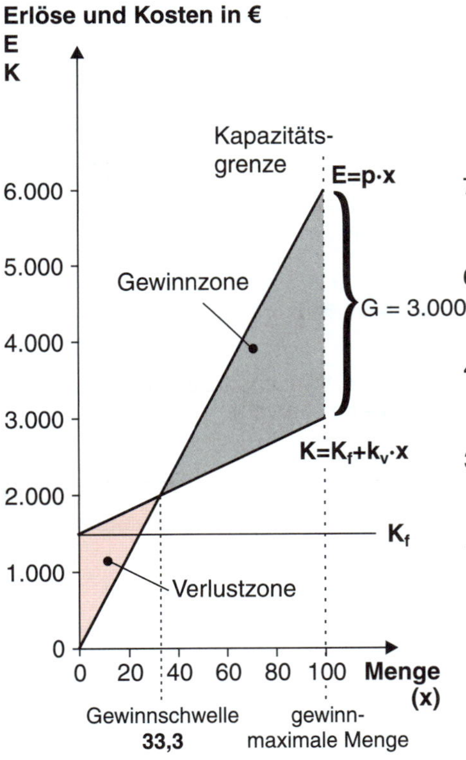

Stückbetrachtung:

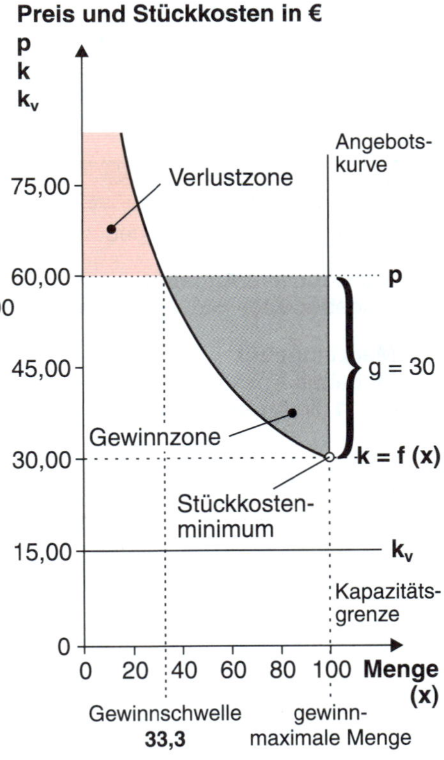

Gewinnmaximierungsregel:

Bei linearem Verlauf der Gesamterlös- und der Gesamtkostenkurve liegt das Gewinnmaximum immer bei der größtmöglichen Produktionsmenge (Kapazitätsgrenze).

Kernwissen

Bestimmungsfaktoren des Angebots an Gut A

- Erzielbarer Preis für Gut A
- Kosten für Gut A (Preise der Produktionsfaktoren/Produktionstechnik)
- Erzielbarer Preis für andere Produkte
- vorhandene Kapazität
- Konkurrenzsituation
- Ziele und Erwartungen des Anbieters

Arten des Angebots

Bei der Betrachtung des Angebots muss unterschieden werden zwischen:

- **Individuellem Angebot**
  (Angebot eines Gutes durch **ein** Wirtschaftssubjekt)

- **Marktangebot**
  (Angebot eines bestimmten Gutes durch **alle** Wirtschaftssubjekte; entsteht durch die **Aggregation** der individuellen Angebotskurven)

Ursachen für Angebotsveränderungen und deren Auswirkung in der Grafik

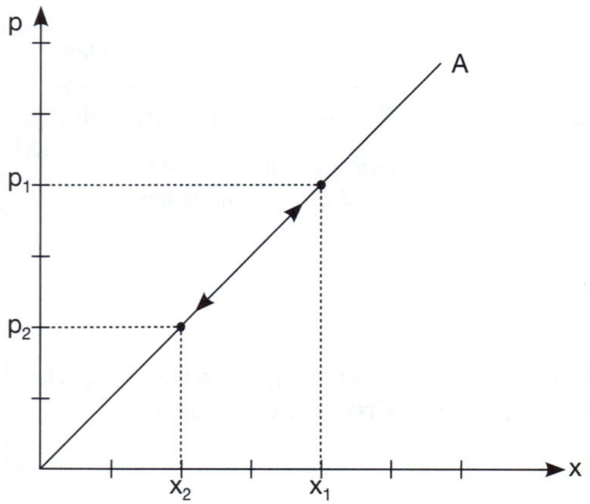

Bewegung auf der Kurve – Ausschließlich der Preis verändert sich (c.p.)

Ursache für Angebotsveränderungen nach Gut A	Wirkung	Veränderung in der Grafik
Preis für Gut A steigt (von p_2 nach p_1)	Angebot an Gut A steigt (von x_2 nach x_1)	Neue Preis-Mengen-Kombination **auf** der bestehenden Angebotskurve (Bewegung auf der Kurve)
Preis für Gut A sinkt (von p_1 nach p_2)	Angebot an Gut A sinkt (von x_1 nach x_2)	Neue Preis-Mengen-Kombination **auf** der bestehenden Angebotskurve (Bewegung auf der Kurve)

Bleiben **andere Bestimmungsfaktoren nicht konstant**, wird die Angebotskurve verschoben.

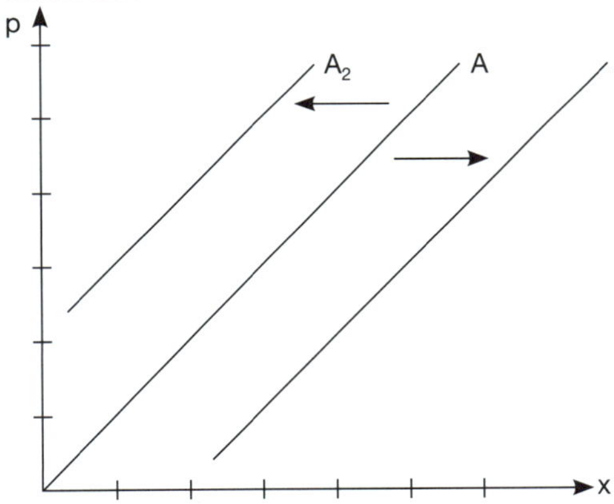

Ursache für Angebotsveränderungen bei Gut A	Wirkung	Veränderung in der Grafik
z.B. ***Zahl der Anbieter nimmt zu***	Gesamtangebot **steigt**	**Verschiebung** der Angebotskurve nach **rechts** (von A nach A_1), da zu jedem Preis mehr angeboten wird als bisher
z.B. ***Zahl der Anbieter nimmt ab***	Gesamtangebot **sinkt**	**Verschiebung** der Angebotskurve nach **links** (von A nach A_2), da zu jedem Preis weniger angeboten wird als bisher

Aufgaben

1 Drei Betriebe bieten für eine vergleichbare Ware zu den jeweiligen Preisen die folgenden Mengen an:

Preis je Stück in €	Anbieter A	Anbieter B	Anbieter C
00,00	–	–	–
20,00	10	–	–
40,00	10	7	–
60,00	10	7	3

a) Berechnen Sie das Marktangebot.

b) Aufgrund welcher Ursachen kann das Marktangebot zunehmen?

2 Das volkswirtschaftliche Marktangebot an hochwertigem Rohmilchkäse wird durch folgende Abbildung dargestellt:

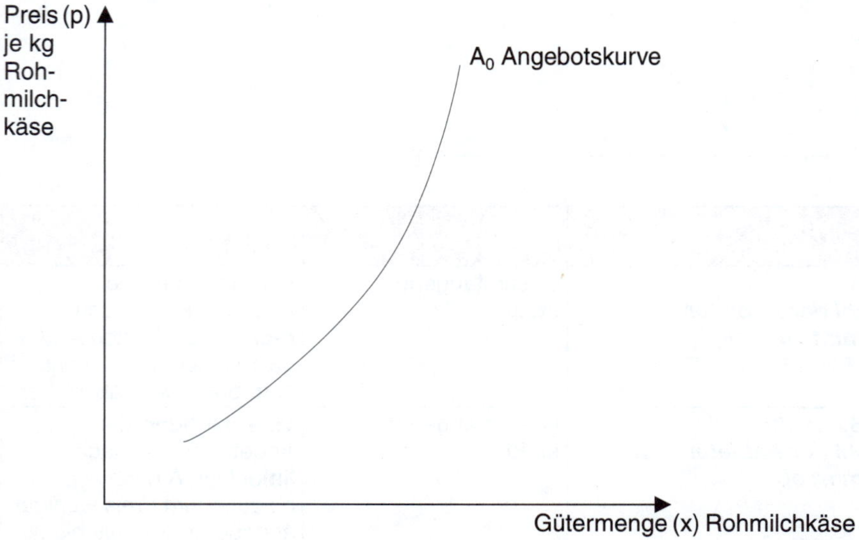

a) Beschreiben Sie die dargestellte Angebotskurve.

b) Wie wirken sich nachstehende Sachverhalte auf die Angebotskurve für Rohmilchkäse aus?

Begründen Sie Ihre Meinung.

1. Immer mehr Molkereien bieten Rohmilchkäse an.
2. Die Rohmilchkäse AG stellt auf anlageintensivere Produktionsverfahren um.
3. Kostensteigerungen bei der Herstellung von Rohmilchkäse werden an die Verbraucher weitergegeben.
4. Immer mehr Molkereien bieten fettarme Buttermilch an.
5. Immer weniger Molkereien bieten Rohmilchkäse an.
6. Kostensenkungen bei der Herstellung von Rohmilchkäse werden an die Verbraucher weitergegeben.

c) Übertragen Sie vorherige Abbildung in Ihre Unterlagen.

1. Zeichnen Sie das zunehmende Marktangebot A_1 ein.
2. Zeichnen Sie das abnehmende Marktangebot A_2 ein.

3 Die folgende Skizze zeigt den Verlauf unterschiedlicher Kosten- und Erlöskurven.

a) Um welche Kurven handelt es sich bei ①, ②, ③ und ④?

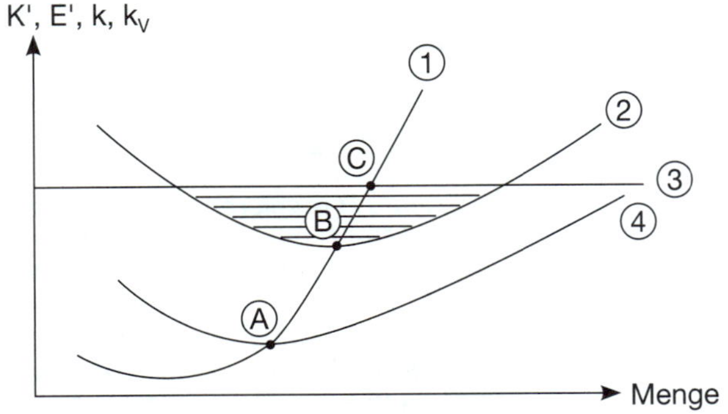

b) Benennen und beschreiben Sie die Bedeutung der Punkte Ⓐ, Ⓑ und Ⓒ.

c) Begründen Sie mit den Begriffen Grenzkosten und Grenzerlöse den Punkt mit der gewinnmaximalen Menge.

Fachbegriffe zum Verhalten der Marktteilnehmer unter Wettbewerbsbedingungen

Aggregation der Nachfrage	*Zusammenfassung* **aller** *individueller Nachfragen zur Marktnachfrage.*
Individuelle Nachfrage	*Nachfrage* **eines** *Wirtschaftssubjektes nach einem Gut.*
Marktnachfrage	*Nachfrage* **aller** *Wirtschaftssubjekte nach einem Gut.*
Elastiztät der Nachfrage	*Reaktion der Nachfrage auf Preisänderungen.*
Direkte Preiselastizität der Nachfrage	*Reaktion der Nachfrage nach Gut A auf Preisänderung von Gut A.*
Elastische Nachfrage	*Prozentuale Mengenänderung ist* **größer** *als prozentuale Preisänderung (Elastizitätskennziffer > 1).*
Unelastische Nachfrage	*Prozentuale Mengenänderung ist* **kleiner** *als prozentuale Preisänderung (Elastizitätskennziffer < 1).*
Indirekte Preiselastizität der Nachfrage	*Reaktion der Nachfrage nach Gut A auf Preisänderung von Gut B.*
Substitutionselastizität	*Gut A und B reagieren auf Preisänderungen bei Gut B mit einheitlichem Vorzeichen (Elastizitätskennziffer positiv).*
Komplementärelastiztät	*Gut A und B reagieren auf Preisänderungen bei Gut B mit unterschiedlichen Vorzeichen (Elastizitätskennziffer negativ).*
Ertragsgesetz	*besagt, dass bei gesteigertem Einsatz eines Produktionsfaktors c.p. der Ertragszuwachs (Grenzertrag) zunächst zunimmt und danach abnimmt.*

Gewinnschwelle

Übergang von Verlustzone in Gewinnzone (Break-even-Point).

Gewinnmaximum

Liegt bei linearem Verlauf der Gesamterlös- und Gesamtkostenkurve an der Kapazitätsgrenze und bei linearem Verlauf der Gesamterlös- und S-förmigem Verlauf der Gesamtkostenkurve beim Schnittpunkt der Grenzerlöskurve (E' = p) mit der Grenzkostenkurve (K').

Zusammenfassende Aufgaben zum Verhalten der Marktteilnehmer unter Wettbewerbsbedingungen

1 Im Rahmen einer Steuerreform wurde die Mineralölsteuer um 3 Cent pro Liter erhöht. Die Mineralölindustrie rechnete unabhängig von dieser Steuererhöhung mit einem Nachfragerückgang nach Benzin.

a) Beschreiben Sie zwei Ursachen für den vermuteten Nachfragerückgang nach Benzin.

b) Beschreiben Sie zwei Ziele, welche mit einer Mineralölsteuererhöhung verfolgt werden können.

c) Skizzieren Sie die Wirkung der Mineralölsteuererhöhung und des unabhängig davon erwarteten Nachfragerückgangs nach Benzin in **einem** Schaubild.

Erläutern Sie die Anpassungsreaktionen sowohl für die Nachfrage als auch für das Angebot auf dem Benzinmarkt. Gehen Sie von einem normalen Verlauf der Angebots- und Nachfragekurve aus.

d) Durch die Steuererhöhung wurde ein Nachfragerückgang von 6 Mio. Barrel (1 Barrel = 159 l) verursacht. Bei dem Benzinpreis von 0,93 Cent je Liter vor der Steuererhöhung wurden 500 Mio. Barrel (1 Barrel = 159 l) Benzin abgesetzt.

Berechnen Sie die direkte Preiselastizität der Nachfrage.

e) Der Mineralölindustrie wurde vorgeworfen, sie nütze die Steuererhöhung, um zusätzliche Preiserhöhungen am Markt durchzusetzen. Prüfen Sie unter Berücksichtigung der berechneten Elastizitätskennzahl, inwieweit dieses Vorgehen für die Mineralölgesellschaften ökonomisch sinnvoll sein kann.

2 In einem Unternehmen sind folgende Kosten entstanden (€):
(siehe Tabelle)

Produktionsmenge (x)	Gesamtkosten (K)
0	800
20	1 200
40	1 600
60	2 000
80	2 400
100	2 800
120	3 200

a) Fertigen Sie eine Kostentabelle an mit folgenden Spalten: Produktionsmenge, fixe Kosten, variable Kosten und Gesamtkosten!

b) Zeichnen Sie im Koordinatensystem für diese Kostenarten die Kostenkurven!

c) Fertigen Sie eine Kostentabelle an mit folgenden Spalten: Produktionsmenge, fixe Stückkosten, variable Stückkosten und gesamte Stückkosten!

d) Zeichnen Sie im Koordinatensystem für diese Kostenarten die Kostenkurven!

3 Unter den Bedingungen polypolistischer Konkurrenz weist ein Anbieter folgende Prouktionsmengen (Verkaufsmengen), Kosten und Erlöse aus:

Verkaufsmenge (x)	**Verkaufspreis (p)**	**Erlöse (E)**	**Kosten (K)**
0	20	0	600
20	20	400	800
40	20	800	1 000
60	20	1 200	1 200
80	20	1 600	1 400
100	20	2 000	1 600
120	20	2 400	1 800

a) Zeichnen Sie in einem Koordinatenkreuz die Kosten- und Erlöskurve, und kennzeichnen Sie die Gewinnschwelle!

b) Ermitteln Sie das Ergebnis (Gewinn oder Verlust) bei einer Produktion von 80 Mengeneinheiten!

c) Warum erzielt der Anbieter an der Gewinnschwelle weder Gewinn noch Verlust?

d) An welcher Stelle maximiert der Anbieter seinen Gewinn?

e) Wie hoch sind die Grenzkosten und die Grenzerlöse?

f) Wie verlaufen die Gesamtkosten, wenn der Anbieter kurzfristig seine Kapazität über die Kapazitätsgrenze hinaus erweitert? Welches Gesetz ist dafür verantwortlich? Begründung!

2 Preisbildung auf verschiedenen Arten von Märkten

Strukturzusammenhang

Preisbildung in der Marktwirtschaft

Freie Marktwirtschaft

(ohne Staatseingriffe)

↓

• treffen am Markt aufeinander

Angebot ⟷ Nachfrage

• durch Preisbildung wird Güterversorgung bestimmt

↑

beeinflusst Preisbildung und Güterversorgung

↑

Soziale Marktwirtschaft

(mit Eingriffen des Staates)

POLYPOL

viele Anbieter ⇨ **Markt** bringt Angebot und Nachfrage zum Ausgleich durch Preis ⇦ viele Nachfrager

Marktpreis entspricht Gleichgewichtspreis	Marktpreis entspricht **nicht** dem Gleichgewichtspreis
• Gleichgewichtspreis sorgt für bestmögliche Marktversorgung • Gleichgewichtspreis räumt den Markt; es sind keine Lücken vorhanden	• Marktversorgung nicht optimal • es entstehen Überhänge und Lücken auf der Angebots- bzw. Nachfrageseite

PREISFUNKTIONEN

Signalfunktion (Informations-funktion)	Lenkungsfunktion (Allokations-funktion)	Ausgleichs-funktion	Erziehungs-funktion (Anreizfunktion)
Der Preis zeigt die Knappheit eines Gutes an.	Der Preis lenkt die Produktionsfaktoren in die Bereiche, in denen sie lukrativ verwendet werden können.	Der Preis stimmt die Pläne von Unternehmen und Haushalten aufeinander ab und bringt Angebot und Nachfrage zum Ausgleich.	Der Preis erzieht zum sparsamen Umgang mit knappen Gütern.
Wettbewerb ist die Voraussetzung für das Wirksamwerden des Preismechanismus und die Erfüllung der Preisfunktionen.			

ANGEBOTSMONOPOL

ein Anbieter ⇨ **Monopolist** kann entweder den Preis **oder** die Absatzmenge bestimmen. ⇦ viele Nachfrager

Monopolpreis = gewinnmaximaler Preis

Der Monopolpreis führt zu einer schlechteren Marktversorgung und zu überhöhten Preisen zu Lasten der Verbraucher.

ANGEBOTSOLIGOPOL

wenige Anbieter ⇨ **Oligopolisten** müssen das Verhalten der Mitkonkurrenten **und** der Nachfrager berücksichtigen. ⇦ viele Nachfrager

Oligopolpreis = gewinnmaximaler Preis

Der Oligpolpreis sorgt nicht für die bestmögliche Marktversorgung, sondern für maximalen Gewinn des Oligopolisten.

2.1 Die Preisbildung beim Polypol auf dem vollkommenen Markt

Kernwissen

Modellannahmen des vollkommenen Marktes

- **Homogenität der Güter**
  Die Güter sind völlig gleichartig.
- **Keine Präferenzen**
  Käufer handeln nach dem ökonomischen Prinzip und treffen ihre Entscheidungen ohne bestimmte Anbieter zu bevorzugen (keine räumlichen, persönlichen oder sachlichen Präferenzen).
- Vollkommene **Markttransparenz**
  Anbieter und Nachfrager kennen die Produkte und ihre Preise.

Folge:
Es entsteht ein Einheitspreis für das Gut.

Gleichgewichtspreis; Konsumenten- und Produzentenrente

Das Gesamtangebot der vielen Anbieter (Marktangebot) und die Gesamtnachfrage der vielen Nachfrager (Marktnachfrage) treffen am Markt aufeinander.

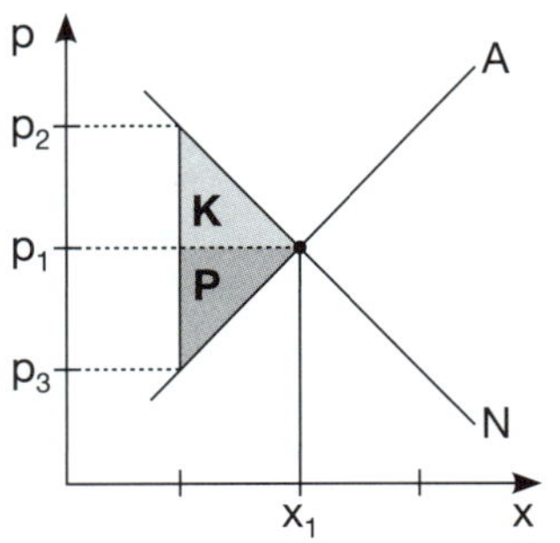

p_1 = Gleichgewichtspreis (p_{GG})
K = Konsumentenrente
P = Produzentenrente

p_1 bringt Angebot und Nachfrage zum Ausgleich und wird deshalb **Gleichgewichtspreis** genannt.

- Gleichgewichtspreis sorgt für bestmögliche Marktversorgung.
- Gleichgewichtspreis räumt den Markt; es sind keine Lücken vorhanden.

Konsumentenrente: Nachfrager, die bereit gewesen wären, auch zu einem höheren Preis als dem Gleichgewichtspreis zu kaufen (z.B. p_2), erzielen einen Vorteil (Nutzensteigerung).

Produzentenrente: Anbieter, die bereit gewesen wären, auch zu einem niedrigeren Preis als dem Gleichgewichtspreis zu verkaufen (z.B. p_3) erzielen einen Vorteil (Gewinnerhöhung).

Änderung des Gleichgewichtspreises

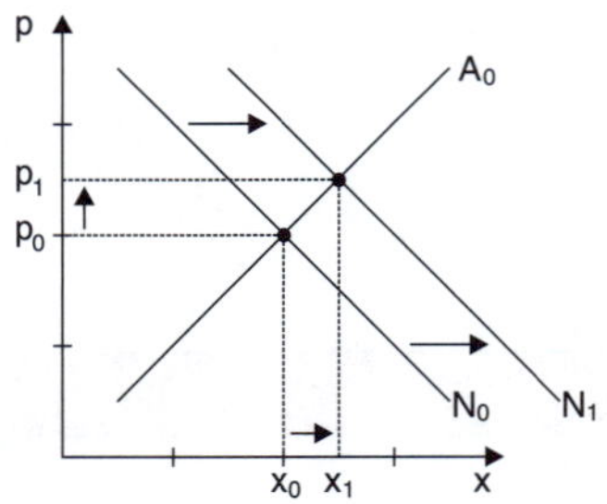

Veränderungen bei den Bestimmungsfaktoren von Angebot und Nachfrage verschieben den Gleichgewichtspreis.
z.B. Einkommen steigt
Verschiebung $N_0 \rightarrow N_1$
Neuer Gleichgewichtspreis: p_1 (> p_0)
Neue Gleichgewichtsmenge: x_1 (> x_0)

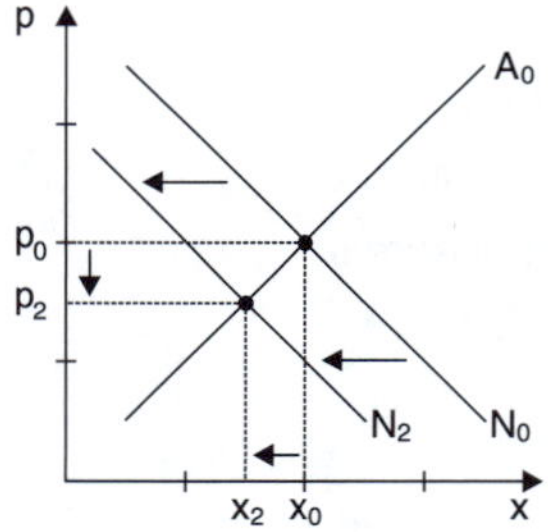

z.B. Einkommen sinkt
Verschiebung $N_0 \rightarrow N_2$
Neuer Gleichgewichtspreis: p_2 (< p_0)
Neue Gleichgewichtsmenge: x_2 (< x_0)

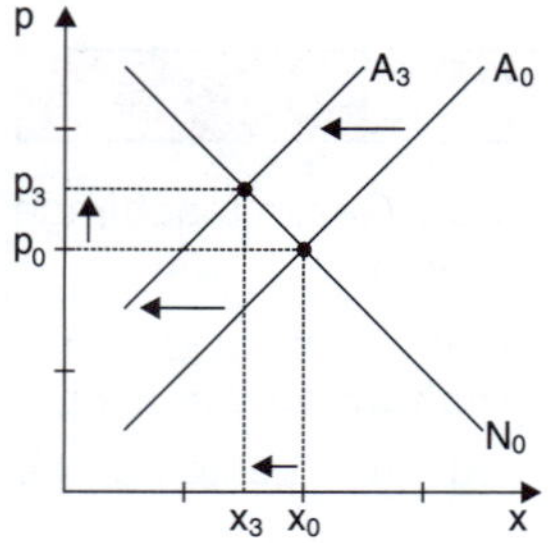

z.B. Missernte
Verschiebung $A_0 \rightarrow A_3$
Neuer Gleichgewichtspreis: p_3 (> p_0)
Neue Gleichgewichtsmenge: x_3 (< x_0)

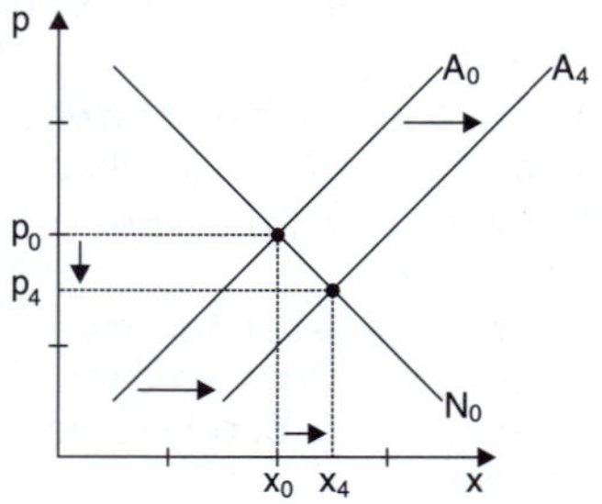

z.B. Kapazitätssteigerung durch technischen Fortschritt
Verschiebung $A_0 \rightarrow A_4$
Neuer Gleichgewichtspreis: p_4 (< p_0)
Neue Gleichgewichtsmenge: x_4 (> x_0)

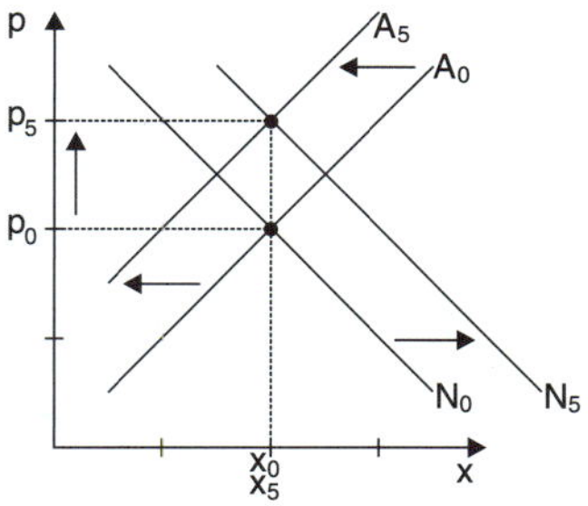

z.B. Einkommen steigt **und** Missernte
Verschiebung $A_0 \rightarrow A_5$
Verschiebung $N_0 \rightarrow N_5$
Neuer Gleichgewichtspreis: p_5 ($> p_0$)
Neue Gleichgewichtsmenge: x_5 (hier = x_0)

Nachfrage- und Angebotslücke

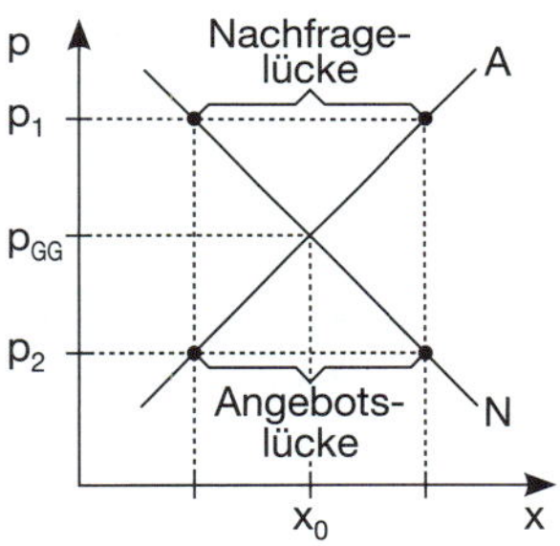

$p_1 > p_{GG}$

Marktnachfrage ist geringer als Marktangebot. Es entsteht eine Nachfragelücke bzw. Angebotsüberhang.

$p_2 < p_{GG}$

Marktnachfrage ist größer als Marktangebot. Es entsteht eine Angebotslücke bzw. Nachfrageüberhang.

Anpassungsprozess zum Gleichgewichtspreis durch Angebots- und Nachfragelücken

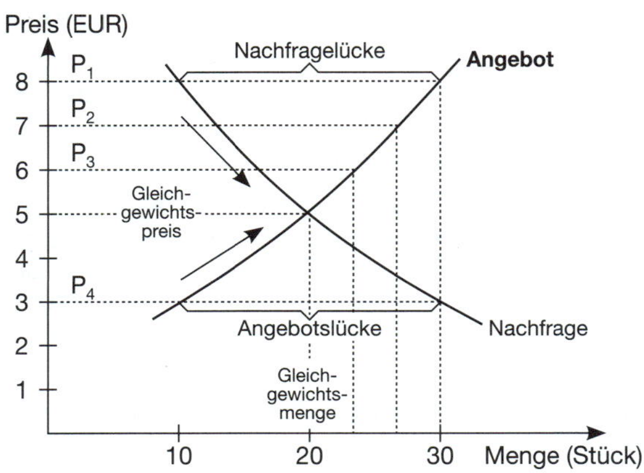

Bei $P_1 = 8$:
P_1: Preisforderung der Anbieter liegt über dem Gleichgewichtspreis => Anbieter können statt 30 Stück nur 10 Stück absetzen => Nachfragelücke zwingt Anbieter den Preis zu senken.

P_2 und P_3: Nachfragelücke verkleinert sich bis der Gleichgewichtspreis erreicht ist.

Bei einem Preis unter dem Gleichgewichtspreis, z.B. ($P_4 = 3$), führen Angebotslücken zu einem Preisanstieg bis der Gleichgewichtspreis erreicht ist.

Aufgaben

1

a) In der Volkswirtschaftslehre wird häufig mit Modellen gearbeitet. Eines dieser Modelle ist das Modell des Polypols auf einem vollkommenen Markt. Erklären Sie den Begriff Modell, und begründen Sie allgemein die Notwendigkeit der Arbeit mit Modellen in der Volkswirtschaftslehre.

b) Erläutern Sie, warum das Polypol auf einem vollkommenen Markt ein Modell ist. Nennen und verwenden Sie dabei auch die Prämissen (Annahmen) dieses Modells.

c) Welche wesentliche Erkenntnis vermittelt das Modell der Polypolpreisbildung auf dem vollkommenen Markt?

d) Warum ist der Preis für den einzelnen Anbieter beim Polypol auf einem vollkommenen Markt ein Datum (feststehende Größe)?

2 Der Kursmakler an einer Wertpapierbörse stellt die eingegangenen Aufträge für eine Aktie wie folgt zusammen:

€-Kurs je Stück	Kaufaufträge in Stück	Verkaufsaufträge in Stück
300	400	190
301	380	220
302	350	260
303	310	310
304	260	360
305	200	440
306	130	520

Der Skontroführer will den Kurs so festsetzen, dass er den höchsten Umsatz erzielt.

a) Berechnen Sie den betreffenden Preis anhand einer Zusammenstellung der möglichen Geschäftsabschlüsse (umgesetzte Stückzahl) und des Umsatzes.

b) Warum kann dieser Preis als „Gleichgewichtskurs" bezeichnet werden?

c) Günstige Nachrichten über Aktiengesellschaften lassen die Erwartungen der Anleger steigen. Der Kursmakler stellt bei der nächsten Kursnotierung fest, dass bei jedem Kurs die vorliegenden Kaufaufträge um 50 Stück zugenommen, die Verkaufsaufträge um 50 Stück gegenüber der bisherigen Situation abgenommen haben.

- Berechnen Sie den neuen Preis.
- Zeigen Sie die Änderung der Marktlage schematisch in einem Koordinatensystem (ohne Zahlenwerte!).

d) Vergleichen Sie eine Wertpapierbörse und den Markt der Automobilhersteller in Deutschland nach drei Merkmalen, die einen Markt kennzeichnen.

e) Auf einem vollkommenen Markt mit polypolistischer Konkurrenz und normalem Verlauf der Angebots- und Nachfragekurve kommt ein Preis von 15,00 € zustande. Die Unternehmen U1 und U2 gehören zu den Anbietern. U1 hat jedoch eine günstigere Kostenstruktur als U2. Die Nachfrager N1 und N2 fragen bei diesem Preis die Ware nach. N1 misst dem Gut einen höheren Wert bei als N2, der gerade noch bereit ist, 15,00 € zu bezahlen.

- Begründen Sie, warum trotz dieser Unterschiede ein einheitlicher Marktpreis zustandekommt.
- Bezeichnen Sie die unterschiedliche Situation der Anbieter und Nachfrager, und erklären Sie diese.

3 Einem Makler an der einzigen Warenbörse einer Volkswirtschaft liegen von verschiedenen Auftraggebern folgende Kauf- und Verkaufsaufträge vor:

Kaufaufträge			**Verkaufsaufträge**		
Käufer	Menge in t	höchstens zu GE je t	Verkäufer	Menge in t	mindestens zu GE je t
A	50	80	E	30	80
B	20	96	F	45	96
C	30	108	G	30	108
D	25	120	H	50	120

a) Berechnen Sie bei den oben genannten Preisen die Angebotsmengen, die Nachfragemengen und die jeweils maximal erzielbaren Umsätze unter Verwendung des folgenden Lösungsschemas:

Preise in GE je t	Nachfrage in t	Angebot in t	Geschäftsabschlüsse in t	Umsatz in GE

b) Begründen Sie, welchen Preis der Skontroführer festlegen wird.

c) Welche Aufträge können bei dem vom Makler festgesetzten Preis berücksichtigt werden?

d) Wie viel GE beträgt die Konsumentenrente des Käufers D insgesamt?

e) Welche Anbieter erhalten im Allgemeinen eine Produzentenrente?
Wie viel GE beträgt die Produzentenrente des Anbieters E insgesamt?

2.2 Staatliche Eingriffe in die Preisbildung auf Wettbewerbsmärkten

Kernwissen

Marktkonforme Staatseingriffe

- Staat beeinflusst Nachfrage oder Angebot; staatlicher Einfluss führt zu einer Verschiebung der Angebots- bzw. Nachfragefunktion
- Preisbildungsmechanismus funktioniert weiterhin
- Preisfunktionen sind nicht eingeschränkt

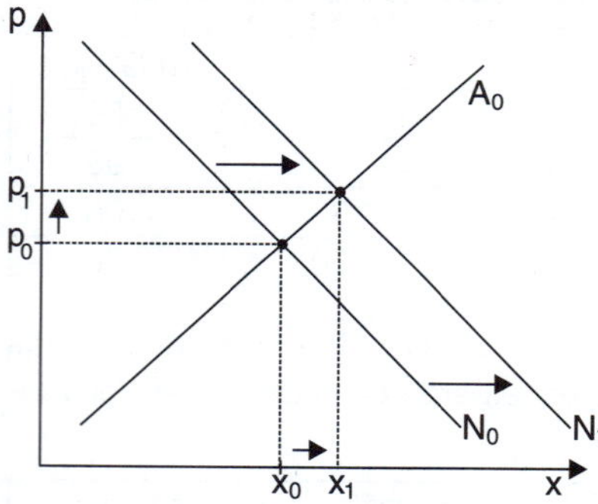

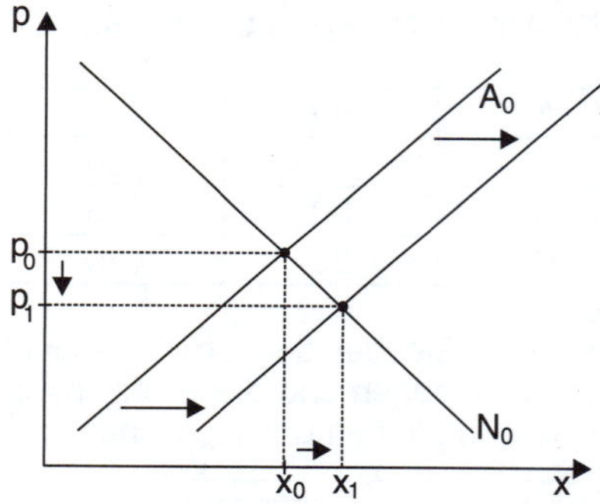

- z.B. durch staatliche Nachfrageerhöhung (siehe obige Grafik)
  - neuer Marktpreis p_1 bringt Angebot und veränderte Nachfrage zum Ausgleich
  - Marktpreis steigt von p_0 auf p_1
- z.B. durch staatliche Nachfragesenkung
  - Marktpreis fällt

- z.B. durch Subventionen an Unternehmer (siehe obige Grafik)
  - neuer Marktpreis p_1 bringt Angebot und Nachfrage zum Ausgleich
  - Marktpreis sinkt von p_0 auf p_1
- z.B. durch Subventionsabbau
  - Marktpreis steigt

Marktkonträre Staatseingriffe

- Preis wird durch den Staat in Form von Höchst-, Mindest- oder Festpreisen fixiert
- Preisbildungsmechanismus ist aufgehoben
- Preisfunktionen sind eingeschränkt bzw. aufgehoben

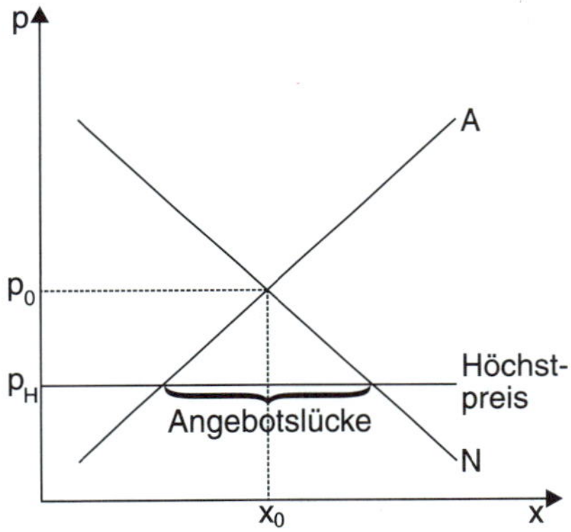

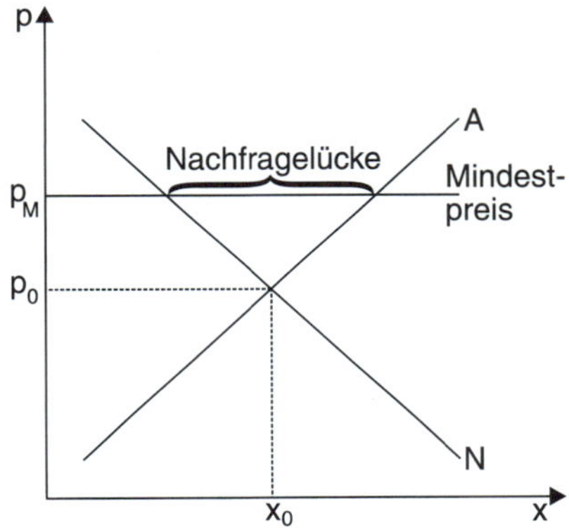

- z.B. durch **Höchstpreis** (p_H)
- zum Schutz der Verbraucher
- Folgen:
  - Nachfrageüberhang (Angebotslücke)
  - Staat muss rationieren
  - Schwarzmarkt entsteht

- z.B. durch **Mindestpreis** (p_M)
- zum Schutz der Produzenten
- Folgen:
  - Angebotsüberhang (Nachfragelücke)
  - Staat muss Produktion beschränken oder Überschuss aufkaufen, lagern, verwalten, evtl. vernichten oder ins Ausland zu „Schleuderpreisen“ verkaufen

Aufgaben

1 Auf dem Markt für Umwelttechnologie gehen die Preise kräftig zurück. Durch diesen Preisverfall geraten die Zuliefererbetriebe in eine Verlustsituation. Die Zulieferer sollen nun staatliche Subventionen erhalten.

a) Geben Sie zwei Gründe an, warum der Staat ein Interesse daran hat, private Unternehmen dieses Wirtschaftssektors finanziell zu unterstützen.

b) Nennen Sie zwei Möglichkeiten der Subventionierung und zeigen Sie an einem Beispiel, ob es sich um eine marktkonforme oder marktkonträre Maßnahme handelt.

c) Angenommen, der Staat wollte durch Preisfestsetzungen die heimischen Umwelttechnologie-Unternehmen vor einem Verdrängungswettbewerb schützen.
- Begründen Sie, ob er dann einen Mindest- oder Höchstpreis hätte festsetzen müssen.
- Welche begleitenden Maßnahmen muss der Staat ergreifen, um sein Ziel zu erreichen?

2 Für ein landwirtschaftliches Produkt liegt bei vollständiger Konkurrenz folgende Marktsituation vor:

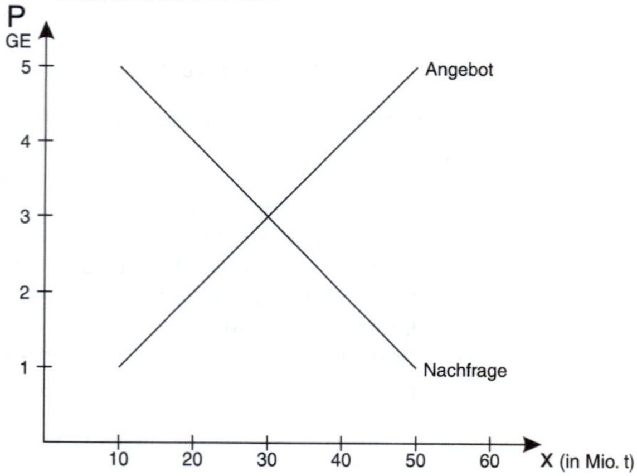

Zur Unterstützung der Landwirtschaft hat die Regierung die Einführung eines Mindestpreises beschlossen, der eine Geldeinheit über dem Marktpreis liegen soll. Der Staat kauft die entstehenden Überschüsse auf.

a) Begründen Sie, weshalb es nicht sinnvoll wäre, den Mindestpreis unterhalb des Marktpreises festzusetzen.

b) Ermitteln Sie anhand der vorherigen Skizze, in welcher Höhe dafür Haushaltsmittel bereitgestellt werden müssen.

c) Welche weiteren Folgen können sich aus dem Ankauf der Überschüsse ergeben?

d) Berechnen Sie die Erlöse der Landwirte vor Festsetzung des Mindestpreises und die Erlöse, die sie erzielen würden, wenn der Staat bei dem oben genannten Mindestpreis die Überschüsse nicht aufkaufen würde. Beurteilen Sie die Veränderung auch unter Berücksichtigung der Preiselastizität der Nachfrage.

e) Zum Abbau der Überschüsse werden von der Regierung Anbaubeschränkungen beschlossen. Danach dürfen die Anbieter nicht mehr als 30 Mio. t zu dem Mindestpreis anbieten. Wie wirkt sich diese Maßnahme finanziell für den Staat und die Anbieter aus?

f) Das angestrebte Ziel der Einkommenserhöhung in der Landwirtschaft könnte z.B. auch durch Subventionspolitik erreicht werden.
   - Wie ist diese Art des Markteingriffs gegenüber einer Mindestpreisfestsetzung ordnungspolitisch zu beurteilen?
   - Vergleichen Sie die Subventionspolitik mit der Mindestpreisfestsetzung hinsichtlich des Umfangs der Aufrechterhaltung der verschiedenen Preisfunktionen.

3 Auf den Märkten für zwei landwirtschaftliche Produkte A und B herrscht zu den dargestellten Bedingungen Gleichgewicht. Das Wirtschaftsministerium hat sich entschlossen, durch Einführung eines Mindestpreises, der eine Geldeinheit über dem jeweiligen Marktpreis liegen soll, die Einnahmen der Landwirtschaft zu steigern. Die Kosten der Produktion bleiben unberücksichtigt.

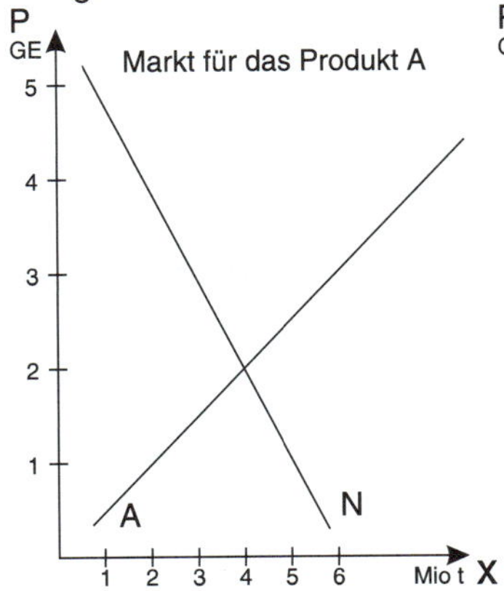

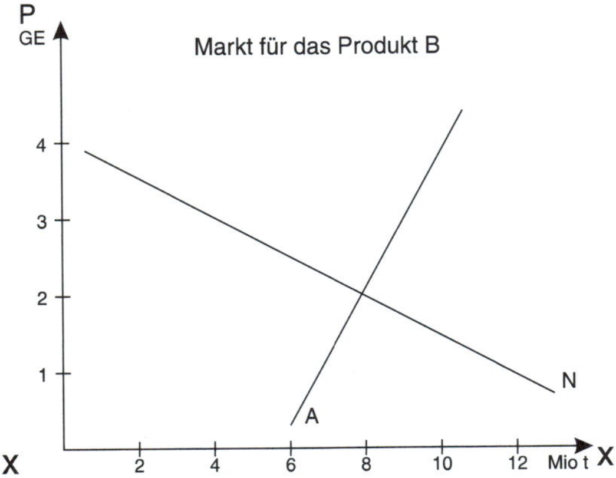

Das Wirtschaftsministerium untersucht zunächst die Wirkung einer entsprechenden Anbaubeschränkung. Auf den Märkten für die betreffenden Güter soll kein Angebotsüberschuss auftreten.

a) Vergleichen Sie die durch den Verkauf der Produkte erzielbaren Einnahmen der Landwirtschaft vor und nach der Festsetzung der Mindestpreise.

Begründen Sie die unterschiedlichen Reaktionen auf beiden Märkten.

b) Erklären Sie, mit welchen „flankierenden Maßnahmen" der Mindestpreis – unter den angegebenen Bedingungen – durchgesetzt werden könnte.

c) Beurteilen Sie die Wirkung eines so verordneten Mindestpreises für den Staatshaushalt.

Geben Sie Rechenergebnisse an.

4

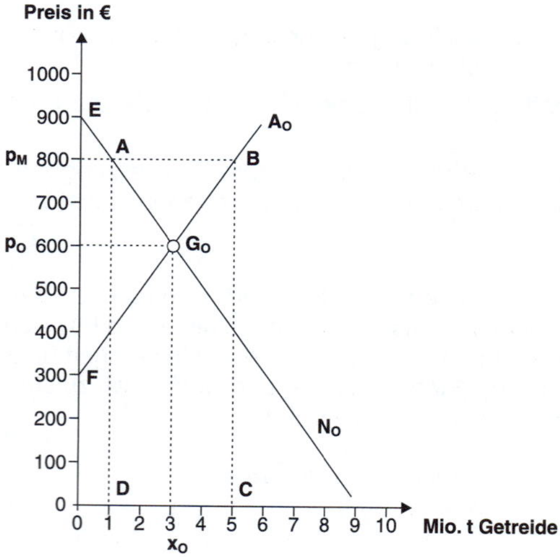

Die EU fördert den Anbau dieser Getreideart mit Subventionszahlungen in Höhe von 200 € pro t.

a) Berechnen Sie wie sich Subventionszahlungen von 200,00 € pro t auf den Staatshaushalt auswirken.

b) Welche Konsequenzen hat die Festsetzung eines Mindestpreises von 800,00 €/t (200,00 € über dem aktuellen Gleichgewichtspreis) auf

- die Produktionsmenge
- die Erlöse der Produzenten
- die Wohlfahrtsänderung (Gewinne/Verluste)

5

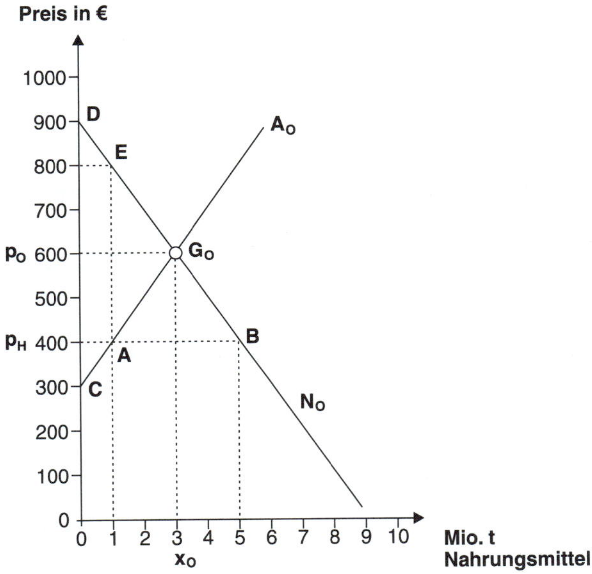

Die Regierung legt für 1 Tonne (t) eines Grundnahrungsmittels einen Höchstpreis (P_H) von 400,00 € fest.

Der Gleichgewichtspreis betrug vor Markteingriff 600,00 € je t.

Berechnen Sie, wie sich die Festsetzung des Höchstpreises auswirkt auf:

a) die Produktionsmenge

b) die Erlöse der Produzenten

c) den Staatshaushalt, (sofern die Regierung pro t 200,00 € Ausgleich an die Produzenten zahlt)

d) die Höhe der Wohlfahrtsänderung (Gewinne/Verluste).

2.3 Angebotsmonopol

Kernwissen

Angebotsmonopol auf dem vollkommenen Markt

Im Gegensatz zum Polypol kann der Monopolist Preis- oder Mengenpolitik betreiben. Er kann die gewinnmaximale Preis-Mengenkombination realisieren (Cournot'scher Punkt).

Beispiel: Einem Angebotsmonopolisten sind nachstehende Werte bekannt:

x	0	1	2	3	4	5	6	7	8	9	10
p	25	22,5	20	17,5	15	12,5	10	7,5	5	2,5	0
K	10	15	20	25	30	35	40	45	50	55	60

Ermitteln Sie Gewinnmaximum und gewinnmaximale Menge in der Stück- und Gesamtbetrachtung.

Vorgehensweise:

(1) Preis-Absatz-Funktion (PAF) in Stückbetrachtung einzeichnen
-> Bei p = 25 besteht keine Nachfrage mehr **(Prohibitivpreis).**
-> Die **Sättigungsmenge** liegt bei x = 10.

(2) Grenzkosten (K') ermitteln und in Stückbetrachtung einzeichnen.

$$k_v = \frac{K_2 - K_1}{x_2 - x_1} = \frac{20 - 15}{2 - 1} = 5$$

(3) Grenzertrag in Stückbetrachtung einzeichnen (schneidet Strecke Ursprung bis Schnittpunkt PAF/x-Achse in der Mitte).

(4) Schnittpunkt U' = K' gibt die gewinnoptimale Menge an.
Schnittpunkt auf PAF hochprojizieren.
Damit erhält man den Cournot'schen Punkt, der nun der gewinnmaximalen Menge den gewinnmaximalen Preis zuordnet.

(5) U = p · x in Gesamtbetrachtung einzeichnen.

(6) K in Gesamtbetrachtung einzeichnen.

(7) Umsatzmaximum einzeichnen
(x-Wert entspricht Schnittpunkt U' mit der x-Achse).

(8) Linksverschiebung von K an Tangente von U ergibt die gewinnmaximale Menge und den gewinnmaximalen Umsatz.

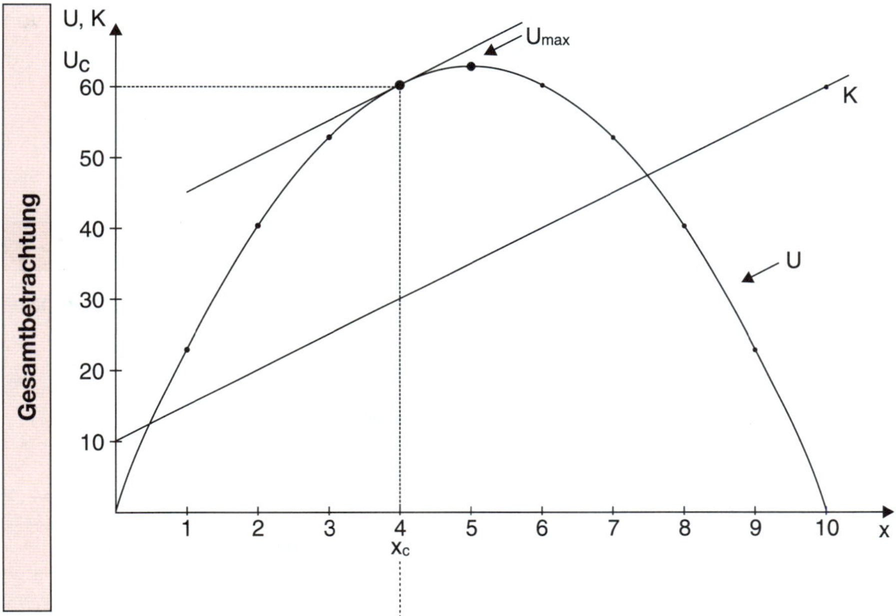
Gesamtbetrachtung
U, K
U_C
60
50
40
30
20
10
U_{max}
K
U
1
2
3
4
5
6
7
8
9
10
x
x_c

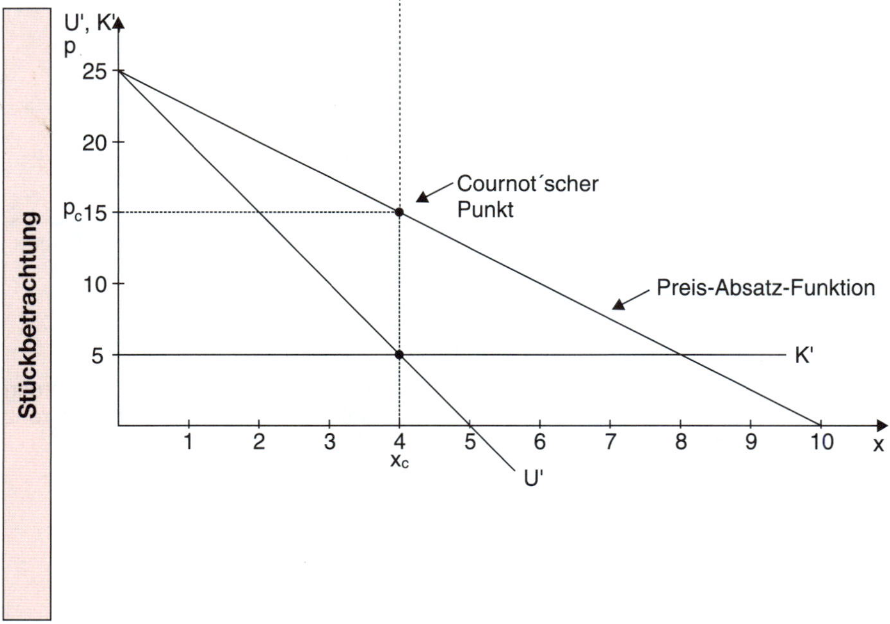
Stückbetrachtung
U', K'
p
25
20
p_c15
10
5
Cournot´scher
Punkt
Preis-Absatz-Funktion
K'
1
2
3
4
5
6
7
8
9
10
x
x_c
U'

Bei der gegebenen PAF hat der Monopolist sein Gewinnmaximum beim Verkauf von 4 Einheiten zu je 15 € (siehe Beispiel der vorhergehenden Seite).

G bei $x_c = 4$ und $p_c = 15$
G = U – K
G = 60 – 30
G = 30

Angebotsmonopol auf dem unvollkommenen Markt

Der Monopolist verlangt verschiedene Preise für ein Gut. Durch diese Preisdifferenzierung könnte der Monopolist folglich statt bisher 4 · 15 € = 60 € Umsatz

1 Stück zu 22,5 €
1 Stück zu 20,0 €
1 Stück zu 17,5 €
1 Stück zu 15,0 €
} 4 Stück zu insgesamt 75 € verkaufen

Ohne Preisdifferenzierung	Mit Preisdifferenzierung
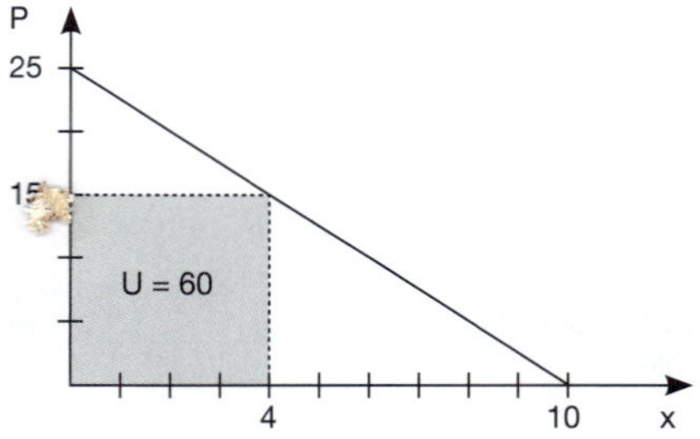	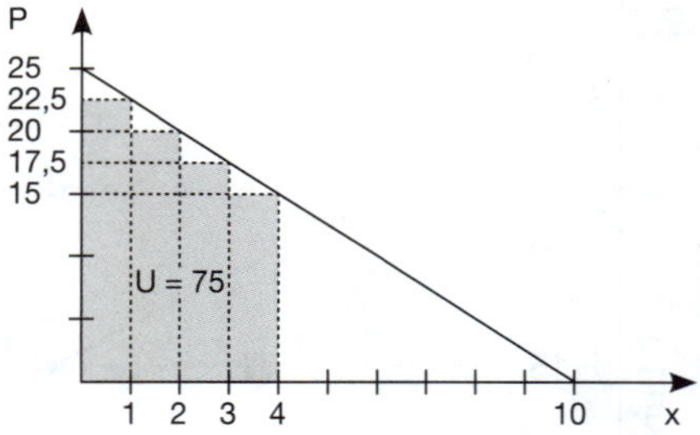

Gewinn nach Preisdifferenzierung: G = U – K
G = 75 – 30
G = 45

Preisdifferenzierung kann sachlich, räumlich, persönlich und zeitlich vorgenommen werden. Preisdifferenzierung ist umso leichter möglich, je geringer die Transparenz und je größer die räumliche Differenziertheit des Marktes ist.

Aufgaben

1 Die Abiturienten des Wirtschaftsgymnasiums in Mannheim planen eine Abschlussfeier. Zur Verfügung steht ein Festsaal mit maximal 600 Plätzen. Die fixen Kosten werden auf 2 500,00 €, die variablen Kosten auf 1,00 €/Besucher kalkuliert. Das Abikomitée erwartet, dass die Besucher auf Preisänderungen wie folgt reagieren werden:

Preis je Karte in €	12,00	11,50	11,00	10,50	10,00	9,50	9,00	8,50
Verkaufte Karten	250	275	300	325	350	375	400	425

Preis je Karte in €	8,00	7,50	7,00	6,50	6,00	5,50	5,00
Verkaufte Karten	450	475	500	525	550	575	600

a) Angenommen, das Abikomitée möchte die Karten zu einem Einheitspreis verkaufen und den Veranstaltungsgewinn maximieren. Ermitteln Sie mithilfe einer Tabelle nach folgendem Muster den gewinnmaximalen Kartenpreis.

Preis je Karte in €	Zahl der Besucher	Umsatz	Kosten	Verlust/Gewinn

b) Wie viel Karten bleiben unverkauft, wenn der gewinnmaximale Einheitspreis (Monopolpreis) festgesetzt wird?

c) Bei welchem Preis/Mengenverhältnis liegt das Umsatzmaximum?

d) Begründen Sie, warum Umsatz- und Gewinnmaximum nicht zusammenfallen.

e) Das Abikomitée möchte den Gewinn durch Preisdifferenzierung bei ausverkaufter Festhalle erhöhen. Dazu werden die vorhandenen Plätze in vier Ränge eingeteilt. Für den ersten Rang (100 Plätze für die Lehrer) werden 12,00 € verlangt, für den zweiten Rang (weitere 200 Plätze) 10,00 €, für den dritten Rang (weitere 200 Plätze) 7,00 €, für den vierten Rang (weitere 100 Plätze) 5,00 €.
Begründen Sie, ob alle Karten verkauft werden. Weisen Sie die Höhe des Gesamtgewinns nach.

f) Welchen Preis legt das Abikomitée fest, wenn es nicht nach dem Gewinnmaximierungsprinzip, sondern nach dem Kostendeckungsprinzip arbeitet?

g) Bei dem Sachverhalt dieser Aufgabe könnte man die variablen Kosten vernachlässigen. Welche Besonderheit träfe dann für das Gewinn- und Umsatzmaximum in diesem Beispiel zu?

2

a) Begründen Sie, warum der Angebotsmonopolist bei Übereinstimmung von Grenzerlös und Grenzkosten sein Gewinnmaximum erzielt.

b) Untersuchen Sie, welchen Einfluss das Aufkommen von Substitutionsgütern auf den Verlauf der Nachfragekurve, den Verlauf der Grenzerlöskurve und damit die Marktmacht des Monopolisten hat.

c) Nennen Sie mögliche Gefahren einer Monopolpreisbildung für die Gesamtwirtschaft.

3 Ein Unternehmen entwickelte als erster Hersteller eine neuartige Telefonanlage. Dadurch konnte dieses Unternehmen zunächst eine monopolähnliche Marktstellung erreichen.
Die variablen Kosten betragen 6 000 Geldeinheiten. Gegeben war die folgende Marktsituation:

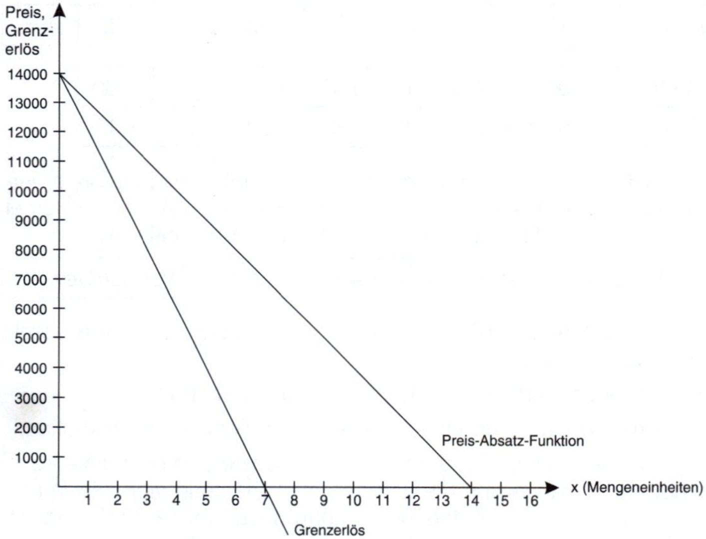

a) Begründen Sie, bei welcher Absatzmenge das Unternehmen sein Gewinnmaximum erreicht. Geben Sie den gewinnmaximalen Preis an.

b) Begründen Sie, bei welcher Menge das Unternehmen sein Umsatzmaximum erreicht.

c) Um die Verkaufszahlen zu erhöhen und die Marktposition zu festigen, wurde der Preis für das Produkt um 2 000 Geldeinheiten gesenkt.
   - Berechnen Sie die Umsatzänderung.
   - Ermitteln Sie unter Angabe der Formel die direkte Preiselastizität der Nachfrage.
   - Begründen Sie die Umsatzveränderung mithilfe der Elastizität.

d) Das Management denkt über eine Preisdifferenzierung nach.
   - Bei welcher Modellannahme könnte ein Monopolist Preisdifferenzierung betreiben?
   - Beschreiben Sie zwei Möglichkeiten der Preisdifferenzierung.

e) Durch die gute Gewinnsituation kamen in den Folgejahren immer mehr Anbieter auf den Markt für Telefonanlagen. Die angebotene Menge erhöhte sich. Gleichzeitig hatte sich der Einsatz der Telefonanlagen in vielen Unternehmen durchgesetzt. In der Folge fielen die Preise für die Telefonanlage.

   Stellen Sie die Entwicklung in einer Skizze dar. Unterstellen Sie dabei einen vollkommenen polypolistischen Markt und normales Nachfrage- und Angebotsverhalten.

2.4 Preisbildung beim Polypol auf dem unvollkommenen Markt

Kernwissen

Viele Anbieter und viele Nachfrager stehen sich am Markt gegenüber. Ein einheitlicher Preis kommt aber nicht zustande, weil mindestens eine Bedingung des vollkommenen Marktes nicht erfüllt ist (siehe Seite 237).

Preis-Absatz-Kurve bei „monopolistischer Konkurrenz"

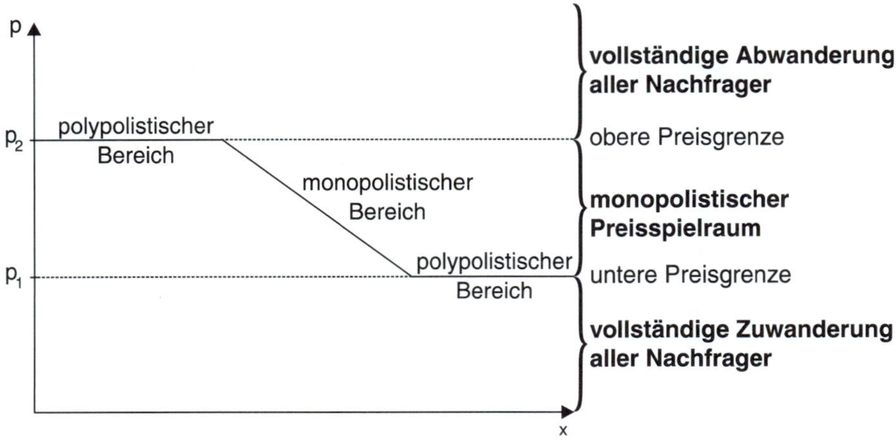

Die Anbieter beim **Polypol auf dem unvollkommenen Markt** können den Preis innerhalb gewisser Grenzen verändern, ohne befürchten zu müssen, Kunden an die Konkurrenz zu verlieren. Sie können also innerhalb eines bestimmten Preisintervalls **Preispolitik** wie beim Monopol betreiben. Grafisch wird der gewinnmaximale Punkt (**Cournot'scher Punkt**) wie beim Monopol ermittelt. In vorheriger Grafik wären Grenzkosten und Grenzerlöse einzuzeichnen. Der Schnittpunkt $K' = U'$ gibt die gewinnmaximale Menge an, projiziert man diesen auf die PAF ordnet der Cournot'sche Punkt der gewinnmaximalen Menge den gewinnmaximalen Preis zu.

Aufgaben

1 Bei einem Polypol auf dem unvollkommenen Markt liegen einem Anbieter folgende Preis-Absatz-Werte vor:

x	0	5	10	15	20	25	30	35	40	45	50
p	120	120	120	120	120	120	120	115	110	105	100

x	55	60	65	70	75	80	85	90	95	100
p	95	90	85	80	75	70	65	60	60	60

Die fixen Kosten belaufen sich auf 2 000 GE, die variablen Stückkosten betragen 20 GE.

a) Erstellen Sie eine Wertetabelle mit den Spalten x, p, Umsatz (Erlös), Grenzerlös, Kosten, Grenzkosten und Gewinn.

b) Zeichnen Sie die Preis-Absatz-Kurve, Grenzkosten und Grenzerlös in ein Koordinatensystem ein.

c) Stellen Sie die gewinnmaximale Absatzmenge und den gewinnmaximalen Preis fest.

d) Für welche Absatzmenge wird sich der Polypolist hier entscheiden, wenn er nach Umsatzmaximierung strebt? Begründen Sie Ihre Lösung.

2 Verwenden Sie die bei Aufgabe 1 dargestellte Wertetabelle.

a) Begründen Sie, welcher ökonomische Sachverhalt bei einem Preis > 120 gilt. Wie wird dieser Preisbereich bezeichnet?

b) Begründen Sie, welcher ökonomische Sachverhalt bei einem Preis < 60 gilt. Wie wird dieser Preisbereich bezeichnet?

c) Begründen Sie, welcher ökonomische Sachverhalt bei einem Preis zwischen 60 und 120 gilt. Wie wird dieser Preisbereich bezeichnet?

2.5 Verhaltensweisen der Oligopolisten am Beispiel des Angebotsoligopols

Kernwissen

Beim **Angebotsoligopol** stehen viele Nachfrager wenigen Anbietern gegenüber; z.B. auf dem Automobilmarkt, Zigarettenmarkt.

Preissenkung **eines** Oligopolisten

- dieser Oligopolist hat steigende Nachfrage
- übrige Anbieter verlieren Marktanteile
- übrige Anbieter werden – falls möglich – ebenfalls den Preis senken

Folge:

Marktanteil des einzelnen Oligopolisten ändert sich nicht, jedoch sinkt bei allen Oligopolisten der Gewinn.

↓

Preiserhöhung **eines** Oligopolisten

- dieser Oligopolist hat sinkende Nachfrage
- übrige Anbieter erhöhen bei konstanten Preisen ihre Marktanteile

Folge:

Preiserhöhender Oligopolist reduziert Absatzmenge und Gewinn, andere Oligopolisten erhöhen Absatzmenge und Marktanteil.

↓

Um die negativen Folgen der Preisänderung eines Oligopolisten zu vermeiden, werden die Oligopolisten Preisveränderungen im Gleichschritt vornehmen.

Aufgaben

1 Die drei Automobilhersteller Alfa, Beta und Gamma haben die Marktführerschaft auf dem regional abgegrenzten Markt für Mittelklassefahrzeuge. Beim Preisvergleich der drei Fahrzeuge fällt auf, dass sich die Preise nur unwesentlich unterscheiden. Preisänderungen werden im „Gleichschritt" der drei Anbieter durchgeführt.

a) Wie wird die oben beschriebene Verhaltensweise bezeichnet?

b) Begründen Sie aus der Sicht der drei Autohersteller deren Strategie.

c) Wie kann Hersteller Alfa bei der bisherigen Strategie bleiben und trotzdem einen höheren Marktanteil anstreben?

d) Beurteilen Sie die Auswirkung der im Sachverhalt dargestellten Verhaltensweise auf das Funktionieren der Marktwirtschaft.

e) Bezeichnen und beschreiben Sie eine andere als die im Sachverhalt dargestellte Verhaltensweise der Wettbewerber. Wozu führt diese Strategie?

2

Benzinpreise

Kartellamt sieht Oligopol auf dem Tankstellenmarkt

Höhere Benzinpreise vor den Ferien? Im Tankstellengeschäft herrschen fünf große Mineralölkonzerne mit „Marktstrukturen, die dem Wettbewerb abträglich sind", sagt das Bundeskartellamt.
Die Benzinpreise in Deutschland sind höher als sie sein müssten: Autofahrer haben es nach Einschätzung des Bundeskartellamts im Tankstellengeschäft mit einer marktbeherrschenden Gruppe weniger Konzerne zu tun. „Wir haben schon seit längerem die Arbeitshypothese eines Oligopols", sagte Kartellamtssprecher Kay Weidner am Sonntag und bestätigte damit Medienberichte. Oligopol bedeutet die Marktbeherrschung der fünf Mineralölkonzerne Aral/BP (23,5 % Marktanteil), Shell (22 %), Jet (10 %), Esso und Total (jeweils 7,5 %). ..... Als „Initiatoren der Preissetzungsrunden" treten der Untersuchung zufolge fast immer die Marktführer in Erscheinung. Erhöhe Konzern 1 die Preise, ziehe Konzern 2 innerhalb nur weniger Stunden bundesweit nach, oder umgekehrt. Und dann kletterten die Preise auch bei den übrigen drei Mitgliedern des Oligopols. Bei Preissenkungen laufe es genauso, nur langsamer. .....

Auszug FAZ vom 22.05.2011

a) Warum handelt es sich beim Tankstellengeschäft um ein Angebotsoligopol?

b) Welche Verhaltensweise wählen die Mineralölkonzerne zur Durchführung ihrer Interessen?

c) Wie beurteilen Sie dieses Verhalten unter wettbewerbsrechtlichen Aspekten?

Fachbegriffe zur Preisbildung auf verschiedenen Arten von Märkten

Polypol
Modell der vollständigen Konkurrenz (viele Anbieter, viele Nachfrager)

Gleichgewichtspreis
Beim Gleichgewichtspreis sind die Angebots- und Nachfragemengen gleich groß. Der Markt wird geräumt.

Nachfragelücke
Marktangebot > Marktnachfrage. Entsteht, wenn der Marktpreis über dem Gleichgewichtspreis liegt

Angebotslücke
Marktangebot < Marktnachfrage. Entsteht, wenn der Marktpreis unter dem Gleichgewichtspreis liegt

Nachfrageüberhang
siehe Angebotslücke

Angebotsüberhang
siehe Nachfragelücke

Konsumentenrente
Vorteil, den ein Nachfrager (Konsument) erzielt, wenn seine Zahlungsbereitschaft über den tatsächlichen Ausgaben liegt

Produzentenrente
Vorteil, den ein Anbieter (Produzent) erzielt, wenn seine Einnahme über seinem geplanten Verkaufspreis liegt

Marktkonträrer Staatseingriff
Staat legt Höchst- oder Mindestpreis fest; der Preisbildungsmechanismus wird aufgehoben

Marktkonformer Staatseingriff
Staat beeinflusst Angebot oder Nachfrage, wobei der Preisbildungsmechanismus erhalten bleibt

Staatlicher Mindestpreis
Wird vom Staat zum Schutz der Produzenten festgelegt; nur sinnvoll über dem Gleichgewichtspreis; marktkonträrer Staatseingriff

Staatlicher Höchstpreis	*Wird vom Staat zum Schutz der Verbraucher festgelegt; nur sinnvoll unter dem Gleichgewichtspreis; marktkonträrer Staatseingriff*
Staatlicher Festpreis	*Preis ist nach oben und unten unbeweglich; marktkonträrer Staatseingriff*
Monopol (Angebotsmonopol)	*Auf dem Markt gibt es nur einen Anbieter, dem viele Nachfrager gegenüberstehen*
Oligopol (Angebotsoligopol)	*Auf dem Markt gibt es nur wenige Anbieter, denen viele Nachfrager gegenüberstehen*
Vollkommener Markt	*Folgende Voraussetzungen müssen erfüllt sein: homogene Güter, Punktmarkt, Markttransparenz, unendlich schnelle Reaktionsfähigkeit, keine Präferenzen*
Unvollkommener Markt	*Wenn mindestens eine der Voraussetzungen für den vollkommenen Markt nicht erfüllt ist*
Cournot'scher Punkt	*Ordnet der gewinnmaximalen Menge den gewinnmaximalen Preis zu*
Preisdifferenzierung	*Die Gesamtnachfrage wird in Absatzschichten zu unterschiedlichen Preisen aufgespalten.* *Ziel der Preisdifferenzierung ist die Abschöpfung der Konsumentenrente. Preisdifferenzierung ist nur auf dem unvollkommenen Markt möglich.*
Monopolistischer Preisspielraum (bei der monopolistischen Konkurrenz)	*Zwischen der oberen und unteren Preisgrenze (monopolistischer Bereich) kann der Angebots-Polypolist Preispolitik wie ein Monopolist betreiben. Der entsprechende Abschnitt auf der Preis-Absatz-Kurve wird deshalb auch als monopolistischer Bereich bezeichnet. Diese Preispolitik ist nur auf dem unvollkommenen Markt möglich.*

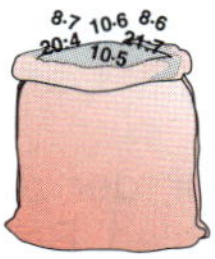

Zusammenfassende Aufgaben zur Preisbildung auf verschiedenen Arten von Märkten

1 Es sei unterstellt, dass ein vollkommener Markt mit polypolistischer Konkurrenz besteht. Es liegen lineare Nachfrage- und Angebotsfunktionen vor. Der folgende Auszug aus einer Wertetabelle gibt Auskunft über den Verlauf der Kurven:

Preis in €	10	50
Nachfrage in Stück	100	10
Angebot in Stück	10	100

a) Ermitteln Sie grafisch den Gleichgewichtspreis und die Gleichgewichtsmenge.

b) Welche Marktteilnehmer werden zum Gleichgewichtspreis nicht nachfragen bzw. nicht anbieten? Zeichnen Sie diese Nachfrage bzw. dieses Angebot in die Grafik ein.

c) Aufgrund einer Änderung der Angebotsstruktur entstand ein neuer Gleichgewichtspreis von 20,00 € bei unveränderter Nachfragesituation.
- Nennen Sie zwei Gründe für die Änderung des Angebots.
- Ermitteln Sie die neue Gleichgewichtsmenge.
- Berechnen Sie die direkte Preiselastizität der Nachfrage, und stellen Sie ihren Zusammenhang mit der Umsatzentwicklung dar.

2 Auf dem Markt für Schweinefleisch in der Europäischen Union (EU) stehen sich viele Anbieter (Erzeuger) und Nachfrager (Schlachthäuser) gegenüber. Der Preis für Schweinefleisch ist in den letzten Jahren gesunken. Der gegenwärtige Preis sei 3,60 € je kg.
Unterstellen Sie einen vollkommenen Markt mit normal verlaufender Angebots- und Nachfragefunktion.

Infolge zunehmender Bauernproteste werden von der EU-Kommission zwei alternative Maßnahmen erwogen:
- Den Erzeugern wird ein Mindestpreis von 3,80 € garantiert.
- Die Erzeuger erhalten für jedes Tier einen direkten Zuschuss der EU.

a) Erläutern Sie den Einfluss der einzelnen Vorschläge auf die jeweilige Marktsituation unter Verwendung je einer Skizze.

b) Vergleichen Sie die beiden Vorschläge nach folgenden Gesichtspunkten: Zielsetzung, notwendige staatliche Maßnahmen, Folgen für den Agrarhaushalt der Europäischen Union.c)Beurteilen Sie beide Maßnahmen im Hinbllick auf je zwei Funktionen des Preises.

d) Die EU beschließt einen Mindestpreis von 3,80 €. Die Organe der EU gingen bei der Entscheidung davon aus, dass bei einer Preisanhebung von 3,60 € auf 3,80 € die Erlöse der Erzeuger steigen.
Schlagen Sie einen prozentualen Wert für die Nachfrageänderung vor, der zu dieser gewünschten Erlössteigerung führt. Begründen Sie Ihren Vorschlag. Berechnen Sie die Elastizität unter Ihrer Annahme und erläutern Sie den ermittelten Wert.

3 Die Wohnungsnot, vor allem in den Ballungsräumen, führt zu unterschiedlichen Analysen und Lösungsvorschlägen. Im Mittelpunkt steht die Frage nach dem Funktionieren des Marktes und der Wirksamkeit von Staatsmaßnahmen. Die Auswirkung auf die Wohnversorgung kann, zumindest soweit es um elementare Zusammenhänge geht, anhand der üblichen Nachfrage-/Angebotsgrafik aus dem Modell polypolistisch-vollkommener Konkurrenz dargestellt werden.
Stellen Sie die in den folgenden Thesen enthaltenen Sachverhalte jeweils in den vorgegebenen Koordinatensystemen dar, und begründen Sie diese Aussagen:

Abb.1

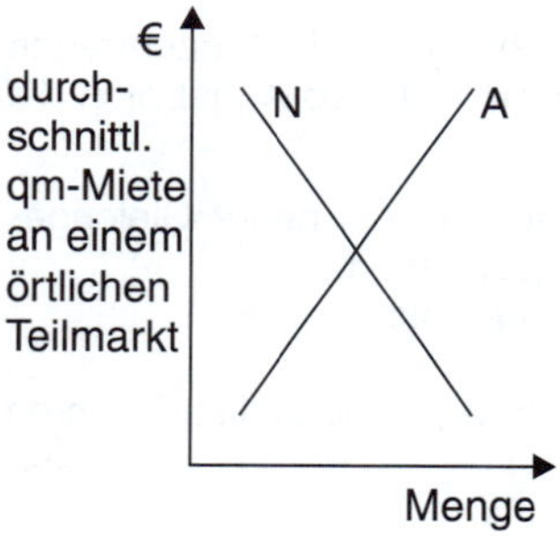

Abb.2

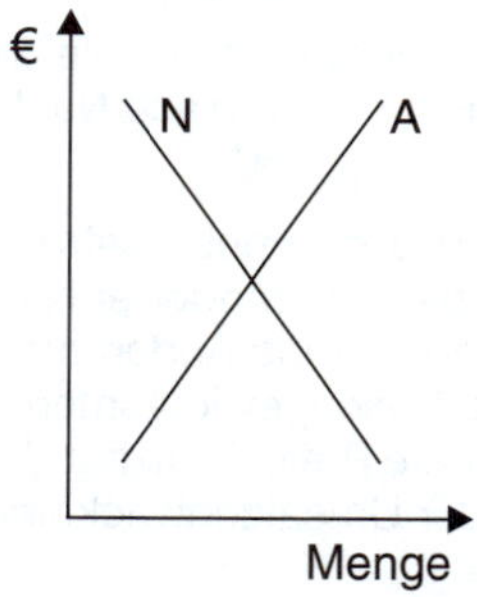

Abb.3

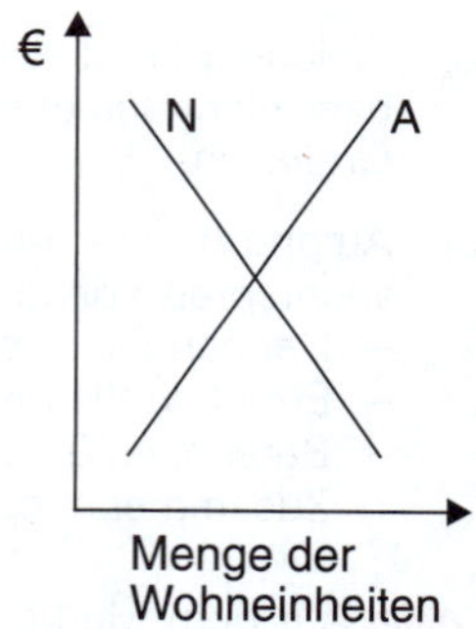

a) Durch die Mietpreislimitierung wurde die Durchsetzung des Marktpreises und eine bessere Marktversorgung verhindert. (Abb. 1)

b) Die Zahlung zusätzlichen Wohngeldes an die Mieter würde die Marktsituation verändern. (Abb. 2)

c) Die Zahlung zusätzlicher Baukostenzuschüsse an die Vermieter würde die Marktsituation verändern. (Abb. 3)

d) Erläutern Sie, ob die Sachverhalte a), b) und c) als marktkonträre oder marktkonforme Einwirkungen anzusehen sind.

e) Aus § 564b BGB folgt, dass die Kündigung von Wohnraum nur zum Zweck der Mieterhöhung unzulässig ist.
   - Wie kann der Gesetzgeber diesen Kündigungsschutz rechtfertigen?
   - Wie können die Vermieter dagegen argumentieren?

f) Erläutern Sie anhand zweier Beispiele, wie Funktionen des Preises durch Freigabe der Wohnungsmieten in der Bundesrepublik Deutschland wiederbelebt werden können.

4 Der Benzinpreis steigt von 1,50 € auf 2,00 € c.p. Der Staat ordnet nun einen Höchstpreis von 1,70 € an.

a) Stellen Sie diesen Vorgang grafisch dar, und erläutern Sie, wie sich angebotene und nachgefragte Menge zueinander verhalten.

b) Statt der Festsetzung eines Höchstpreises hätte der Staat auch über das Instrument der Subventionspolitik in die Wirtschaft eingreifen können. Vergleichen Sie die Subventionspolitik mit der Höchstpreispolitik bezüglich
- der Art des Markteingriffes,
- des Umfangs der Aufrechterhaltung der verschiedenen Preisfunktionen,
- der Marktversorgung,
- der zur Mitfinanzierung herangezogenen Personen.

c) Untersuchen Sie die gesamtwirtschaftlichen Auswirkungen, wenn der Staat den im Benzinpreis enthaltenen Steueranteil von ca. 60 % wesentlich erhöht. Unterstellen Sie dabei eine Preiselastizität der Nachfrage von I – 0,6 I.

5 In der Diskussion über die hohe Arbeitslosigkeit in Deutschland werden die hohen Lohnkosten als eine Ursache betrachtet. Ein Sprecher der Arbeitgeberverbände führte dazu aus: „Die Arbeitslosigkeit ist auch ein Problem der Tarifpolitik, denn tarifgebundene Arbeitgeber dürfen nicht unter Tariflohn bezahlen. Der Tariflohn hat keine Ausgleichsfunktion mehr. Weiterhin ist die Signalfunktion eingeschränkt".

a) Stellen Sie diese Aussage in einer Skizze dar.

b) Beschreiben Sie zwei marktkonforme Maßnahmen des Staates zur Erhöhung der Nachfrage nach Arbeitskräften.

c) Angenommen, die Tarifpflicht für Löhne entfällt.
- Wie könnte sich der einzelne Arbeitgeber der Tarifpflicht „entledigen"?
- Beschreiben Sie die Auswirkungen auf den Preis für Arbeitskräfte.
- Begründen Sie die Auswirkung auf die gesamtwirtschaftliche Arbeitslosigkeit.
- Wägen Sie ab, was für oder gegen den Wegfall der Tarifpflicht für Löhne aus der Sicht des einzelnen Arbeitgebers spricht.

6

a) An einer Internetbörse für Heizöl treten an einem Börsentag eine Vielzahl von Anbietern und Nachfragern mit folgenden Preis- und Mengenvorstellungen auf:

Kaufaufträge			Verkaufsaufträge		
Name der Käufergruppen	Menge in 1 000 l	Preis in € je Liter	Name der Verkäufergruppen	Menge in 1 000 l	Preis in € je Liter
A	100	billigst	F	60	bestens
B	90	0,61	G	90	0,61
C	40	0,62	H	170	0,62
D	140	0,63	I	80	0,63
E	40	0,64	J	70	0,64

1. Nennen Sie zwei Prämissen des vollkommenen Marktes und zeigen Sie, dass diese an einer Internet-Heizölbörse erfüllt sind.
2. Ordnen Sie mit Hilfe einer Tabelle den alternativen Preisen die entsprechenden Gesamtnachfrage- und Gesamtangebotsmengen zu.
   Ermitteln Sie das Marktgleichgewicht.
3. Begründen Sie, welche der zehn Marktteilnehmer im vorliegenden Fall eine Konsumentenrente erzielen.
   Berechnen Sie für zwei Marktteilnehmer die Höhe ihrer Konsumentenrente.
4. Der Staat gewährt einkommensschwachen Haushalten aus sozialpolitischen Gründen zweckgebundene Zuschüsse für Heizölkäufe.
   Erläutern Sie, ob sich durch diese Maßnahmen Auswirkungen auf den Heizölmarkt ergeben und um welche Art des staatlichen Eingriffs es sich gegebenenfalls handelt.
5. Angenommen, es kommt zu einer erneuten Krise im Nahostkonflikt.
   Erläutern Sie zwei Entwicklungen, die sich daraus auf dem Heizölmarkt ergeben können.
   Verdeutlichen Sie Ihre Aussagen, indem Sie anhand von normal verlaufenden Angebots- und Nachfragekurven in einem Koordinatensystem die Veränderungen skizzieren.

b) Die Heizölhandlung Müller GmbH bietet Heizöl auf einem unvollkommenen polypolistischen Markt im Großraum Stuttgart an.
Vergleichen Sie die Möglichkeiten der Preisgestaltung der Müller GmbH mit dem Anbieterverhalten bei einer Marktform, wie sie in Aufgabe a) vorliegt. Gehen Sie auch auf die Ursachen der Unterschiede ein.

c) Wegen der Preisentwicklung auf den Energiemärkten erwägt die Regierung die Förderung alternativer Energiequellen.
Erklären Sie je eine marktkonträre und eine marktkonforme staatliche Fördermaßnahme für alternative Energiequellen.

d) Der süddeutschen GeoTec AG ist ein technischer Durchbruch bei der Herstellung von Bohrsystemen zur Gewinnung von Erdwärme gelungen. Sie ist derzeit alleinige Anbieterin auf diesem Markt. Eine durch das Unternehmen in Auftrag gegebene Marktanalyse ergab folgende zu erwartende Preis-Absatz-Funktion:

$$x = 1\,000 - 0{,}002\ p$$

Die Kostenfunktion des Unternehmens lautet zum Zeitpunkt t_0:

$$K = 20\,000 + 20\,000\ x$$

1. Ermitteln Sie die gewinnmaximale Menge und den gewinnmaximalen Preis für dieses Angebotsmonopol.

2. Infolge des Einsatzes moderner Fertigungsanlagen verändert sich die Kostenstruktur des Unternehmens im Zeitpunkt t_1. Die fixen Kosten steigen und die variablen Stückkosten sinken.
Erläutern Sie, wie sich die Veränderungen der beiden Kostenarten auf die gewinnmaximale Menge und den gewinnmaximalen Preis des Monopolisten auswirken.

e) Im Zeitpunkt t_2 möchte die Bundesregierung die Monopolstellung der GeoTec AG einschränken. Sie fördert nun alle Unternehmen, die Technologien zur Gewinnung von Erdwärme entwickeln und umsetzen. Dadurch entsteht auf dem Markt für Bohrsysteme ein Oligopol.

1. Nennen Sie zwei unterschiedliche Verhaltensweisen von Oligopolisten und geben Sie die jeweilige Auswirkung auf die Energiepreise an.

2. Erläutern Sie, inwieweit monopolistische bzw. oligopolistische Marktformen dem Grundgedanken der Sozialen Marktwirtschaft widersprechen können.

   Verdeutlichen Sie Ihre Aussagen mit zwei Beispielen.

3 Notwendigkeit und Ziele der Wirtschaftspolitik

Strukturzusammenhang

Konjunkturverlauf

↓

angezeigt durch
Konjunkturindikatoren

↓

verlangt
Wirtschaftspolitische Konzepte
zur Konjunktursteuerung

Wirken auf Konjunkturverlauf

3.1 Konjunktur

Kernwissen

Konjunktur = in gewisser Regelmäßigkeit auftretende mehrjährige Auf- und Abwärtsbewegungen der gesamtwirtschaftlichen Aktivitäten einer Volkswirtschaft

Konjunkturelle Schwankungen = zyklische Wirtschaftsschwankungen (kurze und lange Konjunkturwellen)

Der idealtypische **Konjunkturzyklus** besteht aus vier Phasen:
- Aufschwung (Erholung)
- Boom (Hochkonjunktur)
- Rezession (Abschwung, d.h. Entspannung, Abkühlung)
- Depression (Tiefstand)

Konjunkturverlauf (kurze Wellen)

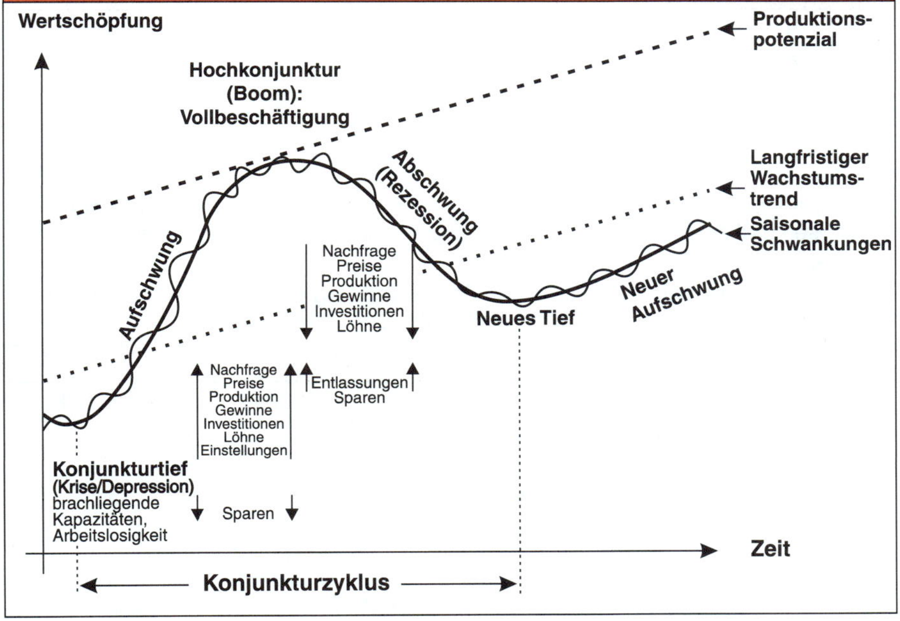

Konjunkturindikatoren zeigen die Konjunkturentwicklung an:

Frühindikatoren	Präsensindikatoren	Spätindikatoren
stellen Grundlage für Prognosen über zukünftigen Konjunkturverlauf dar	zeigen die aktuelle Konjunkturentwicklung an	reagieren mit zeitlicher Verzögerung auf Konjunkturänderungen
z.B. • Auftragseingang • Geldmenge • Börsenkurse • Lagerhaltung • Geschäftserwartung	z.B. • reales BIP • Kreditnachfrage • Güterproduktion • Kapazitätsauslastung • Umsatzentwicklung	z.B. • Preisentwicklung • Arbeitslosenquote (Personalpolitik / offene Stellen) • Anzahl der Insolvenzen

3.2 Ziele der Wirtschaftspolitik

Strukturzusammenhang

Problem:
In der marktwirtschaftlichen Ordnung kommt es immer wieder zu Ungleichgewichten (Krisen); beispielsweise zu hoher Inflation oder zu hoher Arbeitslosigkeit.

Lösung:
Die Träger der Wirtschaftspolitik (Zentralbank und Regierung) bekommen einen gesetzlichen Auftrag, bestimmte wirtschaftspolitische Ziele zu verfolgen.

	Regierung und Parlament	Bundesbank bzw. EZB
Gesetz	StabG	§ 3 BBankG, Artikel 2 ESZB
Auftrag (wirtschaftspolitische Ziele)	Im Rahmen der **marktwirtschaftlichen** Ordnung sind ***gleichzeitig*** anzustreben: • Preisniveaustabilität • Hohe Beschäftigung • Außenwirtschaftliches Gleichgewicht • Stetiges und angemessenes Wirtschaftswachstum Außerhalb des StabG • gerechte Einkommens- und Vermögensverteilung • lebenswerte Umwelt	***Vorrangiges Ziel,*** • die Preisniveaustabilität zu gewährleisten **Weitere Ziele** • sorgt für bankmäßige Abwicklung des Zahlungsverkehrs im Inland und mit dem Ausland • sorgt für angemessene Liquidität der Banken
Welches Ziel genießt Vorrang?	Das am stärksten gefährdete Ziel	Preisniveaustabilität

Europäischer Stabilitäts- und Wachstumspakt (Maastricht Vertrag von 1992):

- Grenzen der Staatsverschuldung

– jährliche Neuverschuldung maximal 3 % des BIP
– Schuldenstand insgesamt höchstens 60 % des BIP

Ziel:
– Bindung der Kreditaufnahme an nachhaltige Investitionen
– Vermeidung einer übermäßigen Verschuldung zu Lasten künftiger Generationen
– Preisniveaustabilität und nachhaltiges Wirtschaftswachstum in der EU.

Zielkonflikt:
Das Anstreben eines Zieles beeinträchtigt das Erreichen anderer Ziele.

Zielharmonie:
Das Anstreben eines Zieles unterstützt das Erreichen anderer Ziele.

Zielindifferenz:
Das Anstreben eines Zieles wirkt sich auf ein anderes Ziel nicht aus.

3.3 Bereiche und Träger der Wirtschaftspolitik

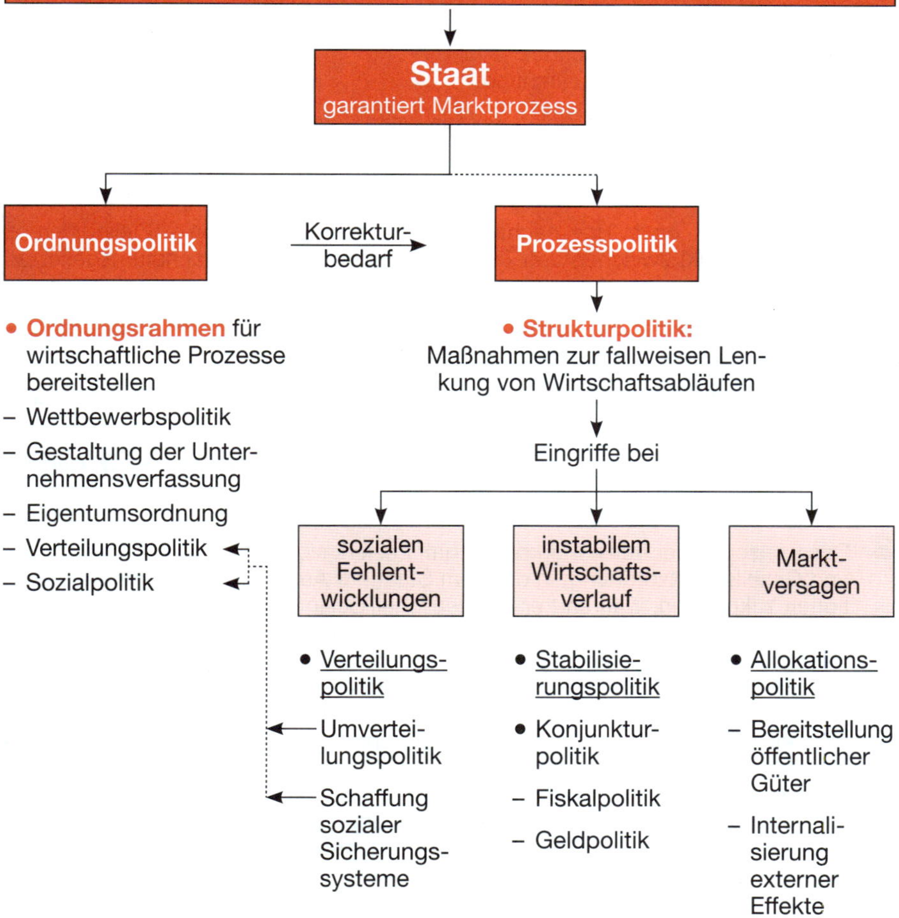

Aufgaben

1 Das Stabilitäts- und Wachstumsgesetz definiert die Hauptziele staatlicher Wirtschaftspolitik.

a) Bei welchen Idealwerten gelten die jeweiligen Ziele als erreicht?

b) Wie sind die Ziele derzeit erreicht?

c) Die im Stabilitäts- und Wachstumsgesetz geschriebenen Ziele werden als „quantitative Ziele" bezeichnet.
Begründen Sie diese Bezeichnung.

d) Neben den quantitativen Zielen werden weitere wichtige, nicht ausdrücklich im Stabilitätsgesetz erwähnte qualitative Ziele diskutiert. Welche Ziele gehören zu den qualitativen Zielen der Wirtschaftspolitik?

2 Beurteilen Sie, ob in den nachstehenden Fällen Zielharmonie, Zielindifferenz oder Zielkonflikt zwischen den Zielen des Stabilitäts- und Wachstumsgesetzes besteht.

a) Bei gleichbleibenden Staatseinnahmen beschließt die Regierung höhere Staatsausgaben, um die schwache Konjunktur zu stärken.

b) Die Regierung beschließt die Einführung einer „Ökosteuer". Mit dieser Steuer wird der Energieverbrauch verteuert.

c) In einer Volkswirtschaft wird wesentlich mehr importiert als exportiert. Die Regierung beschließt höhere Importzölle.

3 Das Konzept einer freien Marktwirtschaft bezieht sich prinzipiell auf eine Staats- und Gesellschaftsordnung, in der dem Staat nur Aufsichts- und Ordnungsfunktionen zukommen, während er sich jeglicher Beeinflussung des Wirtschaftsgeschehens enthält. Der größtmöglichen Freiheit im Hinbllick auf wirtschaftliche Gestaltungsmöglichkeiten steht dabei jedoch die Erfahrung gegenüber, dass in einem „ökonomischen Dschungelkampf" nicht jeder überleben kann und gemeinschaftsbezogenen Anliegen wie dem der Erhaltung einer lebenswerten Umwelt nicht in ausreichendem Maße Rechnung getragen wird. In der Sozialen Marktwirtschaft übernimmt daher der Staat neben der Ordnungsfunktion im Sinne einer Gestaltung der Rahmenbedingungen die Funktion der sozialen Absicherung und Umverteilung, um sozial untragbare ökonomische Ungleichheiten abzumildern, sowie gemeinschaftsbezogene Aufgaben wie die angemessene Sicherstellung des Umweltschutzes. (aus: Altmann, J; Wirtschaftspolitik).

a) Beschreiben Sie vier wesentliche Merkmale der freien Marktwirtschaft.

b) Stellen Sie an selbstgewählten Beispielen, die nicht dem Bereich der Agrarpolitik entstammen, je zwei staatliche Maßnahmen zur Verwirklichung sozialer und ökologischer Ziele der Sozialen Marktwirtschaft dar.

4 Die Entscheidung über Art, Zeitpunkt und Dosierung wirtschaftspolitischer Maßnahmen erfordert eine sachgerechte Beurteilung der konjunkturellen Situation mithilfe von Konjunkturindikatoren.

Konjunkturindikatoren einer Volkswirtschaft für das Jahr 2018

		Mai	Juni	Juli	Aug.	Sept.	Okt.	Nov.	Dez.
a)	Auftragseingangsindex – Verarbeitendes Gewerbe – Investitionsgüterindustrie – Bauhauptgewerbe	 106 103 132	 102 100 148	 105 96 132	 94 93 131	 112 105 147	 97 98 126	 108 102 120	 104 94 120
b)	Nettoproduktionsindex produzierendes Gewerbe	98	99	95	89	103	104	104	96
c)	Verbraucherpreisindex	114,6	115,0	115,2	115,3	115,2	115,1	115,1	115,4
d)	Einzelhandelsumsätze	132	131	128	125	133	135	140	168
e)	Handelsbilanzüberschuss in Mio. EURO	8 603	8 994	6 188	7 571	8 132	8 500	10 600	11 110
f)	Geldmarktzinssatz (Zwölfmonatsgeld)	3,8 %	3,6 %	3,7 %	3,5 %	3,2 %	3,1 %	3,0 %	2,8 %

a), b), c) Indexwerte: 2015 = 100 ***d) Indexwerte 2010 = 100***

Führende Wirtschaftsforschungsinstitute sagten bereits im Herbst 2018 voraus, dass sich die Konjunktur im Jahre 2019 weiter abschwächen werde.

a) Was versteht man unter „Konjunktur“?

b) Belegen Sie obige Prognose an drei geeigneten Konjunkturindikatoren der abgedruckten Tabelle.

c) Welche Gefahren können selbst mit „richtigen“ Konjunkturprognosen verbunden sein? Erläutern Sie mögliche Auswirkungen.

Fachbegriffe zu Notwendigkeit und Ziele der Wirtschaftspolitik

Konjunktur	*In gewisser Regelmäßigkeit auftretende Auf- und Abwärtsbewegungen der gesamtwirtschaftlichen Aktivitäten*
Konjunkturzyklus	*Aufschwung (Erholung)* *Boom (Hochkonjunktur)* *Rezession (Abschwung)* *Depression (Tiefstand)*
Indikatoren	*Aneiger*
Konjunkturindikationen	*Zeigen die konjunkturelle Entwicklung an*
Wirtschaftspolitische Ziele nach § 1 StabG:	
Preisniveaustabilität	*Inflationsrate < 2 %*
Hohe Beschäftigung (Vollbeschäftigung)	*Arbeitslosenquote niedrig (ideal < 3%)*
Außenwirtschaftliches Gleichgewicht	*Export und Import langfristig ausgeglichen (positiver Außenbeitrag 1 – 2% des nominalen BIP)*
Stetiges und angemessenes Wirtschaftswachstum	*Zunahme des realen BIP, jährlich 2 – 3%*
Europäischer Stabilitäts- und Wachstumspakt	*– jährliche Neuverschuldung max. 3% des BIP* *– Schuldenstand insgesamt max. 60% des BIP*

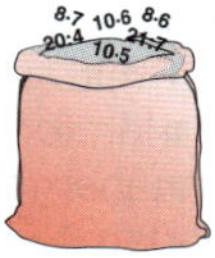

Zusammenfassende Aufgaben zu Notwendigkeit und Ziele der Wirtschaftspolitik

1 Die führenden Wirtschaftsforschungsinstitute prognostizierten in ihrem Herbstgutachten einen drastischen Konjunktureinbruch.
Bei der Beobachtung gesamtwirtschaftlicher Aktivitäten lassen sich Schwankungen in unterschiedlichen zeitlichen Abständen feststellen.

a) Beschreiben Sie drei unterschiedliche Arten der zeitlichen Schwankungen. Kennzeichnen Sie allgemein den Begriff Konjunktur.

b) Zeichnen Sie einen idealtypischen Konjunkturzyklus und benennen Sie die verschiedenen Konjunkturphasen.

c) Begründen Sie anhand jedes der Ziele des Stabilitätsgesetzes, welche negativen Folgen eintreten, wenn das jeweilige Ziel verfehlt wird.
Verwenden Sie hierzu folgende Tabelle:

Ziel lt. StabG	Aktuelle Zielerreichung	Gesamtwirtschaftliche Folgen aufgrund der aktuellen Situation (Begründung)
...	...	...

d) Um Konjunkturschwankungen frühzeitig zu erkennen, werden Konjunkturindikatoren verwendet.
Erklären Sie die Aussagekraft eines Früh-, Gegenwarts- und Spätindikators.

2 In einem Bericht des Sachverständigenrates wird die wirtschaftliche Lage in Deutschland wie folgt beschrieben: „ ... Die positiven außenwirtschaftlichen Einflüsse und die anhaltende Binnenschwäche prägten das Konjunkturbild auch dieses Jahres. Getragen von kräftigen Exportzuwächsen löste sich die deutsche Volkswirtschaft mit einem Zuwachs des Bruttoinlandsprodukts von 1,8 % aus einer dreijährigen Stagnationsphase. [...] Vor dem Hintergrund einer zwar robusten, aber vor allem durch den Ölpreisanstieg verlangsamten weltwirtschaftlichen Entwicklung im nächsten Jahr kommt es entscheidend darauf an, dass die inländische Investitionsnachfrage und der private Konsum Tritt fassen. Die Erholung der Ausrüstungsinvestitionen in der zweiten Hälfte dieses Jahres ist hier ein erstes ermutigendes Zeichen. Die Prognose für das kommende Jahr geht von einer allmählichen Belebung der inländischen Verwendung bei grundsätzlich weiterhin positiven Einflüssen durch die Weltwirtschaft aus. Das Bruttoinlandsprodukt wird im kommenden Jahr mit 1,4 % zunehmen. ...

Eine Prognose der Arbeitslosigkeit für das kommende Jahr ist angesichts der zahlreichen Veränderungen bei der Erfassung der registrierten Arbeitslosigkeit mit erheblichen Unsicherheiten behaftet. Ohne Berücksichtigung der Arbeitsmarktreformen würde die Zahl der registrierten Arbeitslosen im Jahresdurchschnitt annähernd konstant bleiben, im Jahresverlauf wäre ein allmählicher Rückgang zu erwarten."

a) Erläutern Sie die im Text enthaltenen Begriffe „Konjunktur" und „Bruttoinlandsprodukt".

b) Stellen Sie den idealtypischen Konjunkturzyklus grafisch dar und kennzeichnen Sie in der Grafik die verschiedenen Konjunkturphasen.

c) Nennen Sie vier Konjunkturindikatoren, mit denen der Sachverständigenrat in seinem Gutachten (siehe Textabschnitt oben) die konjunkturelle Lage im laufenden Jahr beurteilt.

d) Begründen Sie anhand des Artikels, in welcher Konjunkturphase sich Deutschland befand.
Markieren Sie diese Stelle in Ihrer Grafik aus Aufgabe b) und begründen Sie Ihr Ergebnis.

e) Nehmen Sie an, im kommenden Jahr habe die Wachstumsrate des realen Bruttoinlandsprodukts 2,0 % betragen. Prognostizieren Sie das weitere Wirtschaftswachstum Deutschlands in den folgenden zwei Jahren, wenn die Entwicklung dem idealtypischen Konjunkturzyklus entsprechen würde. Begründen Sie Ihre Vorhersage.

f) Begründen Sie, warum der Sachverständigenrat trotz des steigenden Bruttoinlandsprodukts im folgenden Jahr erst zum Jahresende mit einem Rückgang der Arbeitslosenzahlen rechnete.

g) Der Zuwachs des Bruttoinlandsprodukts im laufenden Jahr wurde nach dem Sachverständigengutachten vor allem durch kräftige Exportzuwächse verursacht (siehe oben). Dennoch wird der Verlust deutscher Arbeitsplätze an die so genannten „Billiglohnländer" beklagt.
Beschreiben Sie, worauf dieser scheinbare Widerspruch zurück geführt werden kann.
Begründen Sie, unter welchen Voraussetzungen die Globalisierung auch Chancen für inländische Arbeitskräfte bieten kann.

4 Geldtheorie und Geldpolitik

Strukturzusammenhang

Geld

wird produziert durch

↓ **EZB**
↓ Durch Ausgabe von Banknoten ***(Notenmonopol)***

↓ **Geschäftsbanken**
↓ Giralgeldschöpfung bei Bargeldrückfluss in das Bankensystem

↓ **Staat**
↓ Durch Ausgabe von Münzen (Nennwert > Materialwert) ***(Münzregal bzw. Münzmonopol)***

Der Binnenwert des Geldes

wird gemessen als

↓ Verbraucherpreisindex

↓ Kaufkraft des Geldes

↓ Reallohn (Kaukraft des Lohnes)

Geldwertschwankungen

werden verursacht durch

↙ **Inflation**
aufgeblähte Geldmenge,
Merkmal: Anhaltend steigendes Preisniveau

↘ **Deflation**
Geldmenge < Gütermenge
Merkmal: Anhaltend sinkendes Preisniveau

Geldwertsteuerung

durch ESZB
↓
Hauptziel: Geldwertstabilität durch Einsatz des geldpolitischen Instrumentariums

4.1 Grundbegriffe der Geldtheorie – Geldschöpfung

Kernwissen

Geldmengenbegriffe des ESZB

Sofort nachfragewirksames Geld	Bargeldumlauf (Noten + Münzen) + Sichteinlagen (Giralgeld)	M 1
+ kurzfristige Einlagen	+ Einlagen mit Laufzeit ≤ 2 Jahre + Einlagen mit Kündigungsfrist ≤ 3 Monate	M 2 (= M 1 + kurzfristige Einlagen)
+ kurzfristig von den Banken (MFI) ausgegebene Papiere	+ Geldmarktfondsanteile + Repogeschäfte + Schuldverschreibungen ≤ 2 Jahre Laufzeit	M 3 (= M 2 + kurzfristig ausgegebene Papiere)
= Steuerungsgröße der Geldpolitik (M3)		

Geldmengenziel des ESZB:
jährliche Steigerung der Geldmenge M3 von 4,5 % (Referenzwert).
Ziel des ESZB:
- ausreichende Geldversorgung
- Preisniveaustabilität (< 2 %)
- angemessenes nachhaltiges Wirtschaftswachstum (2 % – 3 %) ermöglichen.

Geldschöpfung der Zentralbank

ESZB kauft Aktiva von Nichtbanken
- Kauf von Devisen
- Kauf von Wertpapieren
- Kauf von Gold

bewirkt ↓

Geldschöpfung des ESZB
am Markt verfügbare Geldmenge steigt

ESZB verkauft an Nichtbanken
- Verkauf von Devisen
- Verkauf von Wertpapieren
- Verkauf von Gold

bewirkt ↓

Geldvernichtung des ESZB
am Markt verfügbare Geldmenge sinkt

Giralgeldschöpfung der Geschäftsbanken	
Giralgeldschöpfung	$= \frac{\text{Überschussreserve}}{\text{Reservesatz}}$
Geldschöpfungs-multiplikator	$= \frac{1}{\text{Reservesatz}} = \frac{1}{\text{Barreserve + Mindestreserve}}$

Hinweis: Keine Reservehaltung auf Zentralbankgeld

Aufgaben

1

a) Dem Geschäftsbankensystem fließen Einlagen in Höhe von 500 000,00 € zu. Der Barreservesatz beträgt 13 %, der Mindestreservesatz 2 %. Berechnen Sie die maximal mögliche Giralgeldschöpfung.

b) Aus welchen Gründen kann die tatsächliche Giralgeldschöpfung geringer ausfallen?

2 Die EZB gibt unter „Geldmengenaggregate" folgende Werte an:

Schuldverschreibungen bis 2 Jahre	85,3 Mrd. €
Bargeldumlauf	313,4 Mrd. €
Einlagen mit Laufzeit bis zu 2 Jahren	861,5 Mrd. €
Repogeschäfte	208,2 Mrd. €
Täglich fällige Einlagen	1 334,1 Mrd. €
Einlagen mit Kündigungsfrist bis 3 Monate	1 192,6 Mrd. €
Geldmarktpapiere	289,4 Mrd. €

Berechnen Sie die Geldmengen M 1, M 2, M 3.

3 Aus den Bilanzen einer Zentralbank werden nachstehende Informationen gewonnen:

	Jahr 06	Jahr 07
Gold	14,2	12,0
Devisen	16,0	42,2
Banknotenumlauf	34,6	40,8
Tendergeschäfte mit Kreditinstituten	19,4	13,4
Einlagen inländischer Kreditinstitute	16,9	25,9
Einlagen des Staates	4,0	4,0
Sonstige Aktiva	24,1	25,8

a) Um welchen Betrag stiegen die für internationale Zahlungsvorgänge verwendbaren Mittel (Währungsreserven)? Welchen Grund könnte die Veränderung der Währungsreserven haben?

b) Welche Gefahr birgt die Zunahme der Währungsreserven?

c) Welche Maßnahmen hat die Zentralbank dem Anwachsen der Währungsreserven entgegengesetzt?

d) Welche Geldschöpfungsmöglichkeiten hat eine Zentralbank? Welche Bilanzpositionen werden dadurch berührt?

4 Die zusammengefasste Bilanz **aller Geschäftsbanken** weist folgende Posten aus:

Aktiva	**Bilanz aller Geschäftsbanken**		Passiva
Kassenbestand einschl. Zentralbankguthaben	170	Sichteinlagen	1 000
Forderungen	2 220	Pensionsverbindlichkeiten gegenüber der Zentralbank	520
Aktien	80	Sonstige Passiva	1 280
Festverzinsliche Wertpapiere	150	Eigenkapital	200
Sonstige Aktiva	380		
	3 000		**3 000**

Der einheitliche Mindestreservesatz beträgt 6 %. Die Geschäftsbanken halten eine Barreserve von 9 %.

a) Wie hoch ist die Überschussreserve des Geschäftsbankensystems?

b) Welchen Spielraum zur Kreditvergabe hat das Geschäftsbankensystem insgesamt?

c) Berechnen Sie Kreditschöpfungsmultiplikator und mögliche Kreditschöpfung.

d) Beschreiben Sie zwei Ursachen, warum dieser Spielraum nicht voll ausgenutzt wird.

e) Die Zentralbank erhöht den Mindestreservesatz um 50 %.
   - Welche Auswirkung hat die Mindestreserveerhöhung auf die Kreditschöpfungsmöglichkeit der Geschäftsbanken?
   - Um welchen Betrag müsste unter sonst gleichen Bedingungen der Kassenbestand ausgewiesen werden?
   - Beschreiben Sie Möglichkeiten, wie der erforderliche Kassenbestand erreicht werden könnte.
   - Beschreiben Sie kurz weitere Instrumente und deren Einsatz durch die Zentralbank als flankierende Maßnahme zu der Mindestreserveerhöhung!

5

Aktiva		Bilanz Geschäftsbank A in Mrd. €	Passiva
Guthaben bei der Zentralbank	12	Sichteinlagen	50
Kassenbestand	6	Termineinlagen	20
Kreditforderungen	90	Spareinlagen	40
Wertpapiere	14	Sonstige Passiva	8
Sonstige Aktiva	8	Eigenkapital	12
	130		**130**

a) Der Mindestreservesatz der Zentralbank beträgt einheitlich 10 %. Welchen Betrag muss **Geschäftsbank A** als Mindestreserve bei der Zentralbank halten?

b) Die Zentralbank erhöht den bisherigen Mindestreservesatz von 10 % auf 15 %. Welchen Betrag muss die Geschäftsbank A nun als Mindestreserve halten?

c) Welche Möglichkeiten hat die Geschäftsbank, eine eventuelle Unterdeckung der Mindestreserve abzubauen? Berücksichtigen Sie dabei nur die Aktivseite der Bilanz.

4.2 Binnenwert des Geldes (Kaufkraft)

Kernwissen

Verkehrsgleichung des Geldes:

(Quantitätsgleichung nach Fisher)

P · H	=	**M · U**
Güterseite	=	Geldseite
(Verkauf)	=	(Kauf)

Beispiel:

Geldmenge (M)[1] gestiegen von 100 auf 120 GE;
Umlaufgeschwindigkeit des Geldes (U bleibt gleich);
Handelsvolumen, d.h. umgesetzte Güter (H = 100);
Preisniveau (P)

$P = \frac{M \cdot U}{H} = \frac{120}{100} = 1{,}20$ (Preisniveau ist um 20 % gestiegen)

Quantitätsgleichung hat keinen praktischen, sondern nur erkenntnistheoretischen Wert, da nur M messbar, H und U statistisch nicht exakt erfasst werden können.

Preisniveau (P)

Um wie viel Prozent hat sich der Preis einer bestimmten Menge unterschiedlicher Güter verändert?

Berechnung Inflationsrate (IR):

$$IR = \frac{VPI_1 - VPI_0}{VPI_0}$$

Reallohnentwicklung

Gütermenge, die man mit einem bestimmten Nominaleinkommen kaufen kann.

Berechnung:

Nominallohnveränderung
– Preisindexveränderung
= Reallohnentwicklung

Kaufkraft des Geldes (K)

Wie viel Güter kann man für eine Geldeinheit kaufen?

Berechnung:

$$K = \frac{1}{\text{Preisniveau}}$$

VPI_0 = Verbraucherpreisindex im Jahr 0
VPI_1 = Verbraucherpreisindex im Jahr 1
IR = Inflationsrate

- bei steigendem Preisniveau sinkt die Kaufkraft des Geldes
- bei sinkendem Preisniveau steigt die Kaufkraft des Geldes
- bei steigendem Preisniveau und Lohnerhöhung > Preisniveauanstieg => die Kaufkraft des Geldes sinkt; der Reallohn (Kaufkraft des Lohnes) steigt jedoch
- bei steigendem Preisniveau und Lohnerhöhung < Preisniveauanstieg => die Kaufkraft des Geldes sinkt; der Reallohn (Kaufkraft des Lohnes) sinkt ebenfalls
- ist die nominale Lohnerhöhung > Anstieg Verbraucherpreisindex liegt ein Reallohnanstieg vor

1 Geldmenge wird mit M oder G abgekürzt.

Aufgaben

1 Der Verbraucherpreisindex (VPI) betrug 2013 104,5; 2014 106,2; 2015 108,3; 2016 110,1. Basisjahr 2010.

a) Berechnen Sie die Preisniveauveränderung 2016 gegenüber 2013.

b) Berechnen Sie das Preisniveau 2016 gegenüber 2013.

c) Berechnen Sie die Preisniveauveränderung 2015 gegenüber dem Vorjahr.

d) Berechnen Sie das Preisniveau 2016 gegenüber dem Basisjahr.

e) Berechnen Sie die Kaufkraftveränderung 2016 gegenüber dem Basisjahr.

f) Berechnen Sie die Kaufkraft des Geldes 2016 gegenüber 2013.

g) Berechnen Sie die Kaufkraft des Geldes 2014 gegenüber 2013.

h) Berechnen Sie die Kaufkraftveränderung 2014 gegenüber 2013.

2 Erläutern Sie anhand von 3 Argumenten, welche Schwierigkeiten bei der Ermittlung des Verbraucherpreisindexes auftreten können.

3 Ein wichtiger Indikator für das Preisniveau bzw. die Geldwertstabilität ist der Verbraucherpreisindex. Wie aus der nachstehenden Aufstellung zu ersehen ist, hat sich die Preissituation in der betrachteten Volkswirtschaft entspannt.

Index der Verbraucherpreise:	Ende Jahr 08	104,5
	Ende Jahr 09	106,2
	Ende Jahr 10	108,2

a) Erklären Sie, wie der Verbraucherpreisindex ermittelt wird, und was er aussagt.

b) Welche Probleme ergeben sich bei der Ermittlung dieses Indexes, und wie wird versucht diese Probleme zu lösen?

c) Warum kann der oben dargestellte Anstieg der Verbraucherpreise in den Jahren 08 bis 10 keinen Aufschluss über die gesamte Preisentwicklung in der Volkswirtschaft geben?

4 Pressemitteilung: „Das Statistische Bundesamt hat den Warenkorb mit 751 Gütern und Dienstleistungen von 'Otto Normalverbraucher' neu gepackt. Veränderte Verbrauchsgewohnheiten und das Vordringen neuer Produkte zwangen die Wiesbadener Statistiker, den Verbraucherpreisindex auf eine zeitgemäße Basis zu stellen".

a) Inwiefern ist es wichtig, veränderte Verbrauchsgewohnheiten und das Vordringen neuer Produkte zu berücksichtigen, um den Verbraucherpreisindex zu ermitteln?

b) Der Verbraucherpreisindex hat sich von 2015 (Basisjahr) bis zum Vergleichsjahr auf 110,1 erhöht. Wie hat sich die Kaufkraft des Geldes in diesem Zeitraum verändert?

5 Der Verbraucherpreisindex beträgt 110. Bei konstanten übrigen Preisen steigen die Mieten nun um 10 %. Berechnen Sie den neuen Indexstand, wenn die Gewichtung der Mieten am Warenkorb 15 % beträgt.

6

Jahr	Bruttoinlandsprodukt nominal	Bruttoinlandsprodukt real	Verbraucherpreisindex	Lohnindex
05	1 123,0	1 123,0	100,0	100,0
10	1 543,1	1 261,9	123,9	132,8
11	1 600,0	1 248,6	130,5	138,2

a) Ermitteln Sie, ausgehend vom nominalen Bruttoinlandsprodukt für das Jahr 11, unter Berücksichtigung des Verbraucherpreisindex das reale Bruttoinlandsprodukt für das Jahr 11. Vergleichen Sie zusätzlich das von Ihnen ermittelte Ergebnis mit dem angegebenen Wert, und erläutern Sie, weshalb zwischen beiden Werten eine Differenz besteht.

b) Ermitteln Sie den Preisniveauanstieg von dem Jahr 05 bis zum Jahr 11.

c) Ermitteln Sie die prozentuale Lohnsteigerung von dem Jahr 10 bis zum Jahr 11, und machen Sie – anhand Ihrer Ergebnisse und der Werte in der Tabelle – Aussagen über die Reallohnveränderungen in diesem Zeitabschnitt.

d) Berechnen Sie, um wie viel Prozent sich die Kaufkraft des Geldes vom Jahr 10 bis zum Jahr 11 verändert hat, und erläutern Sie das Ergebnis.

4.3 Geldwertschwankungen

Kernwissen

Nicht monetäre Ursachen der Geldwertschwankungen

nachfrageinduzierte Inflation		**angebotsinduzierte Inflation**	
↓	↓	↓	↘
Außennachfrageinflation	**Binnennachfrageinflation**	**Kosteninflation**	**Gewinninflation**
Exporte > Importe	N > A	K ↑	G ↑
Geldmenge im Inland ↑ Gütermenge im Inland ↓	– sinkende Sparquoten – Ausgaben > Einnahmen	Löhne ↑ Rohstoffpreise ↑ Importkosten ↑ Steuern ↑	höhere Gewinnerwartungen zu Preiserhöhungen führen

Aufgaben

1 Fishersche Verkehrsgleichung.

a) Wie lautet die Verkehrsgleichung des Geldes nach Irving Fisher? Erklären Sie die verwendeten Symbole.

b) Erläutern Sie den Satz: „Die Verkehrsgleichung ist ein geeignetes Mittel, unsere Aufmerksamkeit auf eine Reihe von Faktoren zu lenken, die eine allgemeine Preissteigerung und damit eine Geldentwertung hervorrufen können".

c) Beschreiben Sie drei Einwendungen gegen die Verkehrsgleichung.

2 Nachstehend werden Preisniveauveränderungen und die Entwicklung des Handelsvolumens (zu konstanten Preisen) dargestellt.

Jahr	Preisniveauveränderung gegenüber dem Vorjahr	Änderung des Handelsvolumens gegenüber dem Vorjahr
01	+ 5,3 %	– 1,0 %
02	– 0,2 %	+ 2,5 %

Ermitteln Sie mit Hilfe der Fisherschen Verkehrsgleichung auf drei Stellen hinter dem Komma, um wie viel Prozent sich das nachfragewirksame Geld jeweils gegenüber dem Vorjahr verändert hat, und begründen Sie Ihr Ergebnis.

4.4 Europäisches System der Zentralbanken (ESZB)

Kernwissen

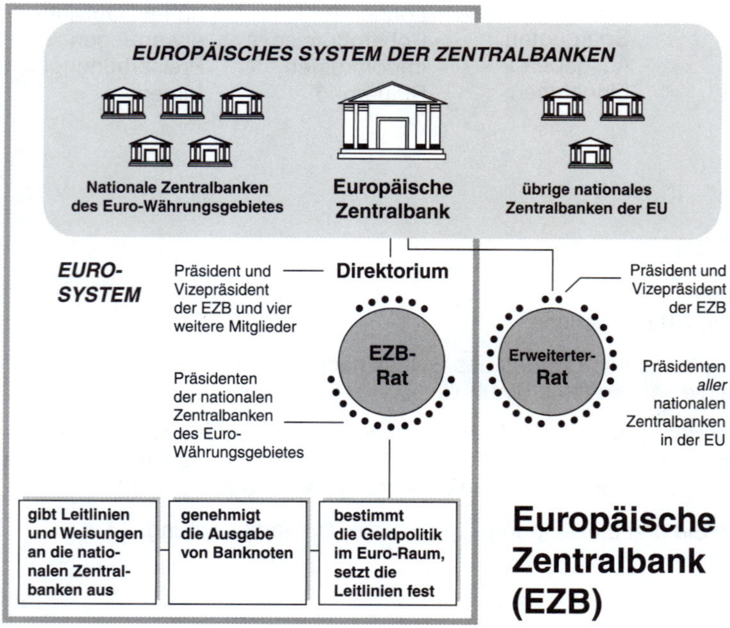

Oberstes Ziel des ESZB:	• Preisniveaustabilität durch Geldpolitik gewährleisten
Weitere Ziele:	• Gewährleistung des reibungslosen Zahlungsverkehrs • Bank der Geschäftsbanken • Allgemeine Wirtschaftspolitik in der Gemeinschaft unterstützen (autonom; keine Kreditvergabe an öffentliche Hand)

↓

durch Einsatz des **Geldpolitischen Instrumentariums des ESZB**

Geldpolitische Handlungssituationen

Situation I:

- Geldwertstabilität ist stark gefährdet
- Ziel: Eindämmung der Inflation durch restriktive Geldpolitik

Einsatz der Instrumente

↓ ↓ ↓

Offenmarktgeschäfte
Verkauf von zentralbankfähigen Wertpapieren und/oder Erhöhung der Zinssätze für die Vergabe von Krediten gegen Verpfändung von Wertpapieren

Ständige Fazilitäten
Erhöhung der Zinssätze für Spitzenrefinanzierungen und Einlagefazilitäten

Mindestreserve
Erhöhung des Mindestreservesatzes um Giralgeldschöpfung der Geschäftsbanken einzuschränken

Situation II:	•	Geldwertstabilität ist gewähleistet; Konjunktur „lahmt“
	•	Ziel: Ankurbelung der Konjunktur durch Geldmengenerhöhung

Einsatz der Instrumente

Offenmarktgeschäfte	**Ständige Fazilitäten**	**Mindestreserve**
Kauf von zentralbankfähigen Wertpapieren und/ oder Senkung der Zinssätze für die Vergabe von Krediten gegen Verpfändung von Wertpapieren	Senkung der Zinssätze für Spitzenrefinanzierungen und Einlagefazilitäten	Senkung des Mindestreservesatzes, um Giralgeldschöpfung der Geschäftsbanken zu erweitern

Beachte: nur bei stabilem Preisniveau

Aufgaben

1 Im Gebiet der EZB werden die neuesten Wirtschaftsdaten im Jahresvergleich vorgelegt:

Preisniveauveränderung:	+ 4,6 %
Nominelles BIP:	+ 5,4 %
Arbeitslosigkeit	+ 0,3 Prozentpunkte.

a) Welche Geldpolitik wird die EZB in dieser Situation laut Satzung betreiben?

b) Welche Zielkonflikte können sich daraus für die Volkswirtschaft ergeben?

c) In wie weit stellt sich dieser Zielkonflikt für die EZB?

d) Welche geldpolitischen Instrumente könnte die EZB in welcher Weise einsetzen? Beschreiben Sie die jeweils beabsichtigte Wirkung.

2 Im Gebiet der EZB werden die neuesten Wirtschaftsdaten im Jahresvergleich vorgelegt:

Preisniveauveränderung:	+ 0,6 %
Nominales BIP:	+ 1,0 %
Arbeitslosigkeit	+ 3,9 Prozentpunkte.

a) Welche Geldpolitik wird die EZB in dieser Situation laut Satzung betreiben?

b) Welche Zielkonflikte können sich daraus für die Volkswirtschaft ergeben?

c) In wie weit stellt sich dieser Zielkonflikt für die EZB?

d) Welche geldpolitischen Instrumente könnte die EZB in welcher Weise einsetzen? Beschreiben Sie die jeweils beabsichtigte Wirkung.

3 Angenommen, die EZB möchte Zentralbankgeld an die Geschäftsbanken zuteilen. Die Geschäftsbank A bietet 18 Mrd. €, B 15,6 Mrd. €, C 21,6 Mrd. €, D 6,0 Mrd. €, und E 10,8 Mrd. €.

a) Der Zinssatz wird auf 3,68 %, die Zuteilung auf 48 Mrd. € festgelegt. Wie hoch ist die jeweilige Zuteilung an die einzelnen Banken beim Mengentender?

b) Bei der Ausschreibung im Zinstenderverfahren bieten die Banken bei gleichbleibenden Kreditwünschen (siehe Sachverhalt) und 48 Mrd. € Zuteilung folgende Zinssätze:

Bank A 3,80 %	Bank B 3,75 %	Bank C 3,70 %
Bank D 3,65 %	Bank E 3,60 %	

Ermitteln Sie beim **holländischen Verfahren** den Zuteilungsbetrag und den Zinssatz für jede Bank.

c) Ermitteln Sie beim **amerikanischen Verfahren** den Zuteilungsbetrag und den Zinssatz für jede Bank.

4 Begründen Sie, welche Maßnahmen die EZB in folgenden Fällen ergreifen sollte:

a) Die Wirtschaft ist „überhitzt“, die Preissteigerungsraten erhöhen sich stark.

b) Die Geldumlaufgeschwindigkeit nimmt um 1,4 % gegenüber dem Vorjahr ab.

c) In der Volkswirtschaft steigt die Arbeitslosigkeit stark an, das BIP stagniert bei sehr geringer Inflationsrate.

d) Die Geldumlaufgeschwindigkeit nimmt um 0,9 % gegenüber dem Vorjahr zu.

5 Die Europäische Zentralbank möchte die gegenwärtige Preissteigerungsrate in Höhe von 2,8 % auf unter 2 % verringern. Um dieses Ziel zu erreichen, kann die Europäische Zentralbank u.a. das Instrument der Offenmarktpolitik einsetzen.

a) Beschreiben Sie, wie in diesem Fall die Offenmarktpolitik eingesetzt werden muss. Erklären Sie dabei auch die Auswirkungen auf Geldmenge und Kapitalmarktzinsniveau.

b) Beschreiben Sie drei mögliche Entwicklungen, die eine stabilitätsorientierte Zentralbankpolitik unterlaufen können.

Fachbegriffe zur Geldtheorie und Geldpolitik

Preisniveau	*Durchschnitt aller wichtigen Güterpreise in einer Volkswirtschaft – zeigt die Preisniveauveränderungen an*
Verbraucherpreisindex	*Anzeiger von Preisniveauveränderungen der Lebenshaltung*
Basisjahr	*Jahr der Zusammenstellung eines Warenkorbes und Gleichsetzung mit 100 %*
Warenkorb	*Besteht aus ca. 750 repräsentativen Gütern und Dienstleistungen.*
Wägungsschema	*Gewichtung der Güter des Warenkorbes nach ihrer Bedeutung*
Kaufkraft des Geldes	*Gibt an, ob man für eine Geldeinheit jetzt mehr oder weniger als bisher kaufen kann*
Kaufkraft des Lohnes	*Gibt an, ob man für den erhaltenen Lohn jetzt mehr oder weniger Güter kaufen kann als bisher*
Reallohn	*Stellt die Kaufkraft des Lohnes dar. Gibt die Gütermenge an, die mit dem Nominaleinkommen gekauft werden kann.*
Inflation	*Anhaltend steigendes Preisniveau*
Deflation	*Anhaltend sinkendes Preisniveau; Güterangebot nimmt ständig ab*
Überschussreserve (frei verfügbares Zentralbankgeld)	*Zur erstmaligen Kreditvergabe verfügbarer Betrag; Berechnung: Sichteinlagen – Reservehaltung (Bar- u. Mindestreserve)*
Geldschöpfungsmultiplikator	*Gibt das Vielfache der ursprünglichen Überschussreserve an, das die Geschäftsbanken insgesamt an Krediten vergeben können*

Reservesatz	*Setzt sich aus Barreservesatz und Mindestreservesatz zusammen*
Mengentender	*Festsatztender: Das ESZB legt im Voraus den Zinssatz fest, zu dem Zentralbankgeld überlassen wird. Bei Überzeichnung wird repartiert*
Repartierung	*Quotenmäßige Zuteilung bei Überzeichnung eines Mengentenders*
Zinstender	*Tender mit variablem Zinssatz. Geschäftsbanken geben Gebote ab, in welcher Höhe und zu welchem Zinssatz Zentralbankgeld benötigt wird.*
Holländisches Verfahren	*Zinstender mit einheitlichem Zinssatz*
Amerikanisches Verfahren	*Zuteilung des Zinstenders zu den individuellen Bietungssätzen (mind. marginaler Zinssatz)*
Marginaler Zinssatz	*Zinssatz, zu dem eine Zuteilung gerade noch (ganz oder teilweise) möglich ist*
Ständige Fazilitäten	*Ständige Kredit- bzw. Einlagemöglichkeiten der Geschäftsbanken beim ESZB*
Spitzenrefinanzierungsfazilität	*Gewährung von Tagesgeldkrediten des ESZB*
Einlagefazilität	*Verzinsliche Anlage von Tagesgeld beim ESZB*
Mindestreserve	*Geschäftsbanken müssen einen Teil der erhaltenen Einlagen bei der Zentralbank hinterlegen*
Expansive Geldpolitik	*Geldmenge soll gesteigert werden*
Restriktive Geldpolitik	*Geldmenge soll reduziert werden*
Offenmarktpolitik	*Kauf und Verkauf von Wertpapieren durch die Zentralbank am Geld- und Kapitalmarkt sowie Vergabe von Krediten gegen Verpfändung von Wertpapieren*

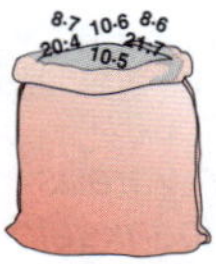

Zusammenfassende Aufgaben zur Geldtheorie und Geldpolitik

1 „Die Geldmenge soll im laufenden Jahr mit einer Rate von vier bis sechs Prozent expandieren. Die Zentralbank bekräftigt damit einmal mehr ihre stablitätspolitische Entschlossenheit".

a) Welche Absicht verfolgte die Zentralbank mit der Festlegung und Bekanntgabe eines Geldmengenzieles?

b) Inwiefern kann bei einem geplanten Geldmengenwachstum von vier bis sechs Prozent von „stabilitätspolitischer Entschlossenheit" geredet werden?

c) Für welche Zielgruppen der Wirtschaft ist die Bekanntgabe des Geldmengenziels gedacht?
Begründen Sie Ihre Antwort.

d) Die Kaufkraft einer Deutschen Mark sank von 1948 bis Ende 1989 auf 33 Pfennige.
- Wie hoch wäre der Preisindex 1989 auf der Basis 1948, wenn eine konstante Indexrechnung unterstellt wird?
- Um wie viel Prozent müssten die Löhne von 1948 bis 1989 gestiegen sein, damit der Kaufkraftverlust ausgeglichen werden könnte?

e) Der Verbraucherpreisindex wird zur Berechnung von Preisniveau- und Kaufkraftveränderungen herangezogen.
- Für Juli 2017 betrug die jährliche Preissteigerungsrate nach dem Warenkorb von 2010 2,4 %, nach dem Warenkorb von 2015 2,1 %.
  Wie erklären Sie die vorhandene Differenz?
- Von 2017 auf 2018 ist das Bruttoinlandsprodukt in jeweiligen Preisen um 3,3 %, in Preisen von 2015 um 2,2 % gestiegen. Die Preissteigerung nach dem Verbraucherpreisindex aller privaten Haushalte (Basis 2015) war 1,8 %. Warum wurde das reale Bruttoinlandsprodukt nicht mit diesem Index berechnet?

2 Ergänzen Sie jeweils die Tabelle unter Berücksichtigung der Ausgangslage.

a)	**Wie die Geldpolitik wirkt** Instrumente der EZB und wie sie den Wirtschaftsablauf beeinflussen			
	Ausgangslage: Preisniveauanstieg soll durch **restriktive Geldpolitik** gedämpft werden.			
Steuerungsgröße				
Instrumente				
Wirkungskette				
Ziel:				

b)	**Wie die Geldpolitik wirkt** Instrumente der EZB und wie sie den Wirtschaftsablauf beeinflussen			
	Ausgangslage: Volkswirtschaftliche Nachfrage soll erhöht werden (**expansive Geldpolitik**).			
Steuerungsgröße				
Instrumente				
Wirkungskette				
Ziel:				

3

a) Die folgenden Daten sind verschiedenen Monatsberichten der Europäischen Zentralbank (EZB) entnommen:

Komponenten der Geldmengenaggregate und längerfristige Verbindlichkeiten der Monetären Finanzinstitute (MFIs) im Euro-Währungsgebiet in Mrd. €		
	Jahr 01	Jahr 02
Bargeldumlauf	420,5	493,7
Täglich fällige Einlagen	2 369,7	2 763,7
Einlagen mit vereinbarter Laufzeit von bis zu 2 Jahren	995,2	1 039,9
Einlagen mit vereinbarter Kündigungsfrist von bis zu 3 Monaten	1 586,7	1 518,7
Repogeschäfte	220,2	239,7
Geldmarktfondsanteile	611,5	622,9
Schuldverschreibungen bis zu 2 Jahren	95,0	118,5
Schuldverschreibungen von mehr als 2 Jahren	1 900,6	2 122,6
Einlagen mit vereinbarter Kündigungsfrist von mehr als 3 Monaten	89,1	91,6
Einlagen mit vereinbarter Laufzeit von mehr als 2 Jahren	1 298,5	1 449,2
Kapital und Rücklagen	1 020,7	1 134,0
Nachrichtlich:		
Bruttoinlandsprodukt in jeweiligen Preisen in Mrd. €	1 879,6	1 972,6
Preisindex für das Bruttoinlandsprodukt (BIP-Deflator)	109,1	110,6
Harmonisierter Verbraucherpreisindex (HVPI)	98,6	101,0

1. Bestimmen Sie die Geldmengen M1 und M3 für die Jahre 01 und 02 sowie die Veränderung der Geldmenge M3 in Prozent.

2. Die Preisniveauentwicklung im Euro-Währungsraum wird mit Hilfe des Harmonisierten Verbraucherpreisindex (HVPI) gemessen.
   Berechnen Sie die Höhe der Preisniveauveränderung vom Jahr 01 zum Jahr 02 (zwei Nachkommastellen).
3. Beurteilen Sie Ihre Ergebnisse aus 1. und 2. im Hinblick auf die entsprechenden Zielvorgaben des ESZB.
4. Erläutern Sie, warum im vorliegenden Fall die prozentuale Geldmengenerhöhung nicht zu einer Preisniveauerhöhung im gleichen Umfang geführt hat.

b) Das System der Europäischen Zentralbanken (ESZB) hat im April und Juli 2011 die Leitzinsen jeweils um 0,25 Prozentpunkte auf 1,50 % erhöht.

1. Beschreiben Sie, wie sich die Erhöhung der Leitzinsen im Bereich der Offenmarktpolitik und im Bereich der ständigen Fazilitäten jeweils auswirkt. Gehen Sie dabei auch auf die Veränderung des Zinskanals ein.
2. Erläutern Sie vor dem Hintergrund der in Aufgabe a) ermittelten Geldmengen- und Preisniveauveränderungen den beabsichtigten Wirkungsmechanismus der Zinsanhebung.

c) Im Rahmen der Hauptrefinanzierungsgeschäfte bietet die EZB den Geschäftsbanken 100 Mio. € als Zinstender an. Innerhalb von 24 Stunden sind folgende Gebote eingegangen:

Zinssatz in %	**Gebote der Banken in Mio. €**				
	A	**B**	**C**	**D**	**E**
2,31	5	15	10	15	5
2,29	16	14	18	15	17
2,27	15	10	5	5	10
2,25	0	0	0	0	0

1. Ermitteln Sie mit Hilfe der Lösungstabelle in der Anlage auf der Folgeseite den marginalen Zinssatz dieses Refinanzierungsgeschäfts und berechnen Sie, in welchem Umfang die einzelnen Banken Zentralbankgeld erhalten.
   Berechnen Sie für Bank A, wie viel Zinsen bei einer Kreditlaufzeit von 7 Tagen zu zahlen sind, wenn die Zuteilung nach dem amerikanischen Verfahren abgerechnet wird.
2. Berechnen Sie die Veränderung der Zentralbankgeldmenge durch das aktuelle Hauptrefinanzierungsgeschäft, wenn in der Vorwoche ein Hauptrefinanzierungsgeschäft mit einer Laufzeit von sieben Tagen und einem Zuteilungsbetrag von 180 Mio. € durchgeführt wurde.

3. Ermitteln Sie, wie sich die Geldschöpfungsmöglichkeit des Bankensystems durch diese Veränderung der Zentralbankgeldmenge entwickelt. Unterstellen Sie, dass die Banken insgesamt 10 % ihres Zentralbankgeldbestandes als Reservesatz für Bar- und Mindestreserve zurückbehalten.

Anlage zu Nr. 1.

	Zugeteilte Beträge (in Mio. €) zu einem Zinssatz von.....%						
Zinssatz (in %)	A	B	C	D	E		
Zuteilung gesamt							

d) Vertreter keynesianischer Wirtschaftspolitik fordern anlässlich einer bevorstehenden Erhöhung der Leitzinsen vom ESZB eine stärkere Berücksichtigung der aktuellen konjunkturellen Situation bei seinen geldpolitischen Entscheidungen. Darauf reagiert der EZB-Präsident mit folgender Pressemitteilung:

Zentralbank erhöht die Leitzinsen

FRANKFURT (hom). Die Europäische Zentralbank (EZB) sieht keine Gefahr, dass ihre erste Zinserhöhung seit gut fünf Jahren die Konjunktur im Euroraum bremsen könnte. EZB-Präsident Jean-Claude Trichet hat nach der gestrigen Ratssitzung allerdings mehrfach betont, die Anhebung der Leitzinsen ... sei kein Signal dafür, dass weitere Schritte dieser Art folgen werden. (...)

1. Beschreiben Sie den wirtschaftspolitischen Zielkonflikt bei einer Anhebung der Leitzinsen, auf den im obigen Artikel Bezug genommen wird.
2. Erläutern Sie, welche Rolle die Geldpolitik aus Sicht des Keynesianismus in Zeiten hoher Arbeitslosigkeit einnehmen soll.
3. Erläutern Sie, inwieweit der Staat auf die Geldpolitk des ESZB Einfluss nehmen kann.

5 Wirtschaftspolitische Konzeptionen zur Wachstumsförderung und Konjunkturstabilisierung

Strukturzusammenhang

Soziale Marktwirtschaft

↓

Konjunkturelle Schwankungen

↓

Stabilisierung durch wirtschaftspolitische Konzeptionen

↓ Angebotsorientierte Wirtschaftspolitik

↓ Nachfrageorientierte Wirtschaftspolitik

Kernwissen

5.1 Wirtschaftspolitische Strategien

5.1.1 Angebotsorientierte Wirtschaftspolitik

- Steuerung des Angebots
- Langfristige Verbesserung des Produktions- und Investitionsklimas, *z.B. durch Leistungsanreize für Unternehmer und Arbeitnehmer durch Steuersenkungen*
- Verstetigungspolitik: stetige Beseitigung von Angebotshemmnissen, *z.B. Förderung von Existenzgründungen, Bürokratieabbau*

Langfristige, nachhaltige Verstetigungspolitik:

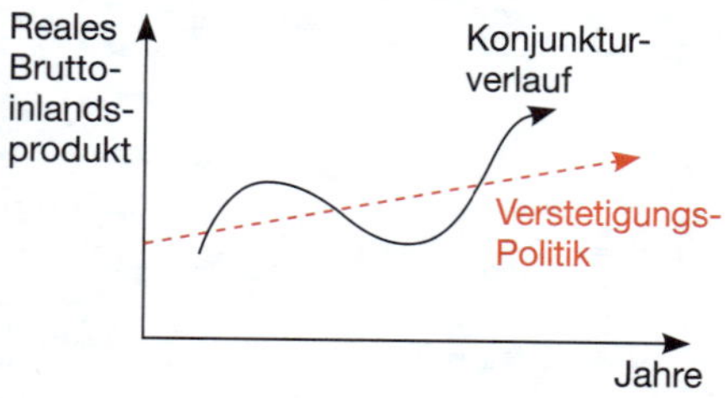

5.1.2 Nachfrageorientierte Wirtschaftspolitik

- Steuerung der Nachfrage
- Kurzfristige Eingriffe je nach der Konjunkturlage zur Stabilisierung der Gesamtnachfrage, *z.B. durch Senkung der Ausweitung der Staatsausgaben*
- Antizyklische Politik: entgegengesetzt zum Konjunkturverlauf, um eine optimale Auslastung des Produktionspotenzials zu erreichen

fallweise, kurzfristige Eingriffe durch antizyklische Politik

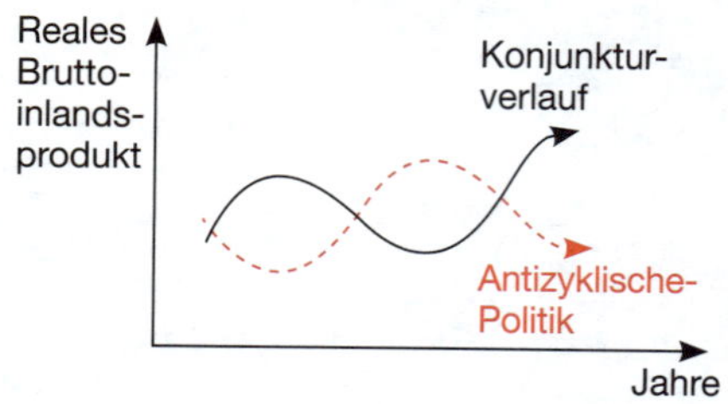

5.2 Ziele und Ansatzpunkte

5.2.1 Angebotsorientierte Wachstumspolitik

- stetiges, angemessenes Wirtschaftswachstum
- Preisniveaustabilität
- liberale Ordnungspolitik
- potenzialorientierte Geld- und Finanzpolitik
- Qualität der Produktionsfaktoren
- Flexibilisierung des Arbeitsmarktes

5.2.2 Nachfrageorientierte Konjunkturpolitik

- Vollbeschäftigung
- angemessene Lohnerhöhungen zur Stärkung der Konsumnachfrage
- Prozesspolitik
- antizyklische Finanzpolitik

5.3 Kombinierter Einsatz wirtschaftspolitischer Instrumente

Kernwissen

	Fiskalismus (Keynesianismus) ***Nachfrageorientierte Wirtschaftspolitik***	**Monetarismus** (Friedmann) ***Angebotsorientierte Wirtschaftspolitik***
Vorrangiges wirtschaftspolitisches Ziel	**Sicherung eines hohen Beschäftigungsstandes**	**Preisniveaustabilität**
Ansatzpunke der Steuerung	**Nachfragesteuerung:** Die gesamtwirtschaftliche Nachfrage muss durch verschiedene wirtschaftspolitische Instrumente gesteuert werden (**Globalsteuerung**).	**Angebotssteuerung:** Der Staat muss den Rahmen für das optimale Funktionieren des Marktsystems zur Verfügung stellen.
	Theoretischer Ansatz: Die gesamtwirtschaftliche Nachfrage bestimmt die Höhe von Inlandsprodukt und Beschäftigung.	**Theoretischer Ansatz:** Die Rentabilität der Produktion bestimmt die Höhe von Inlandsprodukt und Beschäftigung.
Aufgabe der staatlichen Finanzpolitik	Die gesamtwirtschaftliche Nachfrage wird mit staatlicher Einnahmen- und Ausgabenpolitik gesteuert. Bekämpfung der Unterbeschäftigung durch kreditfinanzierte Staatsausgaben (**deficit-spending**).	Staatliche Einnahmen und Ausgaben sollen konjunkturneutral sein. Die Unternehmenssteuern sollen auf ein leistungsfreundliches Niveau gesenkt werden.
Aufgaben der Geldpolitik	Die Geldpolitik soll die Fiskalpolitik unterstützen. Im Boom duch „Politik des knappen Geldes", in der Rezession durch „Politik des billigen Geldes".	Die Geldmengenentwicklung soll sich am Wachstum des Produktionspotenzials orientieren.
Aufgaben der Lohnpolitik	Die Gewerkschaften argumentieren, dass Lohnerhöhungen zu mehr Güternachfrage und damit zu mehr Beschäftigung führen (**Lohnkaufkrafttheorie**).	Lohnpolitik soll nach Arbeitgeberansicht produktivitätsorientiert und somit kostenniveauneutral sein.

Aufgaben

1 In einer Volkswirtschaft beträgt das Wirtschaftswachstum 0,2 %, die Inflationsrate 0,8 %, die Arbeitslosenquote 11,8 %. Die Regierung will mit fiskalpolitischen Maßnahmen in das Wirtschaftsgeschehen eingreifen.

a) In welcher konjunkturellen Phase befindet sich diese Volkswirtschaft?

b) Was versteht man unter „Fiskalpolitik"?

c) Beschreiben Sie fiskalpolitische Instrumente und deren Einsatz und Auswirkung in der beschriebenen Konjunktursituation.

d) Welche Probleme stehen dem konsequenten fiskalpolitischen Mitteleinsatz in der beschriebenen Konjunkturphase im Wege?

2 In einer Volkswirtschaft beträgt das Wirtschaftswachstum 6,2 %, die Inflationsrate 4,9 %, die Arbeitslosenquote 3,2 %.

a) In welcher konjunkturellen Phase befindet sich die Volkswirtschaft?

b) Beschreiben Sie fiskalpolitische Instrumente und deren Einsatz und Auswirkung in der beschriebenen Konjunktursituation.

c) Welche Probleme stehen dem konsequenten fiskalpolitischen Mitteleinsatz in der beschriebenen Konjunkturphase im Wege?

3 Stellen Sie die Grundgedanken von angebots- und nachfrageorientierter Wirtschaftspolitik einander gegenüber.

4 Stellen Sie ausgehend von der normalen Marktsituation für Angebot und Nachfrage in jeweils einer Skizze an einem konkreten Beispiel

a) die Veränderung dar, die ein fiskalpolitischer Eingriff zur Wirtschaftsankurbelung verursacht

b) die Veränderung dar, die ein monetaristischer Eingriff zur Wirtschaftsankurbelung verursacht

c) die Veränderung dar, die ein fiskalpolitischer Eingriff zur Wirtschaftsdämpfung verursacht

d) die Veränderung dar, die ein monetaristischer Eingriff zur Wirtschaftsdämpfung verursacht.

Fachbegriffe zu wirtschaftspolitische Konzeptionen zur Wachstumsförderung und Konjunkturstabilisierung

Antizyklische Fiskalpolitik	*Steuerung der Staatsausgaben entgegengesetzt zum Konjunkturverlauf* • *Erhöhung der Staatsausgaben in der Rezession/Depression* • *Senkung der Staatsausgaben in der Hochkonjunktur*
Deficit – Spending	*Ankurbelung der Konjunktur durch kreditfinanzierte Staatsausgaben*
Fiskalismus (nachfrageorientiert)	*Beeinflussung der gesamtwirtschaftlichen Nachfrage durch staatliche Einnahmen- und Ausgabenpolitik.* *Führende Rolle: Staat*
Monetarismus (angebotsorientiert)	*Die Geldmengenentwicklung soll am Wachstum des Produktionspotenzials ausgerichtet werden. Um die Beschäftigung zu erhöhen, müssen die Kosten der Unternehmer (Güteranbieter) gesenkt werden.* *Führende Rolle: Zentralbank*
Ziel der Stabilisierungspolitik:	*Gesamtwirtschaftliches Gleichgewicht:* • *Hoher Beschäftigungsstand* • *Preisniveaustabilität* • *Stetiges/angemessenes Wirtschaftswachstum* • *Außenwirtschaftliches Gleichgewicht* • *gerechte Einkommens- und Vermögensverteilung* • *Lebenswerte Umwelt*

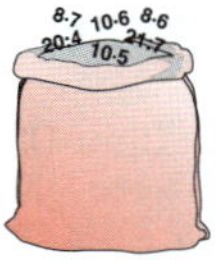

Zusammenfassende Aufgaben zu wirtschaftspolitische Konzeptionen zur Wachstumsförderung und Konjunkturstabilisierung

1 Eine Volkswirtschaft weist unter anderem folgende Transaktionen auf:

	Vorjahr	**Berichtsjahr**
Export	759	712
Import	618	700
Nettoinvestitionen	225	195
Sparen der privaten Haushalte	391	332
Staatliche Kreditaufnahme	25	125
Konsum der privaten Haushalte	1 280	1 278

a) Die Entwicklung der Daten dieser Volkswirtschaft weist auf fiskal- und arbeitsmarktpolitische Probleme hin.
Belegen Sie diese Aussage an je zwei Beispielen.

b) Zur Bekämpfung der fiskalpolitischen Probleme dieser Volkswirtschaft wird eine Erhöhung der Mehrwertsteuer beschlossen.
Erläutern Sie mögliche Auswirkungen auf die genannten inländischen Kreislaufströme.

2 „Es ist bisher keiner Konjunkturtheorie umfassend gelungen, die volkswirtschaftlichen Größen, die den Konjunkturverlauf bestimmen, in einem grundlegenden System von Zusammenhängen zu erfassen. Jedoch sind bestimmte Abhängigkeiten bei der Entwicklung einzelner volkswirtschaftlicher Größen zu beobachten, die sich aber im Zeitverlauf verändern und verschieben können. Aus der Veränderung wichtiger Indikatoren lassen sich in gewissem Umfang Rückschlüsse auf die konjunkturelle Lage ziehen und Prognosen für die zukünftige Entwicklung ableiten." (Vgl. Altmann, J: Wirtschaftspolitik).
Das Bruttoinlandsprodukt wird als relativ umfassender Indikator für die wirtschaftliche Situation und den Wohlstand eines Landes angesehen.

Jahre	01	02	03	04	05
Veränderung des realen Bruttoinlandsprodukts gegenüber dem Vorjahr in %	3,6	0,9	– 2,0	+ 0,5	+ 1,0
Preissteigerungsrate gegenüber dem Vorjahr in %	3,5	4,0	4,2	+ 2,7	+ 1,7

a) Nehmen Sie Stellung zur Aussagekraft des Bruttoinlandsprodukts als Wohlstands- und Konjunkturindikator.
b) Erläutern Sie, warum die Entwicklung der angegebenen Indikatoren im Jahr 03 atypisch ist.
c) Zeigen Sie zwei mögliche Ursachen für die von der Theorie abweichende Entwicklung der beiden Indikatoren im Jahr 03 auf.
d) Beschreiben Sie allgemein die Konjunkturphasen im Jahr 03 und 05 anhand von vier Konjunkturindikatoren.
e) Stellen Sie, ausgehend von den Teilströmen der Inlandsnachfrage, mögliche Maßnahmen einer nachfrageorientierten Wirtschaftspolitik dar.
f) Erläutern Sie drei mögliche Probleme, die einer nachfrageorientierten Politik entgegenstehen könnten.
g) Um die Neuverschuldung des Staates zu begrenzen wurde über eine Mineralölsteuererhöhung nachgedacht.
   - Erläutern Sie mögliche wirtschaftliche Auswirkungen dieser Steuererhöhung auf die Sektoren private Haushalte, Unternehmen, Staat und auf die zukünftige Konjunkturentwicklung.
   - Leiten Sie zwei mögliche ökologische Effekte der Mineralölbesteuerung ab.
h) Immer wieder wird bei Steuerdiskussionen die sogenannte „Ökosteuer" genannt. Verschiedene Verfechter der Ökosteuer wollen den Energieverbrauch höher besteuern und mit den entsprechenden Mehreinnahmen die Lohnnebenkosten senken.
   Erläutern Sie mögliche ökologische und beschäftigungspolitische Effekte der Ökosteuer.

3

Adam Smith schrieb 1776: „Jeder einzelne... interessiert sich lediglich für seine eigene Sicherheit und seinen eigenen Gewinn. Dabei wird er von einer unsichtbaren Hand geleitet... Indem er seinen eigenen Interessen dient, fördert er das Wohl der Allgemeinheit..."

a) Beschreiben Sie zwei Fehlentwicklungen, die im Unterschied zu diesen idealtypischen Aussagen zur Marktwirtschaft auftraten.
   Begründen Sie die sich daraus ergebende Notwendigkeit einer staatlichen Wirtschaftspolitik.
b) In Deutschland haben verschiedene Organisationen bzw. Institutionen Einfluss auf die Wirtschaftspolitik.
   - Nennen Sie drei Träger der Wirtschaftspolitik und deren wirtschaftspolitische Ziele.
   - Beschreiben Sie einen wirtschaftspolitischen Zielkonflikt, der durch Maßnahmen eines Trägers der Wirtschaftspolitik ausgelöst werden kann.
c) Aus einer Zeitungsmeldung:
   „**Die Zinssenkung ist keine Wunderwaffe**. Der von Politikern und Gewerkschaften lautstark geforderte Zinsschritt der Zentralbank ist da. Doch die erhofften heilsamen Wirkungen für die deutsche Konjunktur dürften noch eine Weile auf sich warten lassen, wenn sie denn überhaupt eintreten..."

- Begründen Sie, in welchen Phasen des Konjunkturzyklus eine Senkung der Leitzinsen sinnvoll ist.
- Beschreiben Sie eine dieser Phasen anhand von vier weiteren Konjunkturindikatoren.
- Begründen Sie, warum die Zinssatzsenkung nicht als „Wunderwaffe“ angesehen werden kann.

d) Die Phasen des Aufschwungs werden in den westlichen Industrieländern zunehmend durch ein steigendes Bruttoinlandsprodukt bei steigender oder stagnierender Arbeitslosenzahl gekennzeichnet.
Nennen Sie dafür drei Ursachen.

e) Fiskalismus und Monetarismus haben unterschiedliche Erklärungs- und Lösungsansätze zu den Konjunkturschwankungen.
- Beschreiben Sie, mit welchen grundsätzlichen Instrumenten beim Fiskalismus versucht wird, die Konjunktur zu beeinflussen.
- Erläutern Sie zwei Kritikpunkte am Fiskalismus.

4

Die wirtschaftliche Lage in Deutschland war durch folgende Merkmale gekennzeichnet:
- Bruttoinlandsprodukt in jeweiligen Preisen 2 903,8 Mrd. €
- Wachstumsrate des realen Bruttoinlandsprodukts 0,2 %
- Zahl der Arbeitslosen im Jahresdurchschnitt ca. 1,91 Mio.
- Außenbeitrag in jeweiligen Preisen 189,2 Mrd. €
- Veränderung des Verbraucherpreisindex gegenüber dem Vorjahr + 1,4 %

a) Beurteilen Sie anhand der Angaben die Erreichung der in § 1 des Stabilitätsgesetzes formulierten Zielsetzung.

b) Die Maßnahmen zur Erreichung der wirtschaftspolitischen Ziele orientieren sich an zwei unterschiedlichen wirtschaftspolitischen Konzepten.
1. Kennzeichnen und erläutern Sie anhand von zwei Beispielen Unterschiede zwischen diesen beiden Konzepten.
2. Ein wesentliches wirtschaftspolitisches Ziel ist der Abbau der Arbeitslosigkeit. Zeigen Sie Gemeinsamkeiten und Unterschiede der beiden wirtschaftspolitischen Konzepte zur Erreichung dieses Ziels am Beispiel der Steuerpolitik.
3. Beide wirtschaftspolitischen Konzepte stoßen in Deutschland bei ihrer Umsetzung an Grenzen.
Erläutern Sie dies für die beiden Konzepte anhand von je zwei Umsetzungsproblemen.

c) Neben der Steuerung der gesamtwirtschaftlichen Entwicklung besteht für den Staat weiterer Handlungsbedarf zur Erhaltung und Weiterentwicklung der sozialen Marktwirtschaft.
Erläutern Sie anhand von zwei Wirtschaftsbereichen, dass der Markt als Steuerungsinstrument versagen kann und daher staatliche Maßnahmen notwendig sein können.

6 Aktuelle Problemfelder der Wirtschaftspolitik

Strukturzusammenhang

Umweltpolitik

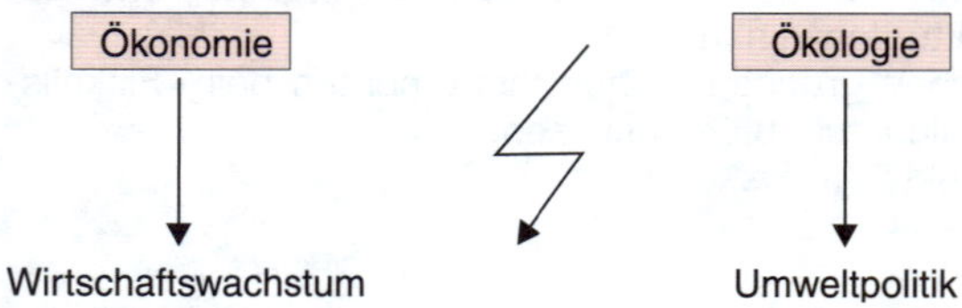

Beschäftigungs- und Arbeitsmarktpolitik

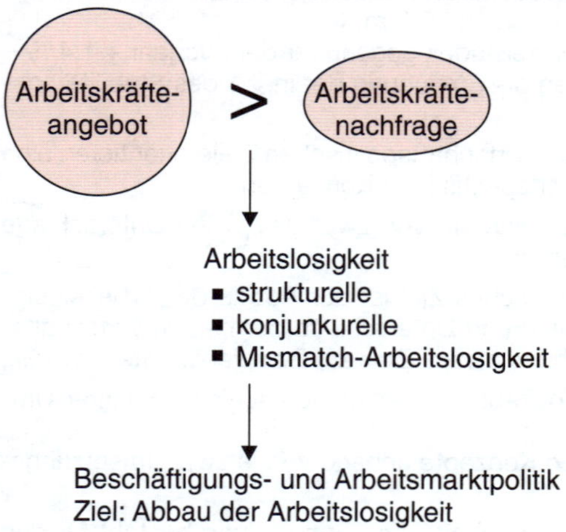

Sozial- und Verteilungspolitik

Volkseinkommen

Verteilung auf Personen (personelle Einkommenverteilung)

Verteilung auf Produktionsfaktoren (funktionelle Einkommensverteilung)

Einkommensumverteilung durch den Staat
Ziel: gleichmäßigere Einkommensverteilung

System der sozialen Sicherung in Deutschland				
Rentenversicherung	Arbeitslosenversicherung	Krankenversicherung	Pflegeversicherung	Unfallversicherung
Aktuelle Probleme				

6.1 Spannungsverhältnis zwischen Ökonomie und Ökologie

Kernwissen

Wirtschaftswachstum = Anstieg des realen Bruttoinlandsprodukts

Folge: erhöhte Umweltbelastung durch wachsenden Rohstoffverbrauch und vermehrte Emissionen

Grenzen des Wachstums: Prognosen hinsichtlich der Erschöpfung von wichtigen Rohstoffen und Energiequellen, die allerdings durch den technischen Fortschritt und die Veränderung des Verbraucherverhaltens immer wieder korrigiert werden müssen.

Umweltpolitik	
Ziel:	Sicherung der natürlichen Umwelt als Lebensgrundlage für die nachfolgenden Generationen (Nachhaltigkeit)
Instrumente:	– ordnungsrechtliche Instrumente Gebote, Verbote, Umweltverträglichkeitsprüfungen, Anmelde- und Anzeigepflichten – marktbezogene Instrumente Umweltabgaben (Ökosteuer) und Handel mit Emissionsrechten

Aufgaben

1 **Text 1:**

D. Meadows erregte durch die Veröffentlichung von Forschungsergebnissen in seinem Buch „Die Grenzen des Wachstums" im Jahre 1972 weltweites Aufsehen. Textauszug, S. 56: „Die Antwort auf die Frage, ob es genug Rohstoffe für die sieben Milliarden Menschen im Jahre 2000 bei einem erträglichen Lebensstandard geben wird, kann nur bedingt gegeben werden. Sie hängt davon ab, auf welche Weise die Verbrauchernationen einige wichtige Entscheidungen treffen werden. Sie könnten weiterhin ihren Rohstoffverbrauch wie bisher steigern. Sie könnten aber auch **neue Techniken anwenden, um die Lebensdauer von Produkten aus knappen Rohstoffen zu verlängern**. Sie könnten **soziale und wirtschaftliche Handlungsweisen fördern**, die anreizen, den persönlichen **Bedarf an unersetzlichen Rohstoffen zu verringern**, anstatt ihn ständig zu vergrößern."

Text 2:

Fritz Vorholz schreibt (1995). „In der Tat: Jeden Tag geht mehr Ackerland verloren, als in tausend Tagen neu entstehen kann; jede Minute verschwindet tropischer Regenwald in der Größenordnung von 60 Fußballfeldern; und in einer erdgeschichtlichen Sekunde verbrennt vor allem der privilegierte Teil der Menschheit alle Energievorräte, die in urhistorischen Zeiten aus versunkenen Wäldern entstanden sind. Das Club-of-Rome-Mitglied Hans-Peter Dürr attestiert den Industrieländern eine „Bankräuber-Mentalität". Die Meere sind leer gefischt, der Himmel ist mit Treibhausgasen vollgepumpt, und ein Ende des Raubbaus ist nicht abzusehen, denn nicht nur die Ansprüche jedes Einzelnen wachsen, auch die Gattung Mensch wächst unaufhörlich."

a) Begründen Sie, warum die von dem Autor des Textes 1 prognostizierte Rohstoffknappheit im Jahr 2000 nicht eingetreten ist. Gehen Sie unter anderem auf die im Text 1 fett gedruckten und vom Autor angedeuteten Lösungsansätze ein und erläutern Sie diese.

b) Trotz erkennbarer Fortschritte ist eine Entwarnung bei der Umweltproblematik nicht gegeben. Erörtern Sie auf der Grundlage von Text 2 einige Folgerungen, die künftig im Hinblick auf eine „dauerhaft angelegte umweltgerechte Entwicklung“ zu ziehen sind.

2 In einem Zeitschriftenbeitrag des Instituts der deutschen Wirtschaft wird zum Thema Umweltschutz und Arbeitsplätze wie folgt Stellung genommen: „In Deutschland entfielen auf den Umweltschutz-Sektor nach neuesten Erhebungen rund 1 Million Arbeitsplätze. Den positiven Beschäftigungswirkungen müssen auch die nachteiligen Folgen gegenübergestellt werden.
Da die hohen Umweltauflagen für die Unternehmen einen Kostenfaktor darstellen, gehen vor allem in umweltintensiven Branchen wie der Grundstoffproduktion und der Chemischen Industrie auch Arbeitsplätze verloren – indem sie etwa ins weniger strenge Ausland verlagert werden. Überdies bleibt nach wie vor ungeklärt, wie sich die Beschäftigung im Umwelt-Sektor im Zeitablauf entwickeln wird.“

a) Wie wirken sich nach Auffassung des Autors Umweltschutzauflagen auf die Beschäftigungssituation in Deutschland aus?

b) Ist das Argument „Umweltschutz – der Job-Killer“ gerechtfertigt?

c) Formulieren Sie Argumente für ein umweltverträgliches Wachstum.

3 Auszug aus einer Info-Broschüre der Bundesregierung

„Mit der ökologischen Steuerreform will die Bundesregierung Arbeitsplätze sichern und gleichzeitig die Umwelt schützen. Der Verbrauch von Energie wie Benzin, Diesel und Strom wird verteuert. Das erhöht für den Energieverbraucher den Anreiz sparsam mit den wertvollen Ressourcen umzugehen. So wird einerseits die Umwelt weniger belastet. Andererseits wird durch die Einnahmen aus der Ökosteuer der Faktor Arbeit verbilligt. Damit erhöht sich für Unternehmer der Anreiz neue Jobs zu schaffen. In der Praxis wurden bisher durch die Ökosteuer-Einnahmen die Sozialversicherungsbeiträge für die gesetzliche Rentenversicherung um 0,8 auf 19,3 % gesenkt. Davon profitieren Arbeitgeber und Arbeitnehmer gleichermaßen. Die Ökosteuerreform soll gleichzeitig den Strukturwandel der deutschen Wirtschaft beschleunigen. Die Betriebe sollen verstärkt in Energie-Sparmaßnahmen investieren und umweltfreundliche Produktionsverfahren einführen.“

a) Welche Absichten verfolgt die Bundesregierung mit der Einführung der Ökosteuer?

b) Wie wirken sich der Anstieg der Energiekosten sowie die Senkung der Sozialversicherungsbeiträge auf die privaten Haushalte aus?

4 Stellt man den Verbrauch an Wasser und Energie sowie die Emissionen je Einheit des realen BIP einander gegenüber (Umwelteffizienz), so stellt sich für ausgewählte Länder die Situation wie folgt dar:

Land	Irland	Österreich	Deutschland	Frankreich	USA	Australien
Effizienz	100,00	93,9	89,8	88,7	62,7	54,1

100,0 = effizientestes Land 0 = ineffizientestes Land

a) Wie beurteilen Sie die Umwelteffizienz von Deutschland im internationalen Vergleich?

b) Worauf ist es zurückzuführen, dass der Verbrauch an Wasser und Energie sowie die Emissionen in Deutschland zurückgegangen sind, obwohl das BIP gestiegen ist?

6.2 Beschäftigungs- und Arbeitsmarktpolitik

Kernwissen

$$\textbf{Arbeitslosenquote} = \frac{\text{Registrierte Arbeitslose} \cdot 100}{\text{Erwerbspersonen}}$$

Erwerbstätige und Erwerbspersonen in Deutschland im Jahr 2017

<table>
<tr><td colspan="4">Bevölkerung
82,7 Mio</td></tr>
<tr><td colspan="3">Erwerbspersonen
45,9 Mio</td><td>Nicht-Erwerbspersonen
36,8 Mio</td></tr>
<tr><td colspan="2">Erwerbstätige
44,3 Mio</td><td>Erwerbslose
1,6 Mio</td><td></td></tr>
<tr><td>Arbeitnehmer
40,0 Mio</td><td>Selbstständige
4,3 Mio</td><td></td><td></td></tr>
</table>

Arten und Ursachen der Arbeitslosigkeit	
Saisonale Arbeitslosigkeit	Tritt als Folge jahreszeitlich bedingter Nachfrageschwankungen auf.
Friktionelle Arbeitslosigkeit	Entsteht, wenn Arbeitskräfte freiwillig oder unfreiwillig ihren Arbeitsplatz wechseln und während der Suche nach einer neuen Beschäftigung arbeitslos sind.
Konjunkturelle Arbeitslosigkeit	Entsteht durch Schwankungen in der Auslastung des Produktionspotenzials. Im Boom wird mehr Arbeit nachgefragt als in der Rezession.
Strukturelle Arbeitslosigkeit	Beruht auf Strukturschwankungen in der Volkswirtschaft
Mismatch-Arbeitslosigkeit	Profile der Arbeitsplätze passen nicht zu den Arbeit Suchenden.

Wirtschaftliche Folgen

für Staat und Gesellschaft

- Hohe Ausgaben für Arbeitslosengeld und Arbeitsmarktpolitik (***Beschäftigungsprogramme, Umschulungsmaßnahmen***),
- Mindereinnahmen bei Sozialversicherungsbeiträgen und der Lohn- und Einkommensteuer,
- keine Ausschöpfung der Produktionsmöglichkeiten einer Volkswirtschaft

für die Arbeitslosen

- Minderung des Einkommens,
- Senkung des familiären Lebensstandards,
- geringere Rentenansprüche,
- möglicherweise auf Wohngeld und andere Sozialleistungen des Staates angewiesen.

Soziale Folgen

für Staat und Gesellschaft

- Hoher Reformbedarf bei den sozialen Sicherungssystemen,
- wirtschaftliche und politische Unzufriedenheit bei der Bevölkerung,
- Einschränkung staatlicher Leistungen und Aufgaben.

für die Arbeitslosen

- Zwangsweiser Verzicht auf Selbstverwirklichung im Beruf,
- Beeinträchtigung des Selbstwertgefühls durch geringere Anerkennung und Geltung in der Gesellschaft,
- fehlende soziale Kontakte zu Arbeitskollegen.

Maßnahmen zur Bekämpfung der Arbeitslosigkeit

Träger	Maßnahmen	Zielsetzungen
Staat	Schaffung günstigerer Rahmenbedingungen für Unternehmer *(Steuersenkungen, Abbau von Bürokratie, Lockerung des Kündigungsschutzes, Ausbau der Infrastruktur, Senkung der gesetzlichen Lohnnebenkosten)*.	Die Investitionstätigkeit der Unternehmen im Inland wird gefördert und bestehende Arbeitsplätze bleiben erhalten bzw. zusätzliche Stellen werden geschaffen.
	Durchführung von Arbeitsbeschaffungsmaßnahmen (ABM).	Eingliederung von schwer vermittelbaren Arbeitslosen in das Arbeitsleben durch zeitlich begrenzte Bezuschussung von Beschäftigungsverhältnissen durch die Bundesagentur für Arbeit.
	Konjunkturelle Impulse *(Vergabe von Staatsaufträgen, Steuersenkungen für private Haushalte und Unternehmen, Verbesserung der Abschreibungsmöglichkeiten)*.	Die erhöhte staatliche und private Nachfrage führt zu einem wirtschaftlichen Aufschwung mit einem zusätzlichen Bedarf an Arbeitskräften.
	Förderung von Bildung, Forschung und beruflicher Qualifikation.	Durch die bessere Ausbildung und ständige Weiterbildung sinkt das Risiko der Erwerbslosigkeit.
	Begleitende Hilfen bei der Umstrukturierung von Krisenbranchen in Wirtschaftsbereiche mit zukunftsweisenden Technologien und Produkten.	Abbau der strukturellen Arbeitslosigkeit und Schaffung von Ersatzarbeitsplätzen in neuen Geschäftsfeldern.
Arbeitgeber	Abbau von Überstunden	Einstellung zusätzlicher Mitarbeiter, um das gleiche Arbeitsaufkommen zu bewältigen.
	Angebot von Arbeitszeitmodellen zur Erhöhung der Anzahl der Beschäftigungsverhältnisse.	Aufteilung des Arbeitsvolumens auf eine größere Anzahl an Arbeitnehmern *(Job-Sharing)*.
	Steigerung der Ausbildungsbereitschaft.	Eine solide Berufsausbildung senkt die Gefahr der Arbeitslosigkeit.

Träger	Maßnahmen	Zielsetzungen
	Verstärkte Investitionen am Standort Deutschland.	Erhöhter Personalbedarf im Inland und Vermeidung von Produktions- und Arbeitsplatzverlagerungen ins Ausland.
	Verantwortungsvollere Wahrnehmung ihrer sozialen Verpflichtung.	Unternehmerische Entscheidungen nicht nur unter Gewinn- und Renditegesichtspunkten, sondern in Verantwortung für die Mitarbeiter.
Arbeitnehmer	Erhöhung der Qualifizierungsbereitschaft.	Qualifizierte Mitarbeiter werden den wachsenden und sich ständig ändernden Anforderungen ihres Berufes besser gerecht und sind seltener von Arbeitslosigkeit betroffen.
	Stärkung der beruflichen und regionalen Mobilität.	Beruflich und räumlich flexible Arbeitslose finden schneller wieder einen neuen Arbeitsplatz.
	Bereitschaft zu weniger Arbeit bei entsprechend geringerem Einkommen.	Aufteilung von z.B. 3 Vollzeitstellen mit jeweils 40 Std. Wochenarbeitszeit auf 4 Teilzeitstellen mit 30 Std. Wochenarbeitszeit und jeweils 75 % des Einkommens.
Tarifparteien	Arbeitszeitverkürzung ohne Lohnausgleich.	Aufteilung des Arbeitsvolumens auf eine größere Anzahl an Arbeitnehmern.
	Vereinbarungen zur Sicherung von Arbeitsplätzen und Betriebsstandorten.	Verzicht der Arbeitnehmer auf Einkommen und Zusatzleistungen gegen eine Beschäftigungsgarantie der Arbeitgeber.

Aufgaben

1 Die Bundesanstalt für Arbeit beziffert die Zahl der Arbeitslosen auf 3,0 Millionen Menschen. Die Arbeitslosenquote beträgt für die Bundesrepublik 7,0 %, in den alten Bundesländern liegt sie bei 6,2 %, in den neuen Bundesländern bei 9,5 %.
In der Presse war zu lesen:
„Tatsächliche Zahl der Arbeitslosen liegt über 5 Millionen Menschen“.

a) Beschreiben Sie die Berechnung der Arbeitslosenquote.

b) Beurteilen Sie die Aussagekraft der Arbeitslosenquote.

c) Geben Sie vier mögliche Ursachen der Arbeitslosigkeit in der Bundesrepublik Deutschland an.

d) Zur Beseitigung der Arbeitslosigkeit werden verschiedene wirtschaftspolitische Grundkonzeptionen diskutiert.
- Erläutern Sie kurz die wesentlichen Elemente einer angebotsorientierten Wirtschaftspolitik.
- Zeigen Sie anhand von zwei wesentlichen Elementen auf, wie angebotsorientierte Wirtschaftspolitik zum Abbau der Arbeitslosigkeit führen kann.
- Diskutieren Sie, wie die Arbeitslosigkeit durch eine nachfrageorientierte Wirtschaftspolitik bekämpft werden kann.

2 Das Statistische Bundesamt veröffentlicht für die Jahre 2000, 2010 und 2017 folgende Daten zum Arbeitsmarkt.

Jahre	2000	2010	2017
Registrierte Arbeitslose	3 889 700	3 239 000	2 533 000
Offene Stellen	450 100	359 400	731 000
Erwerbspersonen	42 906 000	43 804 000	45 790 000
Erwerbstätige	39 792 000	40 983 000	44 271 000
Bevölkerung	82 188 000	81 757 000	82 792 000

a) Ermitteln Sie die Arbeitslosenquote für die Jahre 2000, 2010 und 2017.

b) Warum spiegelt die Arbeitslosenquote nicht die tatsächliche Arbeitslosigkeit wider?

c) Warum tragen die offenen Stellen nicht zur Reduzierung der hohen Arbeitslosigkeit bei?

3 Welche Art der Arbeitslosigkeit liegt bei folgenden Sachverhalten vor?

a) Im Baugewerbe werden wegen der widrigen Witterungsbedingungen für die Wintermonate viele Arbeiter entlassen.

b) Im Ruhrgebiet kam es im Bergbau in den letzten Jahrzehnten wegen Zechenstilllegungen zu erhöhter Arbeitslosigkeit, ohne dass ausreichend Ersatzarbeitsplätze in Schlüsselindustrien bereitgestellt werden konnten.

c) Nicht alle Auszubildenden werden nach Abschluss der Berufsausbildung von ihrem Betrieb übernommen und suchen sich deshalb in der gleichen Branche eine Festanstellung. Sie sind zwischenzeitlich arbeitslos.

d) Seit Jahren hält sich das Problem der Arbeitslosigkeit, weil die Wirtschaft nur zwischen 0,5 % und 1,5 % wächst.

e) Viele Lehrer mit sprachlicher Qualifikation sind arbeitslos, obwohl Lehrkräfte mit naturwissenschaftlichen Fächern und Mathematik dringend benötigt werden.

4 Zur Lösung des Problems der Arbeitslosigkeit werden unterschiedliche Ansätze verfolgt:

These 1:
Es gibt nur drei Wege zur raschen Senkung der Arbeitslosigkeit, die jedoch letztlich in einen münden: die Verminderung des Lebensstandards breiter Bevölkerungsschichten. Der erste Weg ist eine spürbare Senkung der Arbeitskosten, der zweite eine deutliche Verminderung der individuellen Arbeitszeit ohne jeden Lohnausgleich und der dritte die Erschließung oft niedrig produktiver und folglich schlecht bezahlter kleiner Dienste.

These 2:
Die meisten Länder Kontinentaleuropas bilden schon lange keine dynamischen Gesellschaften mehr. Um wieder in die Liga der Leistungsgesellschaften des 21. Jahrhunderts aufzusteigen, bedarf es einer grundlegenden Umorientierung. Vor allem wird es darauf ankommen, dass die Leistungs- und Verantwortungsbereitschaft des Einzelnen eine deutlich größere, der Staat hingegen eine geringere Rolle spielen wird.

These 3:
Der größte Teil der Arbeitslosigkeit in Deutschland ist struktureller Natur. Ein konjunktureller Aufschwung kann nur wenig dazu beitragen, die von struktureller Arbeitslosigkeit Betroffenen in den Arbeitsmarkt zu integrieren. Der Übergang von der Industrie- zur Dienstleistungsgesellschaft muss forciert werden.

These 4:
Das knappe Gut Arbeit muss besser auf die Arbeitskräftenachfrage verteilt werden. Eine generelle Verkürzung der Wochen-, Jahres- und Lebensarbeitszeit verbunden mit entsprechenden Einkommensabschlägen ist deshalb ebenso geboten wie die verstärkte Schaffung von Teilzeitarbeitsplätzen.

These 5:
Neue Wege in der Aus- und Fortbildung müssen beschritten werden. Der Arbeitsmarkt der Zukunft benötigt flexible und mobile Bewerber mit hoher Lern- und Anpassungsfähigkeit, die in unternehmerischen Kategorien denken können. Existenzgründungen müssen organisatorisch erleichtert und finanziell stärker unterstützt werden.

Beurteilen Sie die Thesen im Hinblick auf ihre Eignung als Instrument zum Abbau der Arbeitslosigkeit.

6.3 Sozial- und Verteilungspolitik

Kernwissen

Einkommensverteilung	
1. Primärverteilung	• ergibt sich unmittelbar aus dem Produktionsprozess
a) Funktionelle Einkommensverteilung	• Aufteilung des Volkseinkommens auf Einkommen aus Unternehmertätigkeit und Vermögen sowie Arbeitnehmerentgelt
b) Personelle Einkommensverteilung	• Verteilung des Einkommens auf bestimmte Personen bzw. Personengruppen
2. Sekundärverteilung	• ergibt sich nach staatlichen Umverteilungsmaßnahmen

Ansatzpunkte zur Veränderung der Einkommensverteilung:
- Gestaltung des Einkommensteuertarifs (z.B. progressiver Einkommensteuertarif, Steuerfreibeträge)
- Transferzahlungen (z.B. Kindergeld, Wohngeld)
- Höhe der Sozialversicherungsbeiträge

Ansatzpunkte zur Veränderung der Vermögensverteilung:
- Gestaltung des Erbschafts- und Schenkungssteuertarifs
- Einführung der Vermögenssteuer
- Staatliche Förderung der Vermögensbildung

Prinzipien der sozialen Sicherung	
Versicherungsprinzip	Mitglieder der Sozialversicherung erhalten Leistungen, wenn sie Beiträge bezahlt haben. Es besteht mit wenigen Ausnahmen Versicherungszwang.
Solidaritätsprinzip	Die Höhe der Versicherungsbeiträge richtet sich nach der finanziellen Leistungsfähigkeit und nicht nach Risiken oder der Anzahl der versicherten Familienmitglieder.
Fürsorgeprinzip	Bedürftige Bürger erhalten staatliche Leistungen aus Steuermitteln (z.B. Arbeitslosengeld II und Sozialhilfe)

Ursachen für die Finanzierungsprobleme der sozialen Sicherungssysteme:

- Beitragsausfälle durch anhaltende Arbeitslosigkeit
- Bevölkerungsentwicklung: durch die wachsende Lebenserwartung und sinkende Geburtenrate nimmt der Anteil der älteren Menschen ständig zu, während die Personen im erwerbsfähigen Alter rückläufig sind.
- Lange Ausbildungszeiten und Tendenz zur Frühverrentung führen zu einer Verkürzung der Dauer der Lebensarbeitszeit
- Umfangreiche versicherungsfremde Leistungen in der Rentenversicherung

Lösungsansätze:

- Erhöhung der Versicherungsbeiträge
- Kürzung der Ausgaben durch Einschränkung der Leistungen und eine höhere Selbstbeteiligung der Versicherten
- Stärkung der Eigenvorsorge der Versicherten durch private Vermögensbildung
- Maßnahmen zum Abbau der Arbeitslosigkeit
- Eliminierung der versicherungsfremden Leistungen aus der Rentenversicherung
- Beschränkung der Leistungen der gesetzlichen Sozialversicherung auf eine Grundversorgung
- Anhebung der Altersgrenze und Einführung von angemessenen Leistungsabschlägen bei vorzeitigem Bezug von Altersruhegeld
- Übergang zu einem ausschließlich durch Steuern finanzierten System der sozialen Sicherung.

Aufgaben

1 Nehmen wir an: Der Eigentümer eines Fischkutters ist zu alt geworden, um noch selbst auf See hinauszufahren. Er schließt sich deshalb mit einem Kapitän und drei Seeleuten zusammen, um gemeinsamen Fischfang zu betreiben. Das Fangergebnis wollen sie täglich aufteilen und jeder auf eigene Rechnung verkaufen.

Der Schiffseigner ist verheiratet und hat nur für seine Frau zu sorgen. Der Kapitän und die drei Seeleute können nur ihre Arbeit zur Verfügung stellen. Der Kapitän ist verheiratet und hat zwei schulpflichtige Kinder. Er führt das Schiff und leitet den Fang. Von den Seeleuten ist der eine 20 Jahre alt und nicht verheiratet. Die beiden anderen Seeleute sind verheiratet.

a) Wie würden Sie ein Fangergebnis von 100 Zentner Fisch verteilen?

b) Begründen Sie, nach welchem Grundsatz Sie vorgegangen sind! Beschreiben Sie die Schwierigkeit, diese Grundsätze auf praktische Verteilungsaufgaben anzuwenden!

2 Die folgende Tabelle zeigt die Verteilung der Einkünfte nach Einkommensklassen in Deutschland.

Gesamtbetrag der Einkünfte von ... bis unter ... EUR	Anzahl der Steuerpflichtigen
0 – 5 000,00	2 394 211
5 000,00 – 10 000,00	2 371 752
10 000,00 – 20 000,00	4 862 465
20 000,00 – 30 000,00	5 761 687
30 000,00 – 50 000,00	6 939 927
50 000,00 – 100 000,00	4 175 805
100 000,00 – 175 000,00	614 947
175 000,00 – 250 000,00	120 828
250 000,00 – 500 000,00	84 564
500 000,00 – 1 000 000,00	24 163
über 1 000 000,00	12 471

Sind die Einkommen in Deutschland gleichmäßig verteilt?

3 Trotz intensiver Reformbemühungen ist das soziale Sicherungssystem in Deutschland nach wie vor in der Krise.
Nennen Sie wesentliche Gründe für die Finanzierungsprobleme der gesetzlichen Sozialversicherung in Deutschland.

4 Ein europäischer Vergleich der Ausgaben für Sozialleistungen sowie der Steuer- und Abgabenbelastung kommt zu folgendem Ergebnis:

	Deutschland	**Irland**	**Italien**	**Schweden**
Ausgaben für Sozialleistungen (Anteil am Bruttoinlandsprodukt in %)	28,6	14,1	24,4	32,3
Steuern und Sozialabgaben (Anteil am Bruttoinlandsprodukt in %)	43,0	30,4	42,7	52,0

Vergleichen Sie die Werte in der obigen Tabelle. Welche Schlussfolgerungen können Sie daraus ziehen?

7 Außenwirtschaft

Strukturzusammenhang

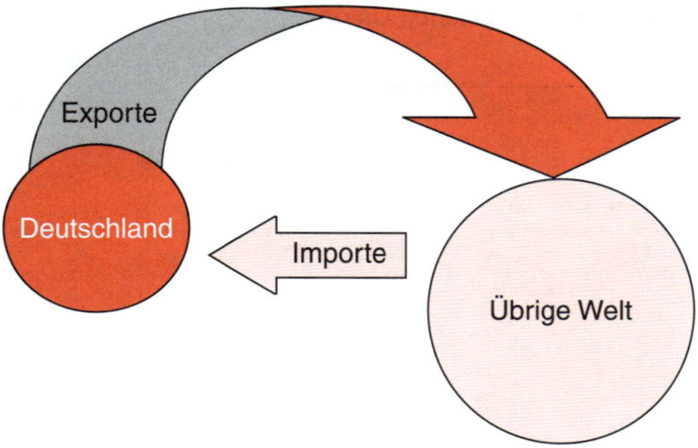

Export > Import → positiver Außenbeitrag

↘ ↙

Zahlungsbilanz

↓

Vorteile Außenhandel

- absolute Kostenvorteile
- komparative Kostenvorteile
- Wohlstandssteigerung durch Austausch von Rohstoffen und anderen Produktionsfaktoren
- Förderung des kulturellen Austauschs

↓

Zahlungsabwicklung durch Devisen

↓

Wechselkurs bildet sich durch Angebot und Nachfrage am Devisenmarkt

Kursanstieg des Euro:	Exporte ↓	Importe ↑
Kurssenkung des Euro:	Exporte ↑	Importe ↓

Instrumente der Außenwirtschaftspolitik

- Tarifäre Handelshemmnisse
- Nichttarifäre Handelshemmniss

Außenwirtschaftliche Bedeutung der Europäischen Union

- Wichtige Integrationsstufen
- EU-Erweiterung

Kernwissen

Bedeutung des Außenhandels für die Bundesrepublik Deutschland:

- führende Exportnation
- Export → Wirtschaftswachstum und Arbeitsplätze
- positiver Außenbeitrag in Höhe von ca. 248 Mrd. Euro (2017)
- wichtige Exportgüter: Autos, Maschinen, chemische Erzeugnisse

Ursachen und Vorteile des Außenhandels:

- absolute Kostenvorteile
  Jedes Land spezialisiert sich auf die Produktion von Gütern, die es kostengünstiger als andere Länder herstellen kann → Steigerung der Gesamtproduktion
- komparative Kostenvorteile
  Jedes Land spezialisiert sich auf die Produktion von Gütern, für die es relative Kostenvorteile hat → Steigerung der Gesamtproduktion
- bestimmte Güter sind in einem Land nicht oder nicht in ausreichendem Umfang vorhanden (z.B. Rohstoffe in Deutschland)

System freier Wechselkurse

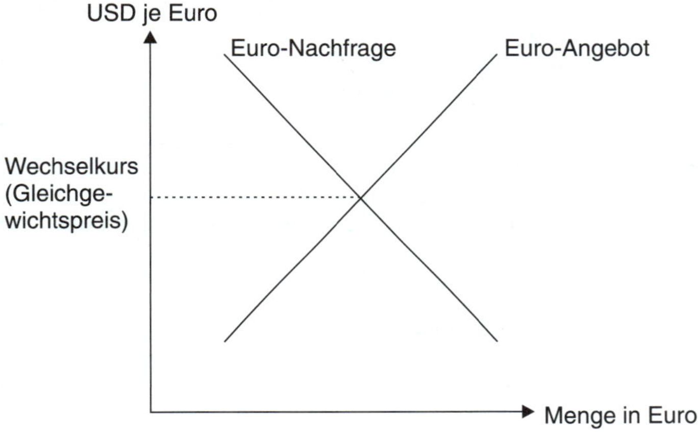

Zusammenhang: Wechselkurs – Außenhandel	
Aufwertung (Kurssteigerung) der Inlandswährung (z.B. Euro)	Exporte nehmen ab Importe nehmen zu
Abwertung (Kurssenkung) der Inlandswährung (z.B. Euro)	Exporte nehmen zu Importe nehmen ab
Exporte	Anstieg des Wechselkurses
Importe	Rückgang des Wechselkurses
Grundsatz: Tendenz zum Abbau von Leistungsbilanzungleichgewichten	

Instrumente der Außenwirtschaftspolitik	
Beschränkung des Exports	• Exportzölle erhöhen • Verbot bzw. Kontingentierung von Exporten • Exportsubventionen senken
Förderung des Exports	• Exportzölle senken • Rückführung bzw. Abschaffung von Exportverboten bzw. -kontingentierungen • Exportsubventionen erhöhen
Beschränkung des Imports	• Importzölle erhöhen • Verbot bzw. Kontingentierung von Importen • Importsubventionen senken
Förderung des Imports	• Importzölle senken • Rückführung bzw. Abschaffung von Importverboten bzw. -kontingentierungen • Importsubventionen erhöhen

Instrumente der Außenwirtschaftspolitik	
Tarifäre Handelshemmnisse	• Zölle • Abschöpfungen • Exportsubventionen • Verbrauchssteuern
Nichttarifäre Handelshemmnisse (indirekte protektionistische Maßnahmen)	• Importquoten • freiwillige Exportbeschränkungen zur Vermeidung von schärferen Maßnahmen des Importlandes • Local-Content-Klauseln zur Sicherung des inländischen Herstellungsanteils am Endprodukt • Umweltstandards, soziale und technische Standards

Außenwirtschaftliche Bedeutung der Europäischen Union	
Wichtige Integrationsstufen	• 1968 Abschaffung der Binnenzölle (Zollunion) • 1979 Europäisches Währungssystem (EWS) • 1986 Einheitliche Europäische Akte • 1992 Vertrag von Maastricht • 1993 Europäischer Binnenmarkt • 1995 Schengener Abkommen tritt in Kraft (Abbau von Grenzkontrollen) • 1999 Einführung des Euro • 2002 Euro als Zahlungsmittel
EU-Erweiterung	• 1973 Norderweiterung • 1981/1986 Süderweiterung • 2004/2007 Osterweiterung • 2013 Erweiterung Kroatien • Beitrittskandidaten: Albanien, Mazedonien, Montenegro, Serbien, Türkei

Aufgaben

1 Überlegen Sie, ob in den unten dargestellten 4 Situationen den beiden beteiligten Ländern der Außenhandel Nutzen bringen könnte. Begründung!

		Volkswirtschaftlicher Gesamtaufwand für die Herstellung einer Gütereinheit		Austauschverhältnis der Güter
		Gut A	Gut B	(A : B) in Stück
Situation 1	Inland	2	4	3 : 2
	Ausland	2	4	
Situation 2	Inland	3	7	2 : 1
	Ausland	5	6	
Situation 3	Inland	16	18	3 : 2
	Ausland	20	24	
Situation 4	Inland	3	1	2 : 5
	Ausland	4	2	

2 Die beiden Länder A und B haben Außenhandelsbeziehungen miteinander, sonst aber mit keinem anderen Land. Im Land A ist die Krone Währungseinheit, im Land B der Dollar. Die Exporteure stellen die Rechnungen in der Währung ihres eigenen Landes aus. Auf dem Devisenmarkt besteht gegenwärtig ein Gleichgewichtskurs von 4 Kronen für 1 Dollar.

a) Exporteure des Landes A haben Forderungen aus der Ausfuhr von Waren und Dienstleistungen gegen Importeure des Landes B in Höhe von 80 Millionen Kronen. Exporteure des Landes B haben Forderungen an Importeure des Landes A in Höhe von 15 Millionen Dollar. Der Zahlungsausgleich soll mit Devisen erfolgen. Wie groß sind Angebot und Nachfrage auf dem Devisenmarkt in dieser Situation? (Bisheriger Gleichgewichtskurs von 4 : 1 soll unterstellt werden)

b) Auf dem Devisenmarkt steigt der Kurs der knappen Währung um 100 %. Welcher Gleichgewichtskurs besteht dann auf dem Devisenmarkt?

c) Ein Importeur des Landes A importiert Hähnchen aus dem Land B. Der Preis für 1 t beträgt 1 700 Dollar. Wie hoch war der Einkaufspreis für 1 t in Kronen beim Kurs von 4 : 1, wie hoch ist er beim neuen Gleichgewichtskurs?

d) Ein Importeur des Landes B importiert Rotations-Druckmaschinen aus dem Land A. Der Preis für 1 Maschine beträgt 1 260 000 Kronen. Wie hoch war der Einkaufspreis in Dollar beim bisherigen Gleichgewichtspreis, wie hoch ist er beim neuen Gleichgewichtspreis?

e) Wie wirkt sich die Veränderung des Devisenkurses aus
1. auf den Import des Landes A aus dem Land B,
2. auf den Import des Landes B aus dem Land A,
3. auf die Zahlungsbilanz der beiden Länder?

3 Ein deutscher Importeur, der Schweinefleisch einführen will, prüft die Preise in den Ländern, die als Lieferanten infrage kommen.

Preisvergleich für 1 t Schweinefleisch		
Exportland	Preis in Landeswährung	Wechselkurs
USA	1 650 US-$	1 EUR = 1,10 US-$
Schweiz	2 800 CHF	1 EUR = 1,60 CHF
Frankreich	1 400 EUR	identische Währung

a) In welchem Land ist das Schweinefleisch am günstigsten?

b) Der Wechselkurs zwischen Euro und US-$ ändert sich von 1,10 auf 1,32, während die Binnenpreise unverändert bleiben. In welchem Land ist unter diesen Bedingungen das Schweinefleisch am günstigsten?

c) Der Binnenpreis des Exportlandes USA steigt von 1 650 US-$ je t auf 1 980 US-$ je t und der Wechselkurs zwischen Euro und US-$ auf 1,60.
Welches Land ist für den Importeur jetzt am günstigsten?

4

Außenhandel und Bruttoinlandsprodukt in der Bundesrepublik Deutschland				
Jahre	2000	2005	2010	2015
Exporte in Mrd. EUR	597,4	786,3	952,0	1 193,6
Importe in Mrd. EUR	538,3	628,1	797,1	949,2
BIP in jeweiligen Preisen in Mrd. EUR	2 047,5	2 224,4	2 476,8	3 032,8

a) Wie hat sich der Außenbeitrag in der Bundesrepublik Deutschland in den Jahren 2000 bis 2015 entwickelt?

b) Welchen Stellenwert hat die Auslandsnachfrage (Exporte) als Wachstumsmotor in Bezug auf das Bruttoinlandsprodukt?

c) In einzelnen Unternehmen und Branchen gehen mehr als 50 % der Produktion in den Export.
Welche Risiken sind damit verbunden?

5 Der Euro-Referenzkurs gegenüber dem US-$ hat sich im Jahresdurchschnitt wie folgt entwickelt:

Jahre	2000	2005	2007	2009	2010	2015
Kurse 1 € = ... US-$	0,9305	1,1797	1,4721	1,4406	1,3362	1,1095

a) Welche Währung ist stärker geworden?

b) Welche Konsequenzen sind für die deutsche Exportwirtschaft zu erwarten? Begründen Sie dies an einem selbst gewählten Beispiel für das Jahr 2007 im Vergleich zum Jahr 2000.

c) Warum haben vor dem Hintergrund der oben beschriebenen Währungskursentwicklung von 2000 bis 2007 die Exporte zugenommen (siehe Angaben von Aufgabe 4)?

6 Im In- und Ausland werden jeweils 1000 Einheiten der Güter 1 und 2 produziert. Für die Herstellung der beiden Güter fallen folgende Kosten an:

	Inland	Ausland
Kosten für Gut 1 in EUR	12 500	10 000
Kosten für Gut 2 in EUR	25 000	15 000

Begründen Sie, ob im vorliegenden Fall durch die internationale Arbeitsteilung Vorteile für das In- und Ausland entstehen können, obwohl beide Güter im Ausland günstiger produziert werden können?